我最想要的金融学

速读本

金 实/编著

九州出版社
JIUZHOUPRESS

图书在版编目(CIP)数据

我最想要的金融学速读本/金实编著. —北京:九州出版社,2010.8
ISBN 978-7-5108-0605-6

Ⅰ.①我… Ⅱ.①金… Ⅲ.①金融学-通俗读物 Ⅳ.①F830-49

中国版本图书馆CIP数据核字(2010)第141109号

我最想要的金融学速读本

作　　者　金实　编著
出版发行　九州出版社
出 版 人　徐尚定
地　　址　北京市西城区阜外大街甲35号(100037)
发行电话　(010)68992190/2/3/5/6
网　　址　www.jiuzhoupress.com
电子信箱　jiuzhou@jiuzhoupress.com
印　　刷　北京嘉业印刷厂
开　　本　710毫米×1000毫米　16开
印　　张　16
字　　数　280千字
版　　次　2010年12月第1版
印　　次　2010年12月第1次印刷
书　　号　ISBN 978-7-5108-0605-6
定　　价　29.80元

前言

FOREWORD

2008年爆发的金融海啸正在改变着当今世界经济格局。

全球无一国家能独善其身，大多数国家已经发生经济衰退，有些国家甚至直接面临财政破产，中国也正感受着迎面吹来的阵阵寒风。金融海啸的爆发，让各国政府和普通百姓闻之色变，全面了解金融学知识已迫在眉捷。

本书似乎并未深入讨论每一个问题，实质上它涵盖了非常广泛的主题、概念和工具，都是职业人士们需要知道并且想知道的。

包含了若干基础性的理论和大量实例。当我们一起讨论某个基础概念框架及其应用时，理解起来要容易得多。尤其当实例不仅仅是假设，而是读者经常遇到的实际情况时，效果就更好。

在书中，我们试图把金融知识通俗化，同时又纳入几条主线，这些主线就算是了解金融的脉络吧。立即的提示：要了解金融，需要了解金融业的主要产品和市场，它的主要中介和功能，金融对它的主要参与者——政府、公司和个人的用处。

这基本上就是金融投资最重要的几项内容了，本书可以用最短的时间帮助你掌握金融学的核心知识。

金融的主线是什么呢？

第一，作为投资者或者融资者，如何在两种最主要的融资工具——股票和债券之间进行选择？股票和债券是金融最重要的两类工具，可以说其他东西都是从中生发的，所以这一对概念对于学习金融至关重要。

我们在后文具体学习有关股票和债券的种种细节时应当时刻提醒自己：股票和债券究竟有什么区别，为什么会有这样的区别，投资人或者融资人如何利用这种区别？第二，如何把“同物同价”这个简单的原则贯穿到金融学和金融实践的每一个角落？“同物同价”听上去很简单，可与金融有什么关系呢？

了解金融投资，学会那些林林总总的术语和行话能让你显得很渊博，但是我们知道，真正重要的是能够用最简单、最普通的常识来观察和分析金融投资问题。

“同物同价”，“鸡蛋别放在一个篮子里”，“没有免费午餐”，这些道理是将在书中不断被提到、用到的。

如果你对金融的兴趣仅限于个人投资，很多关于金融或者投资的书都标榜能帮助读者赚大钱，可惜这本书做不到，这是不能不先说的丑话。事实上，你们在读完本书可能会得到一个结论：除非是在金融市场工作，赚取工资和丰厚的奖金，在金融市场投资赚大钱或者赚快钱是很困难的事情。书中会具体解释为什么难。建议热衷个人投资的读者，与其寻找下一只要大涨的股票，或者基金，或者外币，或者金属，还不如按照几条行之有效的原则分散投资，剩下的时间要么做好本职工作，要么多和家人朋友聚聚，要么花时间去享受生活。本书会告诉你为什么，都有哪些行之有效的原则，以及你应该如何去做。

本书有以下几个特点：理论与实际相结合，既有书本上的金融知识，也有交易场上的实际经验，相信这些都是你想要的。

用白话解释术语和概念，语言平白，通俗易懂，但是既不哗众取宠，也不降低水准。

注重常识，冷静对待所谓高深复杂的金融产品、概念、热点或者风潮。因为作者认为，高深和复杂都是用简单的东西搭建起来的，很多时候简单的东西功能可能并不差。

目录

第一章 未来十年，纸币一千万只值两百万

——关注通货膨胀要学的金融学

2009 年 11 月份以来，中国的通货膨胀压力不断加大，中国的家庭在采购食物上的开销加大，在其他方面就相应减少，由此导致的消费下降会给其他商品的价格带来压力。住房不是财富，房地产的泡沫再吹大，就没有了抵御通货膨胀的功能。

第二章　银行为何不断调整利率

——关注利息和利率要学的金融学

人民币升值对于国家的政治来说，可以改善由于贸易逆差带来的两国之间的矛盾，但对于中国的经济而言，民族产业将会受到巨大的冲击。中国是一个有着13亿人口的泱泱大国，大部分是廉价的劳动力。如果人民币升值，会导致国外的企业大批涌入中国，起初可能有利于中国经济呈现“指数”型增长的态势，但随之就是大批的劳动失业人口的增加，中国的经济也会出现倒“J”走势，会爆发比1997年亚洲金融危机更大的恐慌，人民币也会随之贬值，经济走上恶性循环的道路。

第三章　存钱还是炒股票

——关注个人理财要学的金融学

如果你经常让自己的投资变成投机，让投机变成投资，说明你没有投资理念，这是要亏钱的，金融市场上所有的错误都是有代价的。这就是行为金融学和有效市场之间的一些联系。

第四章　金融危机就在身边

——关注金融危机要学的金融学

金融风险就是金融活动中对未来结果不确定性的暴露。金融风险是金融危机的诱因。金融风暴客观存在，但又可以通过加强内部风险管理和外部监督，控制在一定范围内。

第五章　雾里看花的金融市场

——关注金融市场要学的金融学

金融市场涵盖了几乎所有的经济信息。金融市场是利用各种工具实施货币交换的场所，可以是有形的，也可以是无形的。金融市场是经济发展走势的“风向标”。

第六章　金融服务中的热点问题

——关注金融服务要学的金融学

2010年，预计债券市场将迎来高速发展期。同时，网上银行、消费信贷将会出现高涨的势头。投资和消费是经济增长的两个轮子，发展食用消费是扩大消费需求的一种重要的途径，将为经济增长提供推动力。

第七章　资金管理是经济管理的命脉

——关注公司理财要学的金融学

现金流是一段时间企业现金流入和流出的数量。作为企业的资金管理者应当充分、正确地界定现金与利润之间的差异，提升企业整体资金的利用效率，从而不断加快企业自身的发展。

第八章　资金管理是公司运行的命脉

——关注公司经营要学的金融学

信贷投放过度集中，犹如“鸡蛋放在同一个篮子里”，一旦经济金融条件变化或客户经营异动，过于集中的银行信贷，容易形成风险的集聚点，同时还会影响整个社会的资金使用效率。因为贷款过度集中，资金有可能通过企业集团间接或直接流入资本市场或房地产市场等高风险领域。

第九章　世界金融战争

——关注国际贸易要学的金融学

外汇市场的交易活动给人们提供了这样一种经验，即人们对市场的心理预期力量是决定短期汇率走势的较为重要的因素。近年来，随着我国经济的日益强大，外汇市场上对人民币也产生了升值的预期，这在一定程度上促使我国汇率出现上升的趋势。

第十章　世界金融危机何去何从

2009年全球经济收缩1.3%,发达经济体的国内生产总值将下降3.6%。国际金融危机导致世界经济格局变动。美国的次贷危机的本质是虚拟经济过剩,而中国的情况是实体经济相对过剩。两会提出的七大财经热点话题为观察2010年经济形势提供了依据。

第一章 未来十年，纸币一千万只值两百万

——关注通货膨胀要学的金融学

2009 年 11 月份以来，中国的通货膨胀压力不断加大，中国的家庭在采购食物上的开销加大，在其他方面就相应减少，由此导致的消费下降会给其他商品的价格带来压力。住房不是财富，房地产的泡沫再吹大，就没有了抵御通货膨胀的功能。

关注金融危机下的经济形势

——金融海啸是不可抵抗的

金融海啸是不可抵抗的，目前各位只能做一件事，那就是真正彻底地理解金融海啸的原因，了解它的冲击到底有多严重，然后适当地作出调整。

金融海啸不是一场“意外”

金融海啸怎么来的？这一切要推到2001年，这一次的金融海啸不是一个意外，而是美国总统奥巴马口中的“无耻之徒”，也就是华尔街的精英们从2001年就开始精心策划的。

2001年后的五年，美国政府一直采取低利率政策，以金融为主的华尔街精英们找到一位美国消费者，然后问他：“你想不想买一台6000元的电视呢？”这个消费者说：“我想啊，可是我一个月只赚5000元。”华尔街精英说：“没关系，我们给你两年的消费贷款，你每个月只要还252.6元。”于是这个消费者就借了6000元，从此形成了6000元钱的泡沫消费。美国消费者的贷款则来自中国、日本等国。我国通过各种方式出口，赚了2万亿美元的外汇，拿去买了美国国债，从而使得大量的美元回流到了美国政府手中，美国政府拿这笔钱交给银行，银行拿出6000元钱借给这个消费者从事6000元的泡沫消费，所以整个链条建立起来。这一切正是2008年爆破的基础。

接下来华尔街要开始赚钱了，他们又找到这个消费者：“你还想不想买一台10000元的冰箱、10000元的汽车和10000元的电脑？”消费者说：

"我非常想买，但是我买不起。"华尔街精英们又说了："你放心，我们给你两年消费贷款，你每个月只要还 1263 块，借不借?"这个消费者愿意，于是就又有了 30000 元的泡沫消费，当时，他消费的产品大多是我国出口的，而贷款的钱从哪里来？是我们借的。华尔街又怎么赚钱呢？实际上华尔街向银行收购了 30000 元的债权，然后把这些债权切成 30 张债券，每一张 1000 元。需要注意的是，只要从银行之后衍生出来的所有金融工具都叫衍生性金融工具，所以华尔街开出的 30 张债券就是衍生性金融工具。

美国的保险公司 AIG 也掺和进来，为这些债券开了 30 张保单。然后华尔街拿 30 张债券、30 张保单和股票市场、国债捆绑在一起。通过这种捆绑，使衍生性金融工具 1 倍、2 倍、10 倍、50 倍地增长，从而创造了"伟大繁荣"的美国金融市场。华尔街在其中获得了大量的好处，因为每发行一支债券，每捆绑一次他们就得到 2% 的手续费。

但是，美国一个月赚 5000 元的人究竟是少数，能够借贷的人不多，于是华尔街又找到了一个一月只赚 2500 块的人，这个人银行信用不好，无法贷款。华尔街就问他："你想不想买一个 10 万元的房子，10000 元的汽车、10000 元的电脑、10000 元的冰箱?"这个消费者当然很愿意，但是他没有钱。于是华尔街说："我给你 30 年贷款，每个月还 1000 元，两年消费贷款一个月还 1263 元，这叫做次级债。"消费者一听觉得我可以买，但是又担心失业。华尔街就告诉他："你不用担心，美国央行的利率非常低，利率低的结果是你的房子会从 10 万涨到 15 万，如果你失业，你把房子卖掉，你还剩 2 万块租房子住。"于是这个消费者就开始在银行贷款买车买房。

像过去一样，银行把 13 万的债券卖给了华尔街，华尔街把它切成 130 张债券，保险公司 AIG 开了 130 张保单。这些又和国债、公司债捆绑在一起，继续创造着"伟大繁荣"的美国金融市场。华尔街再一次富裕了。

随后，美国全面的通胀开始，格林斯潘做出了提高利率的决定。一提高利率，次级债就出问题，这个人原来要还 2263 块，现在要还 2600 块，他还不起了。从他们还不起贷款开始，股市和楼市的下滑让美国消费者对金融市场完全丧失信心，其结果就是金融市场全线崩溃，这就是金融海啸。

从2009年3月中旬开始，美国政府除了前期投入的救市资金外，还准备提供8.7万亿美元救市，如果美国不救市会产生什么结果？用一个新的观念来取代市场化，叫作工商链条的新时代来临。什么叫工商链条？当一个部门产生危机的时刻，如果你不去救助这个部门，那就一定会产生多米诺骨牌的连锁效应，从而冲击其他部门，使得整个经济解体。以美国为例，第一张骨牌是美国的金融危机，如果不救就会冲击到第二张骨牌，即美国消费者的消费信心丧失，从而冲击第三张骨牌，即消费下降，随后到第四张骨牌，即企业破产，接着倒下下一张骨牌，那就是失业增加，碰倒第六张——消费疲软，从而形成恶性循环。

于是美国政府当机立断提炼7000亿美金救市。他不得不这么做，因为他被"绑架"了，提出7000亿美金救市的目的就是立刻斩断工商链条，设立防火墙，让金融危机不要冲击到第二张骨牌、第三张骨牌和第四张骨牌。美国无法承受金融系统崩溃的风险，否则整个链条就会崩溃。

有意思的是，最初美国政府提出7000亿美金救市的计划时，美国众议院当场否决，因为美国老百姓反对，他们认为政府凭什么拿纳税人的钱去帮助那些无耻之徒？于是华尔街所控制的基金开始在股票市场疯狂抛售，使得全球股价大跌，最终老百姓屈服了，因为老百姓投资在股票市场的钱大幅缩水，因此他们也被"绑架"了。

此番金融海啸来袭，企业家见面常用一句话互为勉励："剩"者，胜也。

当前的房地产政策需反思

对中国人来说，1998年是值得记住的一年，那年两项改革永久地改变了中国人的面貌。其一是住房体系被全面市场化——这非常重要，因为在此之前，老百姓即使有房住，也不是自己的财产，更不能买卖，也就是说，老百姓既无财产、又无股权，是真正的无产者，衣食住行都靠单位，而不能自由支配。但住房市场化改革后，房子可以私人拥有并能自由买卖，不少老百姓从此成了有产者，拥有自己的财产是件很幸运的事。这是质的变化。为什么这么说？因为当住房、医疗、子女教育都跟工作单位捆绑在一起时，你一家老少生存的方方面面就都掌握在“单位领导”手里，这样你就不得不顺从、甚至屈服于“领导”。1998年后老百姓有了自己的私有财产——房子，即使“领导”不高兴，你也不用担心自己的住房会被“领导”剥夺走，因为房子产权是你的。这就是住房市场化改革的意义，也是私有财产的意义。

其二是住房按揭贷款的推出。1998年底跟住房市场化改革配套推出的按揭贷款，是1950年代后中国老百姓第一次能用到的金融借贷产品。按揭贷款这一金融产品，缩小了中低收入群体跟富有群体间的生活差距，让中低收入的人也能有机会像高收入者一样，较早买到房子、汽车等，或者买多套房投资。试想，如果没有按揭贷款，市场化后的房地产就只是高收入阶层的市场，不仅中低收入家庭年老之前买不到房，就连其子女，再有出息也没法在恋爱市场上与富有家庭子女竞争。因此，按揭贷款以及许多其他金融产品，能够从本质上改变中低收入阶层的生活空间，拉平他们跟富有阶层的机会差距，这就是为什么任何限制住房按揭贷款、增加按揭贷款难度的举措，等于要拉大中低收入阶层跟富有阶层的差距，使他们在机会上空间更小。

一旦房产是私有并且可以自由买卖，也可以做抵押按揭贷款了，房子不仅仅是老百姓家庭的财富，而且还可以随时转变成资本，使这笔财富不再是死的，而是能生钱的资本，就像房产证可以做多种短期或长期抵押，也可以在谈生意、做投资时以房产证做信用保证，改变你的创业、投资和生活空间。

1998年的两项改革已经改变了中国社会的精神面貌，提升了人们的权利和财产意识，也强化了个人的自信度。

或许，1998年的房产市场化和金融改革太成功，以至于从那以后需求不断上升，供不应求，房价不断上涨。接下来，全国上下人人谈房市，呼吁政府压制房价，以实现“居者有其屋”。于是，过去几年，当房价上涨时，人们就呼吁政府出“重拳”，一些评论员还会把买房和爱国连在一起。

经过几年的一系列的房地产调控，到今天，不仅房价越调控越高，而且，行政手段差不多已用尽：限制房产交易、持房两年或五年以上才能出售、提高交易税费、规定一家一房、限制外地人买房、禁止外地居民按揭、禁止或限制二套以上按揭贷款……这些措施当然都是对1998年房改与住房金融改革的倒退。今天，房地产市场的“市场性”越来越被怀疑。我们应该把房市放在整个经济与社会的长久目标中思考，今天的政策举措应该与长久蓝图一致，而不是头痛医头、脚痛医脚。

抛开房地产是1998年初衷意义上的“市场”，还是计划经济意义上的“政策市”不管，今天的局面是一些根本制度安排的必然。房价失控的原因在于供给，也在于宏观政策的反复多变。

第一，地方政府绝对垄断房产土地供应，逼着房价只涨不跌。很明显的事实是小产权房价远低于“大产权”房价。如果农民个人或集体也有权将土地“农转非”，用于房地产开发，与地方政府在土地供应上竞争，那么，房价会立即往小产权房与大产权房价之间的某个位置靠拢，小产权房价格会涨，大产权房价会跌。这本身清楚地告诉我们，政府垄断土地供应权对过去房价只涨不跌有着根本的“贡献”。当然，政府没有激励、也没有压力去改变这一基本制度，因为土地已经是财政不可缺的一大部分。但是，我们还是应该看到，改变政府垄断土地供应的格局，让农民自己和农民集体也有权供应土地，不仅能解决房地产泡沫的问题，而且也符合公平、公正原则，因为那些地在1950年代前，本来就是农民私人的，是他们祖先留下的财富，他们应该有权享受其利益。

第二，18亿亩农用土地红线，给各级政府限制房地产土地供应提供了借口，其结果是抑制房产供应。一方面，科技发展使每亩产量不断上升，耕地面积的含意跟原来不同，18亿亩地红线是过时的观念。在历史上，中国的人均农耕地面积从来没有今天这么低，但是，粮食安全问题也从来没有解决得像今天这么好，为什么？除了杂交农作物使产量大增外，也有温室生产带来的产量革命。另一方面，土地资源的确不是中国的优势，那么，在全球化的今天，既然别国的生活用品可以依赖中国制造，中国的部分粮食需要为何不能从土地资源更丰富的巴西、美国进口呢？再者，如果自然土地实在供应不够，也可以通过把一亩地盖成50层楼、每层都人工种上粮食，那不是把一亩地变成了50亩地农田了？

第三，利率工具是市场化的政策调控工具。与其通过限制二套房贷、三套房贷等量化指标来降低投机需求，不如提高贷款利率，提高杠杆投机买房成本。可是，出于保护国企、保护地方政府，决策层宁可冒通胀风险、资产泡沫风险，而继续保留过低的利率，使房地产供不应求的局面恶化。在目前的情况下，加息必须做，这也是更好的政策选择。

正是基于以上原因，加上历次房产调控政策从效果上都是抑制了供给，从而，在过去十几年产生了“只涨不跌”的总体价格路径，这反过来增加了投机买房“只赚不赔”的信心。特别是，在过去的经历中，每次短暂下跌后，房价必然再涨，这自然催化了投机倾向，促使房产需求不断上升，形成“房价上涨——投资投机需求增加——房价再涨——投资投机需求再增加……”的恶性循环。

因此，解决房地产泡沫的根本办法还是增加供给，一是增加土地供应，二是改变政府垄断土地供应的局面，让农民个人和集体都有权供应房地产开发用地。

城市化一般会推高城市地价、房价，这是不可避免的经济规律。但是，不同的制度安排会带来不同的城市化结果。资源越集中在权力手中、机会越不平等的“大政府”社会里，城市化的力量也会集中，就是集中在权力最高的城市，以至于权力中心城市会因城市化发展而出现房价泡沫，但是，非权力中心城市的房价压力就未必很高。

北京的气候和环境，并不适合大量人口的居住，但是，这并没妨碍数千万人在那里找工作、买房子定居，因为从经济上这是非常理性的举措。第一，北京是全国的权力中心，在国有经济和各行各业都受到严格管制的制度安排下，具体的资源配置权、审批权、管制权，都掌握在分布于北京的各部委里。教育体系的经费掌握在教育部，医疗体系的在卫生部，科研经费掌握在中科院自然科学基金以及不同部委手里等等。这样一来，不仅各地方大学、医院、地方政府、跨国公司、国内公司都要设驻京办，配置相应的人员和家属，而且连普通人也愿意在北京买房子，山西煤老板一赚够钱，就想到北京买房。在政府掌握方方面面的资源和权力的情况下，首都就成了所有人向往并要买房子的地方。

第二，从物质条件和各种福利角度看，北京也是全国第一，是全国第一重点保护、优先照顾的城市。即使在计划经济期间，不管其他省市的情况如何，也必须保证北京的粮食和菜肉供应，不能让北京人饿肚子，所以，不奇怪，在过去60年里，方方面面的资源都用来重点发展北京。到今天，从交通网络、基础设施、医院医疗、涉外设施，到教育设施，等等，北京都是最好的。能够在北京买到房子，就能享受一等公民的好处，北京的房子需求几乎是无上限的。

第三，子女上好大学的机会在北京。比如，2009年进入北京大学和清华大学的新生中，北京平均不到两万的人口就有一个能进入北大或者清华，而湖南是38万人口才有一个进北大、清华。为了子女能享受到进入好大学的优先机会，做父母的当然应该去北京买房。

根据同样的道理，在各个省中，省会城市是省内权力中心、资源配置中心，那自然是省内人民所向往的地方，城市化在那个省带来的买房压力又集中在省会城市里。

不是说其他国家的城市化过程中没有出现过这种现象，只是一般没有中国目前这么极端，因为其他国家的城乡机会差别、城市之间的机会与资源差别，没有像中国这么严重。比如，在美国，华盛顿是首都，但美国社会并没有明显地都偏爱到华盛顿买房、到华盛顿居住，实际情况正好相反；在美国的各州，州府所在地也并非那个州老百姓最向往的地方。比如，纽约州州府在阿尔巴尼，那里没有几个居民；在康州，州府在哈特福特市，我在这里没听谁说要不顾一切往那里搬家、到那里买房子。加拿大、澳大利亚、巴西等国家也大致如此。

金融海啸带来了什么结果？

第一，相对财富地位上升，我们称为全球一片黑暗当中的一个地区亮点，意味着全球的资本流动会向这个点集中，带来区位经济优势。第二，中国为了刺激经济，在城市周边就扩大铁路、公路、机械，这使我想到当年改变日本的一个事件——新日铁。高速铁路一下把日本发展中心从当时阪神工业区拉到大东京，我们现在做的事情，正好和当时日本做的一模一样。大家可以想一想，如果磁悬浮3年之后能够让上海和杭州中间只有34分钟，现在的高速铁路让上海和北京缩短到6个小时，上海、北京周边地区都是在半个小时之内，我想大北京和大上海的概念应该已经非常清晰了。

为什么？以股市为例，如果说25到30倍的市盈率是合理的，这时候一旦它突破了这个合理边界，这个合理估值就会变成基点，也就是说跌不下去了。而上限呢？没有了。原来20倍、30倍市盈率觉得合理，突破30倍了，上边还有吗？当上边没有限的时候，反而展现出了无空间。所以理性估值的水平一旦被突破，就会构筑一个非理性上升的基础，打开了非理性上升的空间。

1600点到2400点，也就是从2009年10月到2010年4月。钓鱼的基准是什么呢？1600点的时候，股市的分红率超过2%，也就是超过储蓄利率，使得最保守的人也能够接受，拿着储蓄利率等待成长的机会。所以1600点到2400点这个区间是钓鱼的，钓鱼的人很安静，2400点到3000点就开始主要是游泳的了。玩水的人他并不关心鱼，他只是知道这个水能养鱼，我就死不了。冲破3000点，就是冲浪的，现在每一个人想象一个海滩，有一群人冲浪，游泳的人上岸，上岸的人在那儿看冲浪，这个场景会带来什么结果呢？是冲浪的越来越过瘾，看冲浪的人也越来越过瘾，于是钓鱼和游泳的都不走，拿着钱在岸边站着，这个时候他就不可能出现大幅度下跌。也就是说，海滩变得越来越热了，虽然财富效应在明显下降，但是场面会非常热闹。只有政策才能改变这种趋势，也就是说突然间有人吹号了，说“鲨鱼来了”，全跑了。现在我们担心的是，有人喊号子说“鲨鱼来了”，那么这个号子最大可能是哪个呢？就是印花税要调了。

我们来看房市，整个金融海啸就是以房产泡沫破灭为前提，这样一个大环境下，北京、上海的楼市几乎没有受到实质性的触及，意味着什么？意味着我们这个超级泡沫，只是中途被打断，于是现在以更大的力量在反弹，所以这种担心也是我的预警。一方面告诉大家短期内市场会出现非理性上升，但是这种非理性上升在未来十年甚至更长一段时间，某一个时点会引发非常惨烈的崩盘，这个概念主要发生在房市。

为什么？因为房地产的价格在目前这个阶段不是由消费需求决定的，如果房子是消费品，那么主流销售的房源，它应该是精装修。因为精装修才是消费品，以精装修为主导的城市住宅，交房要戴白手套，也就是摸到一个尘土，就要减钱、扣分。而我们现在交房不是戴白手套，而是要戴口罩，也就是开发商把土地变成了一个立体分割，把权利交给你，你愿意当消费品你自己装修，你不愿意当消费品，你就把它卖了，所以他给的你不是消费品，而是一块立体分割的土地。当土地能够被立体分割的时候，背后是什么？是土地的空间开发。也就意味着城市的土地以稀缺性为原则，进入空间开发，它开始抬高土地的价格，产生开发议价。开发议价构成了现在房地产业的主赢利润，拿地的时候平均地价按卖房的价格占比20%左右，但是卖房的时候，当时的地价就会占到房价60%到70%，于是从20%到60%、70%中间就出现一个开发议价，这个议价是现代中国房地产的业务利润。

当一个行业主赢利润是靠地，而不是房的时候，他才会把毛坯房作为一个主流产品。当一个行业是以精装修为主流产品的时候，这个产业才开始生产消费品。所以发展中国家的房地产，不是房地产，而是地房产，因为利润主要来源于地。土地的开发溢价，决定了这个行业的成长，这也符合发展中国家和发达国家的差异。如果把城市化率，30%到70%来划分发展中和发达，我们就会看到，发展中国家和开发商是同源词，意味着这就是开发商国家。

为什么租金回报率，工资房价比在中国不起作用，是因为这是开发商国家。买房子的人不是看房子的面子，而是看地的面子，盖房子的人也不是按房子的面子，而是看地的面子。直到开发结束了，发达国家开发完了的国家，土地溢价消失了，这个时候房地产才回归本源，老老实实做房子。所以给大家一个指标，什么时候我们戴着白手套收房子的时候，房价就可以出现大幅度下跌了，因为作为消费品的房子，房价必然大幅度下跌，这个事情就发生在90年后东京房价的惨跌，120万美元房子在不到两年之间跌到40万美元，这个时候消费者才真正接盘，消费者一旦接盘了，房价从那儿开始到现在几乎没有发生变化。

所以给大家一个概念，第一不要相信房价永远不跌，但是在这个阶段，在城市化率从30%到60%这个阶段，房价只会上升，因为它其中包含着开发性溢价，开发性溢价并不是一次性兑现，房子出现了，又产生了交易性溢价，房子可以交易。开发性溢价和交易性溢价引进了新的投资人，股市、楼市一旦串在一起，就会出现第三个溢价，就是杠杆投资溢价。每一个人都应当清楚，对于绝大多数中国老百姓来说，能够用杠杆投资的唯一的投资品就是房子。股票的流动性强，但是不能用杠杆，房产的流动性弱，但是可以使用杠杆。而这个杠杆不是垄断在少数人，而是所有人都有权利使用。

所以在开发阶段，也就是城市化30%到60%这个阶段，土地、房子加杠杆投资，背后是开发溢价、交易溢价和杠杆溢价。三重溢价推动房市上升，股市、楼市螺旋式互动，这个阶段通常是城市化加速增长的阶段。如果我们这么来解读，我们就应该把现在看作是下一个超级泡沫的起点。那么它的源头是什么？来源于政策。房地产研究员在中国房地产的报告当中提出了一个非常重要的概念——“双重最”。什么叫“双重最”呢？从1949年到今天，货币发行量最高这是第一最，就是货币增长速度最快，超过建国以来任何一个时点。

第二就是利率，在七折利率的概念下，现在的房贷利率是4.18%，比历史的最低水平低了0.71。这时候我们看到，最快的货币供给，同时最低的房贷利率“双重最”推动房市泡沫。所以房价上升最终的源头是货币政策。对日本楼市崩盘时的货币供应量的研究表明，恰恰是在日本提高利率，同时降低了货币增长速度时，引发了房产崩盘。也就是说，在我们目前的低利率政策和高流动性政策不变的条件下，房市和股市的互动，会在货币的推动下螺旋式上升。这个东西是被人们解读为通货膨胀预期，其实它和通货膨胀几乎没有关系，它只和通货膨胀最原始的货币投放与利率水平有直接关系。

所以，中国目前正处在日本当年低利率加高投放货币的阶段，也就是说，如果我们一旦看到政策急刹车，政策发生逆转的时候，泡沫会出现突发性的破灭。机会在面前，风险也在提升，一方面要看到大宏观的前提下，中国的相对地位在上升，我们有可能成为世界经济下一轮复苏的热点板块，不是行业板块，而是地区板块。那么如果中国成为这个板块，同时中国又是从城市化率不到40%高歌猛进，向60%以上挺进，在这个阶段宽松的货币政策和低利率政策，会同时驱动泡沫的加速。所以超级泡沫已经来临。

事实上，每一个经济周期的上升阶段，都会产生一个超级泡沫，互联网是一个超级泡沫，70年代带动纳斯达克市场崛起，但是2000年一年之中，几乎荡然无存，一个大泡泡迅速崛起，然后破灭。次级贷就是把房子当泡泡接着吹，于是把房子吹成一个产业链，我们再看下一个泡沫吹什么？沿着这个思路一直在想下一个产业是什么？到现在为止没有看到任何一个产业能够像互联网一样，带动全球进入一个新的繁荣。改变我们这个时代的是两个东西：第一是互联网，第二是中国的城市化。

中国的城市化从30%到70%，意味着什么？意味着8亿人从村里人变成了城里人，村里人变成城里人，按照标准化的模式，是什么结果呢？就是这个人的消费翻50倍。一个村里人的消费和一个普通城里人的消费，相差50倍。所以，互联网的力量这么大，它带动了多少人？那么中国的城市化所产生的人口，带动了经济的发展，经济的背后是人。

所以股市、楼市并不是虚拟经济，是实实在在的，是带领一个群体从贫穷走向富裕。大家可以想想，你的财富有多大比例来源于资产溢价，“二八定律”指出，如果你说你是富人，你80%的财富来源于资产溢价，如果你是一个普通的富人，你80%的资产溢价主要来源于股市、楼市。股市、楼市不是虚拟经济，它是现代经济的循环中的核心。所以我们在寻找热点行业的同时，也要看到热点地区和热点概念。就像新能源可以带起一波浪潮，当我们绝大多数人意识到，我们正处在一个城市化加速推进的浪潮中，我们可能会发现，中国的城市化会像互联网和次级债一样，成为下一轮全球经济繁荣的主要拉动力量。

当每个人都在考虑通货膨胀的时候，我们必须知道决定通货膨胀的只有一个主体，那就是现代政府。现代政府已经把自己在凯恩斯主义经济学的指导下，变成了通货膨胀制造业。通货膨胀制造业生产出越来越多的货币，于是金融业适应这种需求，生产出越来越多的证券，这个世界又多了一张纸，就是股票。于是财富就像四条腿的桌子，一条腿是实的，另外三条腿它就是三张纸，一篮子杂货是实体经济，另外三张纸股票、债券、货币，所以，在这样一个经济循环当中，我们化解任何经济危机的办法，都是通过发纸，把危机从这一代人延续到下一代。

巴菲特大会，当时有一个孩子站起来，提了一个问题，这个只有13岁的孩子问："巴菲特爷爷，您这一代人发了这么多的债，真的就是要让我们替你们还吗？"巴菲特是怎么回答的呢？四个字"好好学习"。怎么理解呢？如果你学会了，你让你孙子替你还。发纸发得太多了，在这个过程中，虽然我们可能不喜欢，当我告诉大家这个结论的时候我也不喜欢，但是没有办法。我们改变不了现代政府的价值观，我们也改变不了现代大宏观经济的循环。如果你今天你不发纸，别人就会发纸把你的财富拿走，这时候我们会看到，我们的传统观念遇到了挑战，我们的传统观念是崇尚储蓄，天道酬勤，节俭持家。但是我们在座的每一个人想一想，储蓄和通货膨胀是什么关系？我们再想一想，从你一文不名到今天，你的财富是因为你勤劳节俭吗？大家应该接受一个概念，我们绝大多数财富不是因为我们勤劳，而是因为我们聪明。聪明的道理，就是要能体会到领导的苦衷，领导要拉动消费，把钱给你们，该给谁，不该给谁，永远说不清楚。

于是最简单的方法就是，把钱往股市、楼市里边一抛，这就是给聪明人发工资的方法。于是一边吹着，一边把钱以股票的形式，划转给社保基金，一边买，一边送，这就化解了相当多数人对社保的担忧。我们很多人在设计社保来解决怎么支付，政府想的比你聪明多了。一个政策挂钩新股上市，无偿划转，这就等于在股市当中建立起一个平准基金，而且三年之内不卖。你们想一想，这不就是等于通过股市充实社保，然后给股市引进战略投资者，然后让股市吹泡泡，让聪明人抢钱，抢到了你花，就带动了消费。拉动内需，首先要拉动股市。当我们用股市、楼市在分配财富的时候，你厌恶泡沫，那你就是"活该"贫穷，指望政府给你发钱永远不可能。

股市和楼市的互动带动虚拟经济的复苏，虚拟经济的复苏不仅不会刺激实体经济，反而会压迫实体经济，一个世界工厂两头，一头看成本，一头看利润，利润看消费，于是当全球都在发票票的时候，会带来什么结果呢？超额发行的货币会进入大众商品市场，油价上升会带动大众商品上升，结果就是成本上升。也就意味着世界工厂原材料价格上升了。任何一个大众商品，一旦构成了大众交易，它的交易模式就必然改变。变成什么呢？普通的商品产、供、销。产、供、销，产、销决定，供给提供的是流动性，这是很多人脑子里边的简单商业模式。但是一旦大众商品开始具备了金融属性，产、供、销，就变成产、屯、供、炒、销，三个环节就变成五个环节。于是屯、炒决定价格，不是产、销决定价格，于是屯、炒之间会形成多层次的市场，任何一个普通商品都同时具备交易的属性，也就同时具备了交易价值。

交易价值就是水火，就是虚拟经济的主流价值，所以当一个世界工厂依赖大众商品，大众商品从产、供、销模式演变为产、屯、供、炒、销，屯、炒就难以避免。于是谁做实业，就必然面临原材料价格失控的挑战。当超额货币流入资产价格市场，当产生了预期不得不倾家去买房子的时候，在这个阶段必然抑制消费，投资抑制消费，也就等于是消费市场会由于投资品价格膨胀而萎缩。于是我们看到了，原材料会由于屯、炒而上涨，消费会由于资产价格上升而萎缩。那么实体经济的复苏，就会进一步受到压抑，这个压抑会在这一轮反弹之后，逐渐浮出水面，这也就告诉大家，一方面看到了虚拟经济复苏，作为晴雨表意味着我们正在走向复苏。但是同时也要看到，虚拟经济的复苏压抑了实体经济复苏的血脉，很可能使得复苏一波三折。

所以V型、U型都不是，我们会出现波浪形，在波浪的过程当中半虚半实，未来这一段时间充满高度不确定性。在这个不确定性的状态当中，全球正在从政策性复苏，也就是发“票票”的复苏，转向基本面复苏，也就是吹泡泡的复苏。发票票阶段完成了，现在开始进入吹泡泡，现在还没有找到吹泡泡的吹口，我感觉是中国的城市化，可能就构成下一个大泡泡的吹口。

所以机会已经摆在面前，风险在提高，这一阶段无论在股市和房市，都必须严格控制风险，也就是要知道机会会不断地来，它只给聪明人。暴利永远存在，但是它只给活着的人。

金融学点睛

在中国，未来的城市化发展不应该再把压力集中在少数一线、二线城市，因为这些城市到今天已经超负荷，而且如果再继续下去，这些城市的房价上涨压力会难以下退。因此，中国的畸形城市化历程必须改变，一二线城市房地产泡沫压力必须得到缓和，而要做到这些，就必须加快体制改革，亦即加快“国退民进”，强化民营经济和民间事业单位，减少政府对资源、对行业的行政管制，实现“小政府、大社会”的理想。一旦这一目标实现，行政权力配置资源过程中所必然带来的不公平和机会扭曲，也会消失不少。那时候，就不会再有大家只往几个一二线城市迁居买房的局面了。

通货膨胀预期开始形成
——资产价格泡沫

进入2010年，金融危机的阴影尚未退去，新的资产价格泡沫却在形成。即便在投资、消费都强劲增长的中国，也接到了越来越多关于警惕泡沫的忠告。

通货膨胀的预期，不断涌入的境外热钱、充裕的本币供应、专家学者不时抛出价格上涨的充分理由，中国的股市、地产等市场，看起来一片“繁荣”景象。

跟低谷相比，上证综指已上涨了六七成；卷土重来的“地王”、地产商们不断创造着的土地高价纪录创造了新的“标王”；即便原本不起眼的大蒜，价格也飙升了数倍甚至数十倍。中国资本市场似乎又回到了亢奋的2007年。

两、三年前，中国各地新楼盘发售处，挤满了彻夜等待买房的人群；上证综指地攀上了6124点的高峰；一株兰花被炒到几百万甚至上千万元人民币。

但金融危机的到来，捅破了这些绚丽的肥皂泡。房价波动、滞销令人恐慌；上证综指跌破2000点；天价兰花成了烫手的山芋，无人敢接；普洱茶身价跌至高价时的一成，搁置田间地头，无人采摘。

2010年，面对损失惨重的投资者的抱怨，许多“价格推手”销声匿迹。但如今，沉寂了一年之久的他们又变得活跃起来，试图游说更多的投资者进场。

可以大胆地预测：五到八年后，中国七十个大中城市的房价将翻一番。不断涌入城市的人口、住房刚性需求，是这一大胆预测的重要论据。而这些论据，早在金融危机之前，就已被许多中国专家学者频繁引用过。

伴随着价格的恐慌，大蒜能预防流感的传言也开始在中国民间流传。

不管豪言、还是传言，随之而来的就是不断上涨的价格，“价格推手”的资金早已入市。一时间，温州游资、境外热钱、山西煤老板，甚至银行借贷入市炒作的传闻四起。在充裕的资金推动下，除地产、股市外，投机者也开始进入相对较小的市场、操纵价格，大蒜就是其中一例。

2010年春节前后，北京、上海等城市房地产价格昂贵，资产价格泡沫风险日益增长。

通过形势分析可知：资产泡沫正导致房地产业出现大量浪费性投资，结果是冲淡了经济增长的前景。产生资产泡沫的矛头，指向了激增的银行信贷。

除了增加地产、股市风险外，资产泡沫同时会助长通胀预期。通胀预期的增强，又会促使更多资金进入市场投机，以对冲财富贬值。

金融学点睛

通货膨胀的预期已经开始形成。在一份调查中，九成五的中国制造商相信，虽然世界经济短期内难以明显好转，但很长一段时间内原材料价格不会下降。

或许真的到了应该好好谋划信贷政策的时候了。2010 年 4 月初，银行对楼市信贷也有收紧等举措，其出发点也在于希望资产泡沫不会给经济留下祸根。

中国通货膨胀真相还能掩盖多久
——通胀上行压力

国家统计局近日陆续发布 2010 年 1 月份物价等经济数据，我国 1 月份消费者价格指数 CPI 和工业品出厂价格指数 PPI 等都环比继续上升，受到宽松流动性影响，我国通胀压力进一步加大。专家指出，环比仍有延续上升的势头，从而预计货币政策未来 5 个月内仍将维持“偏紧”的格局。

随着国内经济迅速回升，货币流通速度将逐步回升，那么 2008 年以来宽松的货币政策对物价的影响将开始显现。2009 年 11 月份以来的资源要素价格的改革，包括煤、电、油、运、水等公共服务资源的价格都在调整，同时境外的能源价格也处于高位，结果会使生产成本上涨。适度宽松的货币政策的影响，由于 2009 年新增信贷大量投放，以及外资流入带来的外汇占款压力，2008 年末—2009 年货币供应量快速扩张。

中国的通货膨胀压力不断加大，关于此方面讨论也日渐升温。统计局数据显示，2010 年 1 月中、上旬，铁矿石、煤炭、铜、钢材和锌价格上涨明显，且涨幅高于 2009 年 12 月同期水平，主要化工产品价格上涨明显，只是涨幅有所回落，工业产品中，仅水泥、原油价格出现了小幅下跌。这些迹象初步显示，中国的通货膨胀问题开始严重。

进入 2010 年以来，食品涨价潮已经在中国显现，食品饮料业中越来越多的企业将加入“提价阵营”。结果会进一步推高 CPI 指数。2009 年年底光明乳业发出提价信号后，带动了乳业，啤酒、白酒、饮料等多个行业纷纷涨价。目前，涨价已经在食品饮料行业内成为共识，2010 年，将有越来越多的企业将加入到“提价阵营”。值得注意的是，在中国的 CPI 指数构成中，它们占比近 40%。

对于涨价的原因，一般都会认为是成本。产品的原料成本，如糖价，从 2009 年开始便一直在上升，而石油、柴油价格的走高，则带动了 PPT（塑料）价格和运费的上涨。拿乳制品来说，每种原料的涨幅都在 20% 至 30%。原奶价格和运费等成本上升，是此前提价的主要原因。成本压力在半年前已经出现。2009 年，公司仅在物流一项的支出，就增加了 10%。不过，原材料价格上涨只是一个借口。

根据联合国粮农组织的数据显示，2009 年 11 月全球食品价格上涨了 7%，这是自 2008 年 2 月以来的最快速度。同时，大米价格将从目前每吨 638 美元上涨 63%，达到每吨 1038 美元。在中国，猪肉批发价格 2009 年已上涨了 17%。

美国政府还预测，2010 年牛奶价格将会上涨 39%，而摩根大通的报告则预测，2010 年食糖价格将上涨 25%。包括大米、玉米、小麦等全球粮食价格近期将出现快速上涨，全球性通货膨胀正在影响中国。

由于需求回升、库存降低、粮食减产和资本炒作等因素，国际粮价 2010 年还将继续上涨。据国际人口组织预测，全球人口到 2050 年将从现在的 68 亿增长到 91 亿，粮食供应必须增长 70% 才能满足人口增长的需求。

中国的经济形势，由于食品涨价，中国家庭在采购食物上的开销加大，在其他方面就相应减少，由此导致的消费下降应会给其他商品的价格带来压力。从经济学的角度上来说，其他商品的降价趋势应能充分抵消或说补偿食品涨价的影响，如此一来通货膨胀也就会被化为无形。

价格补偿的确存在，而且有可能计算出剔除食品价格后商品及服务价格应该出现怎样的降幅。经济学家就可以衡量出食品价格上涨给消费指数的其他组成部分带来了多大的降价压力。而对这种压力人们注意到央行把整体通货膨胀率的目标区间设为1% -3%之间。倘若货币政策真的和这一目标水平相适应的话，那么在食品价格上涨21%的情况下，非食品价格必须出现明显的下降才能使央行不脱离目标轨道。具体来讲，非食品价格将需下降6%甚至更多，才能实现央行的通货膨胀控制目标。

2010以来，多数非食品价格却在上涨。

因此可以认为，这一现象表明中国的货币政策太过宽松，它是通货膨胀背后的推手。人民币估值偏低加上市场对人民币升值的预期合力推动投资资本及投机热钱加速涌入中国，造成了太多钱追逐太少商品和服务的局面。而有关方面显然也未能通过加息、提高银行存款准备金率以及严格限制放贷等措施来有效化解流动性过剩的问题，从而造成形势的进一步恶化。

食品供应紧张掩盖了货币政策导致的通货膨胀上行压力，货币政策将更多资金引出非食品、商品及服务领域，并转向食品。其实，食品供应问题只是掩盖了货币政策对物价的上行压力，它并非是造成这种压力的元凶，因为这种压力之前就已经存在了。食品价格的反常激增造成了食品供应问题，通胀压力没能在非食品领域找到出口，食品价格的猛涨吸收了过于宽松的货币政策带来的过度需求。

中国CPI数据表明，食品价格飙升时非食品价格非但没有出现人们希望的抑制通胀或通缩的现象，反而也在加速上涨。金融部门再不大力调整当前的货币政策，那么通货膨胀显然还将持续，并将向其他领域蔓延，即使食品价格“退烧”也不能阻止通帐现象。

然而，有些经济学家一再强调，现在只是“结构性物价上涨”而不是全面的“通货膨胀”，或者“尚在可控范围之内”等等。

有经济学家认为：当前的价格上涨是结构性上涨，并不是价格全面上涨的严重通货膨胀，并说价格总水平上涨压力虽大，但有条件做到不出现严重通货膨胀。因为我国近年注重培育基础供给能力，控制“两高一资”产品出口，供求总量关系呈基本平衡甚至存在局部产能过剩的状况。那么，调控及时、有效，由食品涨价引起全面物价上涨的可能性并不大。

还有部分学者认为中国发生通货膨胀的可能性不大，从上世纪 90 年代中期到 2009 年，中国的经济没有出现过真正值得注意的通货膨胀。

2009 年形势是，随着食品类物价上涨逐渐扩散到社会居住、医疗、交通、服务等其他各个行业通货膨胀已经全面加剧，掩盖通胀真相的“结构性物价上涨”也无法蒙蔽人们的亲身感受。

目前，中国的通胀究竟有多严重？有关资料显示，如果把商品房房价这一项加进去，我国的 CPI 实际数值可能达到 20% 以上。对此，中国民众的感受是当下的生活费用支出比原来要多至少两位数。

按经济学的常识判断：物价一旦上涨，就很难跌回，不持续增涨就已经不错了。

中国 80 年代末 90 年代初也曾经有过一轮 CPI 超过 12% 的严重通货膨胀，国家当时推行了考虑通货膨胀率的保值储蓄。此据金融资料显示：1989 年 3 月年利率是 13%、14%，通货膨胀补贴率是 13%、64%，总名义利率是 26%、78%。那次通胀过后，物价稳定了几年，但再也没有回归原价位。

据国际知名的投资银行高盛公司统计，2004 年中国就已经成为全球第三大奢侈品消费国，消费额占全球奢侈品消费总额 12%；美国高盛公司预测，到 2015 年，中国将超过日本成为世界第一奢侈品消费国。而商务部副部长于广洲也曾做出类似的预测：到 2014 年，中国将可能成为全球最大的奢侈品消费市场。

通货膨胀的实质是货币的发行增长，超过产品的增长。这也就是说，通货膨胀意味着政府正在对老百姓手里的收入注水。随着通货高涨，贫富差距将越来越大，因为有钱人和赤贫者的权利、信息都不对称，越是有钱就越容易获取有利的投资优势与信息，进而导致其更容易获取利润回报。

眼下，我们正处在一种贫富差距急促变化的现实中：一面是弱势群体深受住房、看病、上学新三座大山压迫，生活窘迫，无能为力；一面是中国高档购物中心过剩，被海外舆论称之为中国奢侈品市场在“爆炸”。

对此，人们不禁要问：这究竟意味着什么？

金融学点睛

今天有关方面对通货膨胀，仍然遮遮掩掩。这种掩盖不仅是对在控制物价方面失职的回避，更是对公众知情权的剥夺。其实这种剥夺的最大受害者是弱势群体。

楼市投资可以抵抗通胀吗

——通胀风险

房产作为一种有代表性的实物资产，较之金融资产和其他实物资产，在通胀情况下的保值增值功能有相对优势。

从现实经验看，近些年我国每年的房价涨幅都跑赢了 CPI 涨幅。因此，有理由认为，在通胀环境下，要想抵御通胀风险并实现保值甚至增值，投资楼市是一种不错的选择。

很多投资房产者认为，既然现在股市波动得厉害，而且通胀的预期在增加。那么，我们百姓投资楼市可否有效抵御通胀风险呢？

2010 年年底，国家统计局公布的 2009 年前三季度宏观经济运行情况显示：前三季度 GDP 按可比价格计算，同比增长 7.7%；三个季度的 GDP 增幅分别为 6.1%、7.9%和 8.9%，呈逐月递增趋势。在一系列宏观经济政策的刺激下，经济企稳回升态势明显，照此势头发展下去，2010 年“保 8”已基本无任何悬念。

经济学研究表明：在经济增长的作用下，物价上涨是一个必然的现象。从国家统计局公布的数据看，尽管居民消费价格指数（CPI）和生产价格指数（PPI）同比仍为负数，但降幅在缩小，2009 年 11 月份由负转正；而环比方面，CPI 从 7 月份开始走出低谷，已连续 8、9 两个月上涨，PPI 截至 9 月份已 6 个月上涨。如果仅从当前的物价水平来看，确实还看不出存在着通胀现象，毕竟无论是 CPI，还是 PPI，同比还并未走出负增长状态。不过，当站在动态的角度，可以这样认为，随着经济的回升并进入快速增长通道，通胀压力渐行渐近。

决策层为刺激经济，实行了积极的财政政策与适度宽松的货币政策，数据显示，9 月末广义货币供应量余额同比增长 29.31%，前三季度人民币贷款同比增加 5.19 万亿元。

货币信贷资金的这种超常增长，在拉动经济增长的同时，也不可避免地带来一定的通胀压力。当物价水平由负转正时，这种压力会尤其明显。在经济全球化背景下，我国的通胀压力不仅来自国内，也来自国外。从 2009 年的形势看，美、欧、日等经济复苏趋势开始明朗，以石油为代表的大宗产品的价格也会随之趋高，再加上美元的持续疲软，对我国的输入型通胀压力亦会不断增强。

因此，在经济进入复苏通道之际，虽不至使通胀即刻发生，却导致了对通胀的预期。有研究表明，公众的通胀预期在一定程度上也会造成通胀发生。政策表明把管理好通胀预期列为年度宏观调控的重点之一。这说明，决策层已开始注意到保增长与控通胀预期之间的协调问题。一旦形成通胀预期，就可能促使一些人将资金更多地投入到楼市、股市，以期保值或增值。

通胀意味着货币贬值，也就是我们常说的“钱不值钱”。假定一个家庭的财富由实物资产和金融资产组成，当然还有的家庭有一定的负债，比如房贷。在通胀影响下，家庭资产结构会发生相应的财富分配效应调整。

发生通胀的时候，家庭资产结构中实物资产的价值会随通胀率的高低而相应变化，即使同一种实物资产，在不同时期，其货币价值较之通胀率也是不一样的，有时高，有时低。金融资产在通胀情况下如果利息率未充分提高或未采用浮动利率，银行存款受到的冲击应是最大的，虽然它的货币名义价值没发生改变，但其货币实际价值却因通胀率而导致下降。

股票作为一种重要的金融资产，在通胀条件下其货币价值会上升、保值，还能实现增值，但股市瞬息万变，在通胀条件下利用投资股市来保值是大部分股民做不到的。

我国1998年全面推进住房制度，改革到2010年，房价的总趋势是上涨的，尤其是近几年价格涨幅十分明显；同时，随着我国经济实力的增强，老百姓手中可支配的收入逐年增多，满足了基本的居住需求后，对住房的改善性需求会随之产生；我国历来的"买房置地"的传统思想对房价的进一步上涨也起到了推波助澜的作用。

房产投资建设不但周期长，而且数量有限，当需求上升时它的存量调整相当缓慢，需求上升的压力通过价格调整而非数量调整来加以释放，所以在通胀发生时，它的涨价幅度常常高于普通商品，甚至高于通胀率。房产所依附的载体——土地是一种稀缺资源，供不应求是常态，中国更是如此；在土地紧张的情况下，市场机制的作用必然要通过价格的上涨来实现土地的供需平衡，同时，地价的上涨又必然带动房价的上涨。

从经济学的角度来看，任何投资都是有风险的，楼市也不例外。远到1990年日本房地产泡沫的破灭、1997年香港房地产的崩盘，近到2006年美国的次贷危机所引发的金融危机，如果投资者不能洞悉经济运行的周期性特点，一味追涨而贸然入市，则不仅跑不赢CPI，还很可能损失惨重。房价不可能一直趋高，当我们看到通胀条件下房价攀升的情形时，也应联想到总有一天在经济周期的作用下房价下跌的情形。

投资楼市固然能起到抵御通胀的作用，但假如通胀率继续上升，政府一定会进行宏观调控，给过热的经济降温，那些在经济由热到冷转换之际未及时脱身离场的楼市投资者也将身陷被套牢的境地。

金融学点睛

投资者既应看到投资楼市能够抵御通胀，也需对国家政策和宏观经济走势有个清晰的把握。除此之外，投资者还应对投资成本、房产的流动性风险、投资回报等做恰当的深入分析，量力而行，做个理性的投资者。

未来十年，纸币一千万只值两百万

——纸币贬值

美元将来肯定要崩溃，纸币贬值也是必然规律，即使是亿万富翁，如果不做投资，30 年后也有可能要吃救济。应对纸币贬值和美元崩溃的最好手段是投资黄金和白银，尤其是实物黄金和白银。

从金融学角度看，纸币贬值是必然的，举个例子：80 年代中期，保险公司向他的一个朋友卖保险，说等到 2015 年朋友退休后，每月可拿到 50 元人民币的保险金。当时 50 元人民币相当于一家人一个月的生活费，还是很值钱的。可现在 50 元算什么呢？不要说到 2015 年，2010 年在北京，这 50 元还不够到保险公司领保险金的打的费。

你现在有一千万元人民币，你以为自己就可以退休吗？如果你把这一千万存银行里，10 年后可能只相当于现在的两百万，再过 10 年，可能只值 40 万，再过 10 年，可能只有几万了，可见纸币贬值的速度有多快。“亿万富豪如果不做投资，30 年后也可能要吃救济。”从历史和全球的视野分析，不光是人民币和美元，纸币从来都是贬值的。

回顾既然纸币不能保值，能保值的就只有黄金和白银了。2008 年 9 月

18 日，全球金融市场差点崩盘，5500 多亿美元的国债遭到投资者挤兑，美国财政部紧急投放 1500 亿美元也没能稳住，只好及时冻结所有市场资金，阻止了一场危机的发生。那天国际金价暴涨了 100 美元，白银暴涨了 23%，其他的贵金属以及石油等价格都没有大的变化。这说明在危机面前，投资者首先想到的还是选择黄金和白银，其他的投资品都不想考虑。

相对于黄金而言，看好白银也有投资价值。美国政府以大量发行货币的方式来缓解其巨大的国债压力，这样一来会造成超级通货膨胀，而黄金和白银会大幅升值，其中白银的增幅会大大超过黄金。首先来看看黄金和白银的比例和储量。

1940 年，全世界的黄金储量是 10 亿盎司，2009 年增加到 50 亿盎司，白银在 1940 年有 100 亿盎司，现在是 10 亿盎司。白银的存量 70 年前是黄金的 10 倍，而今变成了 1/5，也就是说白银相对于黄金而言是大大的稀缺了，但是它的价格反而逆转了，历史上平均是 15 倍左右，而现在黄金的价格是白银的 60 倍。

2010 年，全球白银的价值为 500 亿元人民币，一个商人在上海金交所买了黄金 250 亿元，两个商人就可以把全世界的白银买光。而当前白银的价格却只相当于黄金的 1/60，因此白银在未来 10 年内的上涨不是一倍、两倍的问题，而是在“1”后面加几个“0”的问题。

近期国际金价连续大跌，国内金价受到影响处于短期回调状态，市场却悄悄刮起了“抢购风”，不少市民觉得到了抄底的好时机，纷纷抢购黄金。一家黄金经销商表示，投资金条和其他黄金商品都呈现出抢购状态，尤其是投资金条，一上柜立刻售空，顾客必须提前预订。相关负责人表示，虽然近期金价出现了大幅度的下跌，但总体投资环境基本不受影响。2009 年 12 月份黄金市场非常火热，现货黄金供不应求。尤其是刚上市的贺岁金条，既能把金条艺术性地展示出来，又可以达到消费者购金藏金的目的。

2009 年年底，市场都比较关注全球经济能否如预期般好转，股市上涨能否持续，如果市场面临阶段性的调整，那么黄金将成为投资者避险的主要工具。每年 12 月到 1 月都是黄金传统的消费旺季，在目前状况下，黄金投资需求将被激发，支持价格走高。虽然年底市场都有结算的压力，但黄金在今后一段时间内将依然保持强劲。

1971年，美国政府宣布放弃35美元兑一盎司黄金的美元“金本位制”，实行黄金与美元比价自由浮动。此后，黄金开始了四十年激荡的价格波动史。让我们看看，40年里黄金投资的收益到底如何？

1970年～1980年

（年复合收益率37%）

随着1971年美国宣布放弃美元“金本位制”，黄金价格从35美元兑一盎司的低位急剧上涨，1973年黄金价格已涨至90.85美元。1973年12月，美国爆发新一轮经济危机，并导致严重通胀，至1975年1月，每盎司黄金已涨至180美元，相比1971年的1盎司兑35美元，上涨幅度达到414%。

1979年世界第二次石油危机，原油价格从14美元/桶上涨到35美元/桶以上，再加上1979年12月苏联对阿富汗出兵，政治局势的恶化，导致市场对黄金需求巨大，至1980年1月21日，国际现货黄金达到每盎司850美元的价位，相较1970年的每盎司35美元，金价10年时间上涨了23.29倍，如果折算成每年复合收益率大概是37%。

1980年～2000年

（跌幅达48.39%）

1980年至2000年这20年时间，黄金价格持续低迷，而1996年至2000年间，美国GDP维持3.5%的高速增长，黄金价格一度降至255美元的历史低点。从1980年1月2日的559美元降至2000年1月3日每盎司288.5美元，国际现货金价降幅达48.39%，这期间的收益率处于亏损状态。

2001年～2009年

（年复合收益率16.5%）

从2001年起黄金开始走牛，2001年美国科网泡沫破灭加上9·11事件，美联储开始执行宽松货币政策，引发市场对通胀的担心，金价从2001年11月27日的272美元左右涨至2005年的500美元，而2008年金融危机爆发后，美联储救市政策加剧了市场对美元贬值的预期，金价曾攀至1200美元，短短8年，黄金上涨3.4倍，年复合收益率约16.5%。

金融学点睛

投资黄金最好还是买实物金。现在投资黄金的渠道有很多种，比如纸黄金、黄金期货等，但现在全世界77份黄金期货仓单只对应一份黄金实物，也就是说，这77个持有黄金多头仓单的投资者，如果要提货的话，只有1个投资者能拿到黄金，其他的都是废纸一张。所以，在危机到来的时候，还是持有实物金保险。

住房不是财富
——抵御通货膨胀

对于房地产开发商打出“买房子能够抵御通货膨胀”的口号，中国社会科学院金融研究所研究员易宪容在《香港经济导报》上撰文指出，住房不是财富，它没有抵御通货膨胀的功能。投资住房未来的结果是相当不确定的，投资者应密切关注，中国股市就是最好的参照。

“买房子能够抵御通货膨胀”，这是最近房地产开发商号召民众进入房地产市场的一个口号。在这个口号下，国内房地产市场的价格在4~7月份确实出现了最大幅度的上涨，而且这种价格上涨从2009年下半年开始在全国绝大多数城市蔓延。

在房地产开发商的思路中有几个问题值得思考。一是当金融市场出现大量的流动性时，会出现通货膨胀吗？特别是会不会出现过高的通货膨胀？二是假定人民币的通货膨胀出现了，人民币是贬值还是升值？三是居民购买住房是消费品还是投资品，对于两种不同的产品，其财富效应是不是一样？四是如果住房是投资品，购买住房一定能够抵御通货膨胀吗？

对于当前或下半年的物价水平，房地产开发商认为市场上对通货膨胀上升的预期理由有上半年信贷投放过多，金融市场流动性过大等。单从佛里德曼的货币主义来看，通货膨胀是一个货币现象，货币发行过多，通货膨胀自然而来。但流通性过多是否会引起通货膨胀是无法预计的，这只不过是房地产开发商忽悠居民涌入房地产市场的一种利器。

从当前的经济形势来看，2009 年下半年，国内通货膨胀水平仍然会处于 2% 以下的水平。在中国当前的情况下，采取了信贷政策很宽松，大量货币流向了金融市场，由于目前通缩及当前通货膨胀的形成机理发生了变化，通货膨胀在短期内还不会发生，但是大量的货币只是会流向资产，推高资产的价格。短期内，房地产开发商所指的通货膨胀上升的市场预期不会发生。

从中国上一轮经济增长的情况，或最近几年世界的经济运行情况来看，如果通货膨胀出现了，那么资产价格泡沫也就快要破灭了。中国通货膨胀在 2008 年 2 ~ 4 月为最高点，但国内股市在 2007 年 10 月就开始下跌。楼市的调整各个地方不同，2008 年 2 ~ 4 月则是价格调整最深的几个月。

购买住房是为了保值，但是等通货膨胀出现时，从实际情况看其结果只能是适得其反。在这个时期，尽管国内通货膨胀水平不低，但是人民币不仅没有贬值，反之快速升值。也就是说，当时，人民币对内贬值对外则是升值。如果人民币是升值的，购买住房要达到保值的预期只能是适得其反。

第三，再回到住房的本身来看，由于住房是一种两栖产品，既是消费品，也是投资品。住房的基本价值的变动只会引起财富的转移，而不会产生财富效应。住房价格上涨是通过居民按揭贷款的方式来完成家庭消费信贷，从而把未来消费能力转化为现期的实际消费。所以，住房不是财富。

住房作为耐用消费品，价格上涨但没有进行交易，其使用价值没有变化，居民对住房的消费并不由于房价变动而产生财富效应。

房地产市场显示，1994 年左右进入深圳房地产市场的不少居民，他们的住房不仅没有达到保值增值的目的，反而被套牢近十年才解套，其资产损失巨大。当前，国内不少地方的房价已经上涨到一个非常高的水平，投资者进入房产市场购买住房是否能够抵御通货膨胀是相当不确定的。

住房市场的预期变化是不确定的。中国的住房市场，基本上是一个政策市场，市场预期变化很大程度上取决于政府的政策。而政府政策如何变化则是随着市场运行情况变化。不过，当前国内最为紧迫的经济问题，是大量的信贷资金涌入房地产市场、投资者利用银行金融杠杆推动房价。

住房市场可能成为阻碍中国经济在2010年下半年甚至下一年度经济的复苏及稳定增长的巨大障碍。如果中国房地产泡沫在2010年继续吹大，那么整个中国经济发展的进程则一定缓慢。在这样的情况下，政府一定会密切关注国内房地产市场的价格变化，一定会采取适当的方式不让中国的房地产泡沫吹大，如果房地产泡沫再吹大，房地产政策的调整也是必然，面临房地产政策如此之大不确定，想通过购房来抵御通货膨胀是根本不可能的。

金融学点睛

住房不是财富，既然住房不是财富，它就没有抵御通货膨胀的功能。投资住房的未来是相当不确定的，投资者须密切关注。中国股市就是最好的参照。

三金沉浮：黄金、黑金、美金的交响曲
——通胀寓言

当预期通胀会在不久后到来时，投资商们会倾向于把手中的现钞换成资源品，以实现保值增值的功能，而石油作为重要战略资源品，恰恰具有相关特点。

在2009年3月份以来的国际市场上，“三金”的走势即呈现“两升一降”的图景。与“黑金”和黄金火热上涨形成鲜明反差的，是美金的迅速贬值。

与黄金投资相比，原油交易市场的热度一点也不逊色。

在2009年初，国际公海上就出现了一艘艘巨型油轮，这些神秘的“浮动油田”在油价和运费双低之时满载油品，却不做交易。他表示，行业内早已在囤积对价格复苏的期望。

交易商们很快就盼到了出手的绝佳时机。2009年5月，原油价格上涨幅度近30%，创下10年来最大的单月涨幅纪录，2008年12月油价最低点还在33.87美元/桶，到5月29日纽约商品交易所轻质原油7月份的期货价格则报收于66.31美元/桶。不知不觉间石油价格几近翻番。

市场上大机构的动作越来越多。市场表明像高盛、大摩这样的投行，现在又重新活跃在挂钩石油的金融产品做市交易中。

高盛公司是石油关联产品交易市场最大的做市商之一，其相关业务所产生的交易收入，常年占其公司总收入的50%以上。2009年3月以来，随着油价的迅猛回升，其二季报收入中，将会有更多的比例来自于石油做市交易。

这样的上涨，仅凭实体经济复苏不足以提供完整的解释。尽管经济进入复苏的通道，但整体来说还是在减缓的阶段，而伴随着需求的收缩，全球的贸易也是收缩的。

值得注意的是，BDI（波罗的海干散货指数）在年后的快速抬头与全球贸易量的持续下滑形成了鲜明反差。由于BDI很大程度上是油品和铁矿石等基础原料运输的反映，业内人士表示，这反映了实体经济真实需求和基础原料供应之间的脱节。

正是市场对通胀的预期，使得供求关系发生了变化。这是原油价格短期内迅速上涨的一个重要原因。

什么是“三金”呢？具有资源品属性的石油，通常被称为工业“黑金”，在国际大宗商品投资行业，其与黄金、美金一起，被坊间并称为“三金”，意为金融属性强的投资品。

就三者价格波动的一般规律而言，石油和黄金是正相关关系，它们二者跟美元是负相关关系；即当美元贬值时，石油和黄金的价格就会上升。

在2010年3月份以来的国际市场上，“三金”的走势即呈现“两升一降”的图景。与“黑金”和黄金火热上涨形成鲜明反差的，是美金的迅速贬值。2009 年 3 月以来，美元指数连续 3 个多月呈现出贬值态势，截至 6 月 2 日，该指数收于 78.4 点，较 3 月 9 日 89.1 点的短期高点贬值了 12%。

看空美元、加仓黄金和石油，是现在普遍的投资策略。

增配资源品主要指：石油、黄金、铜、钢铁、煤炭、新能源等大宗资源性商品，以及房地产；如果换成证券市场，建议投资者选择拥有这些资源品的上市公司。

2009 年上半年，不仅黄金和原油商品价格大涨，有色金属、新能源等大宗商品的价格都已出现了暴涨的苗头。比如，铜价早在 3 月就经历了一轮较大的上涨，而从 3 月到 6 月，铜价从 3000 多元/吨上涨到 5000 多元/吨。

与此同时，其他有色金属的现货和期货价格也你方唱罢我登场，从铜到螺纹钢，在 5 月连番上演了一波又一波上涨行情。

2009 年 5 月份，原油、金属和农产品价格的上涨，使得代表 19 种大宗商品的价格大幅上涨，当月涨幅达 13.8%，为该指数自 1956 年建立以来第二大单月涨幅，而仅次于 1974 年 7 月份的单月涨幅。

此前，2009 年 10 月份，大宗商品价格刚刚遭遇了 50 年来最大的单月跌幅，当月曾下跌 22.3%。

作为拥有货币发行权的政府来说，早就预期通胀会来临，当时看似“毫无缘由”地大幅收购储备铜就是一例。

铜容易存储，同时易损性较低，这两点比起农产品等其他商品要好很多。相比而言，农产品易腐败，而石油和天然气的储存难度又比较大。因此，如果想长期投资，铜是一个不错的选择。

相对而言，铝的供应量太大，产量易扩张，还受到电力成本制约等因素影响，价格不易大幅上涨。

在为预防通胀而进行的长期投资策略中，能源强过金属、贵金属强过普通金属、工业品则强过农产品。最佳的保值品当然是油品。原油的金融属性更强一些。而铜价涨得过快，则不能忽视大量基金的联合炒作因素。

尽管最近大豆和小麦被爆炒，在经济进入通胀的时期，工业品的长期保值性还是会比农产品要好。举个例子，由于自然条件，2009 年阿根廷减产了一千万吨大豆，这对中国市场上的供求关系造成了冲击。

也有投资者认为，“炒油”已成过去式，如今把现钞变成一堆金币的操作更有手感。

通货膨胀就是货币出现了贬值危机。铜和其他金属本身并没有代表货币的能力，只有黄金和白银有这个价值。将来央行不会通过买铜、买石油去稳定信用。因此就保值性来说，还是黄金最好。

不同类型的投资主体在通胀预期下的选择也不同。比如，有政府背景的实体、专业的投行和一些大型投资机构往往会选择储油，民间机构投资者多会选择黄金、铜和其他有色金属，一部分也会选择农产品；而实业界和一些个人投资者则多会选择房地产。

通货膨胀就是信用货币贬值，通胀的消息对所有商品投资都是利好。

张敏杰也表示，原油、黄金和有色金属这些资源品，它们都同时具有商品属性和金融属性，都是抗通胀的工具和方式。

此外，房地产，土地和矿山，也成为资本者们抗通胀的保值品对象。

一家上海某房地产公司高层透露，如今一些富裕阶层开始集中购房，而且集中于长三角地区两千万以上的别墅，而这些豪宅往往都连讨价还价的余地都没有。

通胀预期使得市场供求关系发生了变化。

在预期下，通胀有一个自我实现的功能。现在大宗商品的价格波动往往不是由供求双方，即传统工业的产、供、销各阶段的主体来决定，而是由交易主体，即对冲基金、影子银行体系等这些金融资本来决定。这些交易主体的金融资本，往往会通过预期效应加快通胀的实现过程。

不管各位投资高手们在具体增配品上意见有多不同，一个基本面是很明确的，那就是：增配资源品。

其实美国希望通过发行钞票吹升资产价格，这样把资产负债降下来，但它也不愿意看到油价和商品价格的重燃。

2009 年 6 月 10 日，国家统计局发布了 5 月份我国消费物价指数（CPI）和工业品出厂价格指数（PPI），市场人士分析，5 月份的两大指数将继续下降，不过降幅会进一步变窄。

由于2009年同期我国物价水平正处于高峰阶段，因此物价指数继续呈负值是翘尾因素的缘故。相对而言，两大指数的环比上升，以及来自上游大宗商品价格的大幅走高，其趋势更值得关注。

像原油这样的国际大宗商品都是由美元进行计价和结算的，价格走高的做市推动力很明显是来自国际市场。

油价为什么短时间内上涨这么快？对经济复苏的预期是一方面，而对美元贬值带来的通胀预期是另一方面，后者可能更为重要。

实际上，一些最新的经济数据显示，美国经济仍未脱离衰退。

6月3日，美国商务部报告，4月份工厂订单增长0.7%，增幅低于经济学家预计的0.9%。而美国劳工部最新公布的数据显示，美国失业率已达到25年来的最高水平8.9%，市场人士预计5月份失业率将飙升至9.2%。

美国就目前真实经济面的复苏情况来看，似乎不足以支持价格快速上涨的需求。近期国际大宗商品价格的反常走高，很多投资者认为，是由于美联储大肆发行货币，导致美元汇率贬值的缘故。

2009年3月17日，美联储宣布未来半年内直接入市购买3000亿美金的长期公债，这种货币当局直接买公债的方式将货币政策的性质完全改变，美国的债务货币化（直接印钞）时代宣告开始。

根据经济学家的测算，美联储的此番动作，意味着半年后流通中的货币将增加30%，M2至少增加三成，若考虑货币乘数反弹，增速甚至可能高达四成或五成。

金融学点睛

在全球经济体系的格局下，随着通胀预期对国际大宗商品价格上涨的拉动，中国经济将逐步进入通胀通道。

其实美国希望通过发行钞票吹升资产价格，这样把资产负债降下来，但它也不愿意看到油价和商品价格的重燃。

不过，货币没有长眼睛，不可能只奔资产而不往商品去——在商品高度金融化以后，几乎所有的大宗商品都进入了金融品的序列。

中国经济之结
——内生性通胀

由于中国很多关键性行业存在价格管制，所以 CPI 或 PPI 的市场需求价格传导不畅，往往在相当长的时间内显示不出其真实一面。这就是中国经济的“闷骚”状态——货币扩张引发的通胀内热，总是散不出去。

相对于那些在大宗商品市场上翻云覆雨的操盘手，很多投资者选择了更为熟悉的投资场所：股市。

对于资产实力不太雄厚的投资者，在目前的形势下，股市是一个便捷的增值渠道。

企业，尤其是民资企业的经营环境正在持续恶化。

资本市场的洪涝与实体经济的旱情，在这个特殊时期的分界线尤为显著。

从 2008 年 11 月起，国内的贷款开始“井喷”，2009 年一季度信贷月均规模达到了 1.5 万亿，前 4 个月 5.17 万亿的贷款投放规模，已超过了以往任何一年全年的规模。

此外，利率水平和公开市场操作等货币工具也轮番上阵。在各项政策刺激下，M2 增速已连续两个月（3 月和 4 月）保持在 25% 以上，创下 1997 年有统计以来的最高增速。

目前央行“适度宽松”的货币政策已明显做过了度，事实上成了“极度宽松”。

目前，我们或许摆脱了经济严重紧缩的状态，但目前过于宽松的货币政策也给我们带来了与经济下滑同样严重的风险，即更大一轮通胀的风险。

中国货币数量增长幅度在世界上一直是首屈一指的。早自2003年，货币发行量即开始高速增长，每年均在20%以上。一直以来，中国货币投放的过多存量正不断累积。

比如，从M2/GDP的值来看，即所谓经济货币化程度的比率，比率越大，证明单位经济中的货币发行量越大。中国一直在全球排名第一，在2004年时的比率就达到185。相形之下，美国的比率不到70，日本即使在“失去的十年”、央行大量印钞票的时候比率也不过是125。

问题是，中国发了这么多货币，投放的货币比实体经济需要的货币高出那么多，但CPI等价格指数却显现不出来。

由于中国很多关键性行业存在价格管制，所以CPI或PPI的市场需求价格传导不畅，往往在相当长的时间内显示不出其真实一面。这就是中国经济的状态——货币扩张引发的通胀内热，总是散不出去。

一旦CPI控制不住往上涨的时候，经济肯定就出了很大的毛病，比如2008年上半年的那样。

如果国内外货币扩张的政策得以持续，根据货币政策一般有6—12个月时滞的特征，2009年下半年也许就会全面进入新一轮通胀时代。而市场对不可避免的通胀到来的预期，使得资产价格率先走高。

资源型商品的价格还没到头，至于2010年的通胀会有多严重，我们可以边走边看。

在调查中发现，在面对通胀的预期时，投资者选择出手的目的并不相同。

在通胀预期日渐高涨的时候，有些投资者是为了避险，试图将自己手中的货币换成实物；有些则相反，是风险投资的需要。

因此，大宗商品价格正在受到两股看似对立的力量的共同推动：无论是看好经济的乐观派（风险资金），还是看淡经济的悲观派（避险资金），都会不约而同地增加对资源类资产的配置性需求。

这种投资环境在未来一段时期还将延续，风险资金提升资源类资产配置的需求方兴未艾。

一方面，风险偏好的增强，使得高弹性的商品资源重新成为投资者青睐的对象；流动性的极度充裕，推升着通胀预期，令具备保值功能的商品资产受到追捧。

另一方面，避险类资金部分撤离国债市场，实物资产成为新的配置方向。

如果国债市场变得不那么的安全了，还有哪儿可以为资金提供避险的场所？看得见、摸得着的实物资产包括黄金、石油、土地等资源，都会成为一种新的避险配置选择。

而现在的问题是，流动性托起的大宗商品行情还能走多远？投资者们表示，这个似乎还没有停歇的迹象。

最保守的估计来自美国纽约大学的一名经济学教授，他测算出美国五大银行的有毒资产还有 2 万亿美金。但大多数学者都认为，远远不止这个数目。

此言一出，油价等大宗商品价格应声下跌，美元由此进入了短暂反弹的调整期间。

不过，这似乎没有改变市场对基本面的判断。大多数投资商坚持认为，目前大宗商品的牛市，现在才刚刚开了一个头。

上海市一名钢铁期货交易商表示，2009 年 9 月份是美国财政年度的最后一个月，按照惯例，美国一般会选择在财年结束前的最后一个月发行大量国债，这个财政赤字相当可观，因而由此产生的外部流动性的预期还相当大。

2009 年上半年，美国国债的发行量达 7000 亿美元，但是 9 月份以后达 1 万多亿美金，总计是 2.46 万亿美元，2010 年又是 1 万多亿美元。所以到时候，新一轮美元贬值的预期，包括美金和美债抛售的压力，都会是空前的。

金融学点睛

由于实体经济投资环境得不到改善，在经济衰退之时，“松货币”政策放出的资本会自动选择流动性较好的资产领域，如股市、房地产、大宗商品等，从而推动资产价格走高，而这又会进一步刺激流动性的涌入。

地产投资不仅拉动了强劲的消费，更拉高了楼价

——资产泡沫逼近

2009年以来，我国楼市、金市等市场给当前全球金融危机的沉闷气氛带来了一丝喜气，一方面得益于国家的各类刺激政策，另一方面，资本市场的投资热情也是重要因素。

对于我国当前是否存在资产泡沫的疑问，即使是经济学家们都回答得十分谨慎。资产泡沫作为一种经济失衡现象，是由于不符合经济现实的买卖行为导致的资产价格高估而产生的，它是许多国家头疼和力图尽量避免的。

亚洲经济体必须谨慎处理其货币政策和汇率政策，以避免引发通胀及资产泡沫风险。亚太地区央行必须采取谨慎措施，因为随着经济复苏，我们将面临通胀风险，或者一些流动性流入商品市场或资产市场，如果不能适当处理资产泡沫问题，将可能破坏人们对2010年的信心。

虽然现时资产泡沫并不明显，但他担心倘若继续持续，明年可能会出现资产泡沫。

从国内外金融形势来看，可以说形成资产泡沫的各项指标都已经逐渐具备了。当前中国必须要防范在经济恢复时期极易产生的资产泡沫。

黄金——中长期价格趋势性上涨。

自2008年3月14日，国际金价首次突破1000美元/盎司大关时，市场上逐渐有越来越多的人开始关注黄金。随着2009年10月金价冲破历史高点1032.65美元/盎司，越来越多的投资者开始看好并投资黄金。2009

年11月2日，国际货币基金组织宣布向印度央行出售200吨黄金后，金价更是一路飙升并轻松越过1100美元/盎司的关口。2009年12月18日，国际黄金现货价格盘中突破了1153.4美元/盎司的关口，又创了历史新高。

业内人士分析指出，近期黄金价格的高涨和美元的持续贬值与市场对通胀担忧的预期有一定关系，而由于部分国家的央行对黄金的购买兴趣和市场的低利率环境，经济因素也将在中期对黄金形成有力的支撑。近期，全球最大的黄金ETF（交易所买卖基金）SPDR在1080美元/盎司时又增仓4.88吨黄金。著名的国际投资机构“高盛”近期大胆预测，金价冲破1100美元/盎司大关后会继续向上，到明年春节前后可能升至1200美元/盎司。

据调查，在目前的黄金投资方式中，实物金条和纸黄金的占比最高，分别达到了调查人群的30.7%和20.9%，而对于黄金的保值和抵御通胀功能，逾七成的人表示了肯定，可见实物金在普通投资者心中一直属于较为直接且稳健的黄金投资工具。

金价给投资者带来的惊喜，使得一些人更加坚定了对黄金牛市的信心，对于风险反而看淡了。经济调查显示，短期内准备继续追高投资黄金的投资者占比为51.8%，他们认为黄金牛市已经展开。而相对于这部分乐观的投资者，也有48.2%的投资者认为短期内金价有回落的风险，并没有追涨的心态。

金价涨势的背后潜藏着危机。最近一段时间，黄金价格加速上涨，而全球主力黄金基金并没有加仓迹象，黄金价格上涨已经在很大程度上脱离了基本面的支持，投机资金拉升表现得更为明显，所以金价高速上涨过程中肯定存在一定量的泡沫因素。

业内人士表示，首先不要对黄金收益率期望过高，从长期来看，黄金作为抵御通胀的品种，价格涨速不快。其次，黄金配置比例也不宜过高，专家建议投资者黄金投资比例不宜超过投资资产总额的1/3。最后，通过安全渠道炒金也是十分重要的。

我国比较安全的黄金投资渠道有：商业银行或黄金公司提供的实物黄

金业务、商业银行提供的纸黄金业务、上海期货交易所提供的黄金期货买卖业务、上海黄金交易所的 T + D 延期交收业务。投资者一定要通过正规渠道投资黄金，谨防急于投资而上当受骗。

降低风险的方法有：在投资方式上，理财专家建议对于实物金条的投资可采取“分段变现法”。而对于黄金股的操作，专家认为黄金股比黄金的波动性更大，尤其是在市场急剧向下时，黄金股可以跌至令人难以置信的地步，投资者一定要保持警惕。

根据波浪理论推断，金价若要回调，第一回调位或位于 1090 美元附近，更深回调位下看 1050 美元一线。分析师建议投资者在投资黄金时，需要充分注意黄金的价格波动风险，因为金价目前持续走高，目前价位已经非常敏感，投资者在进场交易时一定要控制好仓位，尽量避免重仓操作，最好控制在 50% 以下以便把握主动，另外止损功能不可不设。

股市，震荡或为跨年行情布局。在 2009 年三季度，股市经历了一轮大幅调整，2009 年 10 月份后的经济形势是，大盘逐渐在震荡中逐步向上。有券商认为，四季度的震荡行情性质已经明朗，而长时间的震荡整理正是为了 2010 年甚至跨年度行情布局和转换的阶段。

从基本面上看，业内人士分析认为，2009 年 10 月已基本消化了当时公布的宏观数据中的不利影响。整体而言，2009 年 10 月经济数据符合预期，仍然处于向上复苏通道，消费和工业增加值数据均保持较好的增长态势，经季节性调整后的出口数据也比市场预期略好，但此前市场期望较高的房地产投资数据环比出现较大回落，信贷也缺乏惊喜，较为打击市场人气，银行地产板块整体受压拖累了大盘表现。

海通证券认为，经过近期的连续震荡，市场急升之后的获利盘已经得到较大程度的清洗，股指向下大幅调整的动力已不太充足，市场即将面临方向性的选择。不过，也有券商认为，近期的震荡调整态势仍将延续。经济持续复苏与流动性充裕与当前所形成的“高增长、低通胀”大环境决定了股指中期上涨的大趋势，短期的调整更有利于未来的上涨。

金融学点睛

鉴于以上分析，部分券商认为大盘2009年年底将有望结束横盘整理、向3300点上方突破。但在权重股整体缺乏大的利好刺激的背景下，大盘走势可能以小幅震荡向上的方式上升，个股仍有望保持较高活跃度。银行、地产、有色、煤炭、保险等权重板块继之前的上涨之后，基本处于调整状态，而商业、食品饮料、家电、旅游、医药等弱周期消费类板块近期表现比较抢眼。

楼市，二、三线投资机遇显现

——地产投资

曾经，房地产的最大特征是“实用性”，是为了满足基本稳定生活的需要。而今，随着宏观经济的变化起伏以及人民币对内的持续贬值，房地产已成为民间广为关注的“投资品”。

楼市一直在人们呼唤降价的声音中一路走高。在整体经济基本实现“保八”目标，国内经济企稳的宏观形势下，中国房地产市场的2009年十分的热闹。

业内人士认为，宽松的货币政策、人民币的持续升值、恐慌四溢的通胀预期、暴增的楼市信贷、温和的楼市政策、“地王”的频繁出现等，皆为2010年的楼市带来了跌宕起伏的一幕。房地产在我国国民经济中的比重已由过去的4%增至10%，地产的投资不仅拉动了强劲的消费，更拉高了楼价。

根据国家统计局发布的数据显示，2009年1至10月，全国完成房地产开发投资28440亿元，同比增长18.9%，而在同一监测阶段内，全国房地产开发企业房屋施工面积28.83亿平方米，同比增长16.4%，增幅比1至9月提高1个百分点；房屋新开工面积8.14亿平方米，同比增长3.3%，增速自年初以来首次实现由负转正。业内人士认为，房屋新开工面积的增速自年初以来首次实现由负转正，在某种程度上意味着房地产泡沫更加明显化。

从目前国内的情形看，有关取消房贷优惠、提高信贷门槛、调高信贷利息等说早已此起彼伏，客观看，关于“退市”之类的说法已然不是空穴来风。有学者预计2010年的楼市价格或在稳步中继续逐渐攀升，“紧银收市”很可能将是地产之主策，另外，伴随着美元给人民币升值带来的持续压力和防通胀思维，楼市投资或再抬头。

2010年，由于受国家“四万亿”的投资政策的倾斜，中西部经济的率先复苏成为中国经济回暖的显著标志。随着中西部经济的崛起，部分业内人士认为，国内二、三线城市必将是未来地产业的主战场。

车市，需求尚未透支。为了应对国际金融危机对汽车行业的冲击，振兴汽车产业，国务院决定自2009年1月20日至12月31日期间，对购买1.6升及以下排量乘用车的消费者减按5%征收车购税。汽车购置税优惠政策的实施，实实在在降低了消费者的购车成本，给消费者带来了实惠。

据统计，2010年前10个月，中国汽车产销增幅双双超过36%，创了2001年以来的又一次“井喷”行情。随着小排量车购置税减半等优惠政策即将到期，有人开始担心，诸如2009年车市的“井喷”行情是否已透支了未来的消费需求，中国车市政策明年会怎么样等问题。

2009年车市消费需求并未提前透支，2010年国内车市仍可望保持两位数以上的增幅。

专家认为，2010年车市的高速增长主要是释放了2008下半年受国际金融危机影响而被压抑的部分需求。2009年中国车市的增速仍处在一个平稳、合理的水平。虽然汽车产销数量增长很快，但由于小排量车占比较大，整个国内汽车产业的增加值增幅其实没那么大。

根据官方公布数据显示，2009年前9个月，中国汽车行业19家重点企业的增加值同比增幅为17%，与往年大致相当。此外，随着“汽车下乡”政策的实施以及二、三级城市汽车消费的启动，2009年农村及西部地区的汽车消费快速增长，对车市增长的贡献率几乎达到50%左右，与东部地区不相上下。加上去掉农村及中西部地区的增长因素，2009年中国车市的增幅并不算“疯狂”。

车辆购置税优惠政策带动2009年的中国车市一路高歌猛进，这项备受关注和好评的政策将于12月31日到期，而关于它是否会延续的问题目前尚无定论。众多的猜测与期待引发了近期的购车热潮，商家和买家均显示出极大的热忱，众人都纷纷抢搭这一“末班车”。

金融学点睛

临近2009年，人们又开始关注明年的楼市投资走向。从宏观政策看，随着2010年全球乃至国内经济的逐步好转，人们普遍认为，国际货币政策将会不约而同地陆续退出宽松，收紧的货币政策很可能将是全球央行一致的选择。

第二章 银行为何不断调整利率

——关注利息和利率要学的金

人民币升值对于国家的政治来说，可以改善由于贸易逆差带来的两国之间的矛盾，但对于中国的经济而言，民族产业将会受到巨大的冲击。中国是一个有着 13 亿人口的泱泱大国，大部分是廉价的劳动力。如果人民币升值，会导致国外的企业大批涌入中国，起初可能有利于中国经济呈现“指数”型增长的态势，但随之就是大批的劳动失业人口的增加，中国的经济也会出现倒“J”走势，会爆发比 1997 年亚洲金融危机更大的恐慌，人民币也会随之贬值，经济走上恶性循环的道路。

关于人民币利率变化与居民生活的思考

——负危机显现

随着经济的飞速发展，中国经济步入降息期，降息时间长达近8年，一年期存款利率从9%点多降低到1%点多。以及中国在上个世纪90年代后期制定的积极的财政政策与货币政策收到了显著的效果，有效地抑制了通货紧缩，促进了消费。

人民币升值对于国家的政治来说，可以改善由于贸易逆差带来的两国之间的矛盾，但对于中国的经济而言，民族产业将会受到巨大的冲击。中国是一个有着13亿人口的泱泱大国，大部分是廉价的劳动力。如果人民币升值，会导致国外的企业大批涌入中国，最初可能有利于中国经济呈现"指数"型增长的态势，但随之而来的就是大批的劳动失业人口的增加，中国的经济也会出现倒"J"走势。

2003年居民物价消费价格（CPI）上涨3.79%，意味着2003年把100元人民币存进银行，扣除利息税后，实际收入为97.794元，存款的负利率已经显现。存款负利率使得存款资金不仅没有得到最起码的保证，而且使存款处于减少的状态，对经济生活产生了非常大的影响，直接导致房地产投资过热，居民储蓄积极性下降。

2004年上半年人们一直热烈讨论的银行加息问题，终于在2004年10月28日晚有了结果：经国务院同意，中国人民银行决定自2004年10月29日起上调人民币基准利率，这也是我国10年来首次提高银行存款利率。

人民币利率的上调，有利于稳定储蓄增加利息。因为经历了前几次的降息，银行的存款被严重分流，银行提高存款利率有助于提高居民的存款利息收入，刺激居民存款，缓解由于物价上涨而造成的通货膨胀。

据国家统计局统计，2004 年居民物价消费价格（CPI）上涨 3.9%，涨幅比上年提高了 2.7 个百分点。而此次加息，变化仅为 0.27 个百分点，为物价变动的十分之一，存款依旧是负利率。从这个角度来看，加息并没有取得实质性的效果。因此可以得出结论，此次加息的幅度比较温和，没有对居民的生产、生活产生大的波动。同样的例子，居民在升息后次日将 100 元钱存入银行，到年底折算成全年实际收入为 97.9 元，与利率变化前相比，增加了 0.106 元，增幅约为千分之一。也就是说，居民存 1000 元，才增加 1 元钱。

利率的改变，是否意味着到 2005 年 10 月 28 日之前的存款都应该取出来重新存过呢？按照新的利率政策，2009 年活期和 3 个月定期存款利率还没有作调整，仍旧分别为 0.72% 和 1.71%。而 6 个月及其以上定期存款已作调整，取出未到期的存款，其利息收入按照活期计算，则仅为 0.72%。以 1 万元人民币计算，换成活期后仅得 72 元利息收入，而持有 3 个月的存款其利息收入就达 171 元。换成 1 年期存入后，1 年后利息收入为 225 元，仅比旧存款多收入 27 元。如果储户持有原存款在 3 月以上，意味着将损失 99 元收入，如果持有期超过 6 个月则损失 117 元。

由于贷款利率的提高，对居民按揭购房、购车是否又有一定的冲击呢？大多数居民按揭购房、购车，一般是自己使用。如果购买一套面积 120 平方米，房价为 3500 元/平方米的住房，按揭成数为 7 成 20 年，贷款金额为 29.4 万元。按照旧利率，每月月供为 1946.77 元，而在加息后，5 年以上房贷由原来的 5.04% 上涨到 5.31%，按照新利率，月供为 1990.96 元，每月月供支出增加了 44.19 元。44.19 元对于 1946.77 元，只占 2.26 个百分点，几乎可以忽略。

存款、贷款利率在此次利率的变化中，对民航，公路等一些靠贷款修建的设施，有一定的影响。对以银行为首的金融业有相对较大的冲击，银行的收入 80% 以上来自于存款与贷款的利率差，此次一系列地变化也只是能否有更多的存款与贷款流动。同时运用利率手段，对国家的宏观调控经济运行产生影响，防止经济的局部过热。总体来说对居民消费者的收入而言，这次利率的微幅调整，却没有较大的影响，存款依旧是负利率，贷款的月供也不是很明显。随着粮食比2003年的增产，粮食物价下调是必然趋势。此项的影响可能还大于利率变化对居民食品消费影响。

央行在宣布人民币利率上调不到一个月后，11月17日，又宣布调整境内商业银行美元小额外币利率存款上限，一年期美元存款利率上限提高0.3125个百分点，调整后利率上限为0.875%。两次对不同币种地调息，美元利率调整地幅度大于人民币利率地幅度。目前的经济形势表示，利率的变化不仅仅取决于国内的经济周期的变化，通货的紧缩与膨胀也仅仅只是影响利率的一个非主要因素，关键还要关注人民币汇率的影响。

调整后的人民币利率还是高于美元的利率。国际黄金市场，美元一直处于贬值的状态，2005年突破了一盎司黄金兑换500美元，美联储连续加息的态势依旧没有停下来的趋势，国际市场对人民币的“涨声”一片，人民币升值的压力骤升。从国际市场来看，中国经常项目的顺差占GDP比重平均为2.5%左右，而欧元区和美国这一比重平均为0.7%和负4.4%（即逆差)，只要人民币的利率高于外币利率，国外的热钱就有流入套利的风险，人民币面临升值的步伐就不会停止。

人民币利率微幅提高可以从全局上巩固前期取得的成果，也可以缓解通货膨胀对国家经济的冲击。对于金融业，影响巨大，对居民影响偏小。但是将这种作用平均到每个居民头上，力度显然微不足道。如果人民币利率提高不看国际形势，一味追求刺激存、贷款的加速流转，使人民币的升值压力达到刻不容缓的地步。人民币汇率提高，打击中国的出口贸易，影响外商对中国的投资，提高劳动力的成本，外汇储备受影响，进一步加大农民增收困难，中国入世，使国外廉价农产品涌入中国，农民增收更加困难，与当前的“三农政策”相矛盾，而且会刺激投机经济的蔓延。利率盲目提高，导致汇率提高，伴随着的是失业率的提高。

金融学点睛

人民币是否进入加息周期，尚不好判断，因为利率的变化牵涉到汇率的变化。人民币利率的变化从微观上说，影响居民的收入；从宏观上看，影响居民的就业前景。比较而言，前者影响相对较小。加息未必是好事，降息也不必悲观。

部分基金担心资金面趋紧
——利率变化

有基金已经开始注意到这一现象。最近很多企业债发行利率上升，市场资金面是否有趋紧的预期？至少其回报率，很多股票长期未必能达到。这种民间借贷利率的变化趋势尤其值得关注，一旦趋紧说明企业基本面恢复而银行资金紧张，M1 增速将会下滑。

2009 年年底，包括公司债在内的企业债券利率出现不断走高态势。比如，东北制药发行的 5 年期债券利率达 7.05%，09 益阳城投 7 年期债券利率达 7.95%，09 亿城 5 年期债券票面利率高达 8.5%。再加上 24 日股市放量下跌，有基金开始担心市场资金面是否有趋紧的预期。

统计可见，企业债 5 年期债的利率在 7% 以上的比比皆是，近来出现加速上升，在达到 8.5% 这个高点后又有平缓之势。熟悉市场的投资者可能会想起 2008 年上半年，在信贷收缩背景下，当时债券市场上也出现了一批以新湖债为代表的高利率发行的债券，8 年期债券的发行利率达 9%。

当时的环境和现在还是有很大不同。这次企业债券发行利率的持续飙升有多个原因，首先是在信用债扩张趋势不变的背景下，目前供给需求并不匹配，保险公司对于发行人的评级要求相对较高，一些债券发行利率较高的企业大都是2A或更低级别，而银行和基金对于债券的新增配置需求有限。

此外，有些债券如城投债的潜在供给压力仍然非常大。随着地方政府负债不断扩大，人们对城投债的信用风险异常关注，这也就决定了城投债的发行利率可能依然维持高位。此外，2010年以来包括公司债在内的企业债券发行的行业分布以房地产行业为主，而房地产债券的发行利率和利差都处于较高水平，并呈现不断走高的态势。

由于企业债发行利率上升是由多种因素导致的，所以还不能简单得出目前资金面偏紧的结论，需要进一步观察。友邦盛世基金经理汪晖表示，在2010年四季度到明年一季度，A股仍将维持震荡向上的格局。但是，在这个跨年度行情演绎过程中，相信会有干扰因素，这些干扰可能主要来自资金面，特别是股票市场的资金面。

对于股市放量大跌，有基金经理认为，这与资金面关系不大，只是市场的一个短期调整。市场在短期调整结束后会继续上行。首先是因为目前市场对未来经济政策的定调预期存在分歧，加上近期涨幅较大且接近前期高点，所以市场出现了恐慌性下跌。但我国宏观经济持续向好，加上全球经济处在恢复的初级阶段，因此不必过分担忧基本面。

金融学点睛

目前来看，流动性数据有利于股市。有投资总监指出，目前M1增速超过M2增速，而历史数据显示，这种态势会持续一段时间。这段时间有利股市，但时间可能不会很长。

利率变化（加息）对股票的影响

——市场的景气动向

对股票市场及股票价格产生影响的种种因素中最敏锐者莫过于金融因素。在金融因素中，利率水准的变动对股市行情的影响又最为直接和迅速。从金融市场分析，利率下降时，股票的价格就上涨；利率上升时，股票的价格就会下跌。因此，利率的高低以及利率同股票市场的关系，也成为股票投资者据以买进和卖出股票的参考。

为什么利率的升降与股价的变化有关系呢？

从下面3点可以分析：1. 利率的上升，不仅会增加公司的借款成本，而且还会使公司难以获得必需的资金，这样，公司就不得不削减生产规模，而生产规模的缩小又势必会减少公司的未来利润。因此，股票价格就会下降。反之，股票价格就会上涨。

2. 利率上升时，投资者据以评估股票价值所在的折现率也会上升，股票价值因此会下降，从而，也会使股票价格相应下降；反之，利率下降时，股票价格就会上升。

3. 利率上升时，一部分资金从投向股市转向到银行储蓄和购买债券，从而会减少市场上的股票需求，使股票价格出现下跌。反之，利率下降时，储蓄的获利能力降低，一部分资金就可能回到股市中来，从而扩大对股票的需求，使股票价格上涨。

上述利率与股价运动呈反向变化是一般情况。在股市发展的过程中，也有一些相对特殊的情形。当形势看好时，股票行情暴涨的时候，利率的调整对股价的控制作用就不会很大。同样，当股市处于暴跌的时候，即使出现利率下降的调整政策，也可能会使股价回升乏力。

比如，美国在1978年就曾出现过利率和股票价格同时上升的情形。当时出现这种异常现象主要有两个原因：一是许多金融机构对美国政府当时维持美元在世界上的地位和控制通货膨胀的能力没有信心；二是当时股票价格已经下降到极低点，远远偏离了股票的实际价格，从而使大量的外国资金流向了美国股市，引起了股票价格上涨。1981年，香港也曾出现过同样的情形。当然，这种利率和股票价格同时上升和同时回落的现象至今为止也还是比较少见的。

在我国，应侧重注意以下几个因素的变化情况：

1. 贷款利率的变化情况。由于贷款的资金是由银行存款来供应的，因此，根据贷款利率的下调可以推测出存款利率必将出现下降。

2. 市场的景气动向。如果市场过旺，物价上涨，国家就有可能采取措施来提高利率水准以吸引居民存款的方式来减轻市场压力。相反的，如果市场疲软，国家就有可能以降低利率水准的方法来推动市场。

3. 资金市场的银根松紧状况和国际金融市场的利率水准。国际金融市场的利率水准往往也能影响到国内利率水准的升降和股市行情的涨跌。在一个开放的市场体系中是没有国界的，如果海外利率水准低，一方面对国内的利率水准产生影响，另一方面，也会引致海外资金进入国内股市，拉动股票价格上扬。反之，如果海外的利率水准上升，则会发生与上述相反的情形。

金融学点睛

既然利率与股价运动呈反向变化是一种一般情形，那么投资者就应该密切关注利率的升降，并对利率的走向进行必要的预测，以便在利率变动之前，抢先一步就对股票买卖进行决策。对利率的升降走向进行预测。

新年利率无变化，房奴是否该提前还贷

——房贷利率“次年调整”

房贷利率要取消打7折、二套房贷要大幅收紧……这些在2009年下半年逐渐传出的“小道消息”，令房奴的心里“七上八下”。好在无惊无险地度过了2009年的最后一天，这些消息并未全部落实。尽管二套房贷已有收紧，但“打7折”、央行基准利率这些与供楼族关系更为紧密的元素并未改变。

按照大多数银行房贷利率“次年调整”的惯例，由于2009年并无加息也无降息，因此2010年1月1日后的贷款利率仍执行2008年12月23日调整后的基准利率，以5年以上中长期贷款为例，其基准利率仍为5.94%，打7折后则是4.158%。

利率无变化，7折优惠还能继续享受，可岁末各种分红、奖金势必会大幅增加。手中有钱了，该提前还贷吗？想提前还贷的又该如何还才能更省心省钱？

每到春节前，银行的提前还贷量总会比平时增加一些。从2009年12月到目前，并未出现提前还贷大幅增加的迹象。专业人士分析，这可能和2009年利率无变化以及7折优惠继续实行有关。但随着春节的临近，人们手中流动资金增加了，提前还贷的需求和量都会相应增加。为避免排队，建议贷款人最好提前1个月预约。

此外，市民还需注意，提前还贷也有一定资格要求。比如，大部分银行都要求房贷客户已有一年还贷历史，即一年内不得提前还贷，如建行。而还款金额也有门槛，即使是部分提前还贷，最低还贷额也要达到1万元，有的银行则要求月供的6倍，如交行，否则银行不接受提前还贷申请。

据了解，目前多数银行都能提供五种提前还贷方式，这包括：

第一种，全部提前还款，即将剩余的全部贷款一次性还清（不用再还利息，但已付的利息不退）；

第二种，部分提前还款，剩余的贷款保持每月还款额不变，将还款期限缩短（节省利息较多）；

第三种，部分提前还款，剩余的贷款将每月还款额减少，保持还款期限不变（减小月供负担，但节省程度低于第二种）；

第四种，部分提前还款，剩余的贷款将每月还款额减少，同时将还款期限缩短（节省利息较多）；

第五种，剩余贷款保持总本金不变，只将还款期限缩短（月供增加，减少部分利息，但相对不合算）。

尽管经过近几年的不断创新，银行已推出了很多新型的贷款还款办法，不过最常用的还是等额本息还款法和等额本金还款法。

等额本金还款法在提前还贷上更有着数。在贷款时间相同的前提下，等额本息还款法需支付的利息高于等额本金还款法，且后一种还款法是利随本清，选择该还款法的贷款人，不论在何时提前还贷都可以节省相应利息。但这种方法一开始供楼压力大，贷款人在选择时最好衡量一下自己的收入情况，以免入不敷出导致断供。

近年来，银行出了一些创新的还款办法，如招行的“随借随还”，让贷款人可以天天实现提前还贷，也可自行设定双周还、周周还、天天还等，想要贷款时又能随时去贷，大大方便了资金周转；深发展的“气球贷”，将贷款利息和部分本金分期偿还，剩余本金放在最后一次性偿还，市民可申请10年期的贷款期限办理按揭贷款，可与银行约定以20年或30年的期限来计算月供，这样贷款初期压力不会太大，而且可在10年内偿清，利息大为节省。

现在大部分房贷利率都是打7折，4%的资金使用成本基本上处于历史低位，就算央行加息，也要到2010年才调整。所以，如果有其他好的投资渠道和收益，只要高过这个利率，大可不必急着提前还贷。

提前还贷肯定会减少手中流动资金，然而随着经济回暖、投资市场活跃，银行推出的一些2年期理财产品预期收益率都可以达到5%左右，加上股市、基金、金市2010年预期的表现都不错，因此建议能承担一定投资风险的人士，不妨将资金留下来另觅途径，赚取更高收益。当然，是否提前还贷仍要最终根据自身情况确定。对于手头有现钱，但风险承受能力较低、没有合适投资渠道的人来说，提前还贷也是一种省钱办法。

四类人不必急着提前还贷。对于提前还贷，也并非所有人都适合。比如四类人就不必再着急提前还贷，这包括：

——使用等额本息还款法已进入还款阶段中期的贷款人。如果在还款期的中期之后提前还款，那么所偿还的其实更多的是本金，实际能够节省的利息有限。

——使用等额本金还款法，且还款期已经达到1/4的贷款人。如果还款期已经达到1/4，在月供的构成中，本金开始多于利息，若这个时候提前还款，那么所偿还的部分更多的是本金。

——还贷资金收益高于贷款利率的贷款人。如果用提前还贷的资金进行有效投资，获得高于贷款年利率的收益，就没有必要提前还贷。

——还贷资金为家庭应急资金的，也不应办理提前还贷。

提前还贷提醒：

提醒一：提前还清全部贷款时，买了住房保险的别忘退保；

提醒二：组合贷款不必先还公积金贷款。只有公积金账户里的钱才是必须先用来清偿公积金贷款的。如果是其他自有资金，可先偿还利率更高的商业贷款；

提醒三：记得办理抵押注销。许多贷款人对抵押权比较淡漠，提前还款后往往忘记去产权部门办理抵押注销，这样贷款虽然还清了，但房屋仍在产权部门备案，会为日后的房屋交易带来不必要的麻烦。贷款人办理注销时需要在银行申领退还的抵押权证明书，去房屋抵押产权部门领申请注销登记表，最后附上购房合同或产权证办理抵押注销。

金融学点睛

银行理财师建议，有提前还贷计划的市民在贷款的前几年，尤其是前5年应争取多还款，使总贷款中的本金基数下降，这样剩余贷款的利息负担才会相应减小，而且剩余本金越少、期限越短，节省利息就越多。

我国利率调整的主要动因和可能走势分析

——调控走向

2009年央行五次上调利率为历史罕见：宏观经济运行状况，CPI的变化水平，金融机构的成本和收益，国际金融市场的利率变化是当前影响我国利率调整的基本因素；未来的利率调整还可能继续进行，但调升的幅度、调整的频率有限。

央行多次上调利率，对宏观经济的运行和资本市场的健康发展产生了重大影响，也引起社会各界的高度关注。央行为什么要多次上调利率？影响其调整的主要因素是什么？将来的走向如何？

一、近年来利率调整的基本情况

2009年九月央行决定再次上调金融机构人民币存、贷款基准利率。这是2009年以来的第五次加息，也是自2004年以来的第八次加息。2009年五次上调的基本情况如表示：

分析上表，2010年以来利率调整有以下几个鲜明的特点：

（1）调整的次数多，一年已经调整5次；

（2）调整的频次高、间隔时间短。第 4 次调整与第 3 次仅隔 31 天，第 5 次调整与第 4 次调整仅隔 23 天；

（3）存款基准利率与贷款基准利率每次调整的基点不完全一致。一年期存款基准利率每次上调都为 0.27 个百分点，而一年期贷款基准利率有时上调为 0.27 个百分点，有时上调为 0.18 个百分点；

（4）存、贷利差经过调整后有缩小的趋势。2009 年一年期存、贷款利差调前为 3.6 个百分点，5 次调整后为 3.42 个百分点，缩小了 0.18 个百分点；

（5）每次调整都为上调。这就表明从 2004 年开始，央行的利率调整已经进入一个加息周期，与 1996 年 –2003 年的八次下调形成的降息周期，走势相反。

二、影响我国利率调整的基本因素

利率是央行的重要货币政策工具之一，是一个国家重要的经济杠杆。利率对聚集社会资金，对投资规模，对资金的使用效益，对货币流通都具有重要的调节作用。央行在利率调整的同时，是加息还是降息，不是任意为之的行为，而是受各种因素的影响，根据经济形势发展的需要、经济运行的状况而采取的重大政策行动。

（1）宏观经济运行状况。我国的经济发展需要保持稳定，需要一个合理的经济增长速度。当经济发展出现过热迹象时，特别是出现通货膨胀时，央行一般调高利率以抑制资金的过度需求，使过热的经济降温。央行 2009 年多次出手调高利率就是针对近年来银行信贷增长过猛，资金流动性过剩严峻，固定资产投资规模增长较快，经济增长出现由偏快转向过热迹象时所必须采取的应对措施。

（2）CPI 的变化。（居民消费价格指数）长期以来央行调整利率的主要依据之一是参考 CPI 的变化。过去几年，我国经济发展实现了“高增长、高效益、低通胀”的情况，价格总水平一直处于较低的水平。2005 年我国 CPI 同比上升为 1.8%；2006 年上升 1.5%。但 2009 年以来这一趋势出现了明显的变化。1 –10 月 CPI 累计上升到 4.4%，7 月份同比上涨达到

5.6%，8 月份达到 6.5%，9 月份达到 6.2%，10 月份达到 6.5%，超过了年初提出的 2010 年控制在 3% 以下的目标，并呈现出加速上涨的表象。而 CPI 的走高，使居民的银行存款实际利率由正转负，而且起来越严重。1－10 月份一年期存款的实际利率分别为 0.032%、－0.368%、－1.068%、－0.552%、－0.952%、－1.738%、－2.936%、－3.17%、－2.33%、－2.63%。正因为如此，抑制通货膨胀、降低通胀预期，必然成为央行应用货币政策的主要任务，使得调升利率成为必然。

（3）金融机构的成本和收益。银行等金融机构的经营需要投入一定的人、财、物，贷款资金从投放到收回的运动过程中，因为多种不可预测因素会导致风险成本的产生，同时金融机构的经营也有获得预期收益的需求，至少要获得社会平均利润率水平的收益率，成本、收益决定和影响着利率的总体水平。我国的金融机构，由于各种原因，职工队伍和机构体系庞大，管理效率较低，经营成本较高，这就导致在利率结构方面的一个突出特点是，国内商业银行的存、贷利差远大于发达国家的存、贷利差。如何逐步缩小这种差别，兼顾现实状况与未来的发展，是央行在制订利率政策时应考虑的问题。可以说这也是影响未来利率调整，导致存、贷利差缩小的重要因素。

（4）国际金融市场利率的变化。目前我国金融市场对外开放的进程不断加快，在开放的金融条件下，国际金融市场利率的变化与国内金融市场利率水平的变化相互影响、相互作用。当国际利率低于国内利率时，外国货币资本就可能会流向国内，从而减弱央行提高利率、紧缩银根的作用；反之，当国际利率高于国内利率水平时，国内资本就会外流，其影响作用正好相反。因此在中国人民银行的利率政策中，必然包含参考国际金融市场利率变化的因素，经济发展总的趋势应大体上保持与国际金融市场的协调，国内利率总体水平应与主要国家的总体利率水平没有太大的差距。值得注意的是在 2009 年我国多次上调利率的情况下，美联储却开始下调利率，以缓解流动性不足的状况，这种动向势必会对中国人民银行利率政策产生较大的影响。

三、未来利率调整的可能走向

分析未来利率调整的可能走向，必须考虑央行的前期利率调整是否收到了预期的效果，以及影响我国利率调整的基本因素会发生怎样的变化。

央行前期利率调整是否收到预期的效果了呢？可以说有了一定的成效，但并不明显。针对2010年固定资产投资增长较快，银行信贷增长过猛，流动性过剩严峻的现实，央行提出实施稳健的货币政策。在实际的操作中，央行利用多种货币政策工具，形成组合拳，以调控宏观经济的运行：多次发放共计7千多亿元定向央行票据；推出1万5千亿的特别国债；八次上调存款准备金率，存款准备金率已经升至1988年以来的峰值水平达到13%；以及5次上调存、贷款利率等。这些政策措施的共同作用，使固定资产投资开始放慢，经济增长温和放缓。例如，2009年9月份出口增幅和贸易顺差均有所放慢，扩大势头趋缓。据海关统计，2009年1－9月中国外贸进出口总值15708亿美元，比2009年同期增长23.5%，增速比前8个月放慢0.5个百分点；1－9月累计贸易顺差为1856.5亿美元，比前8个月的贸易顺差增幅减缓2.1个百分点。9月当月贸易顺差为239.1亿美元，比前8个月的增幅减缓15.1个百分点。一般贸易、加工贸易进出口增幅也呈现出减缓趋势。而且房地产投资也由热转温，因房贷新政的推出，楼市开始降温。2010年前9个月的新增人民币贷款总额为3.4万亿元人民币，超过了2009年全年3.2万亿人民币的总体水平；CPI连创新高，物价涨幅居高不下；股市也不断走牛，静态市盈率已达到70倍；流动性过剩依然严峻。

央行利率调整今后的走势取决于影响我国利率调整的基本因素会朝什么方向变化。央行的有关负责人曾说：央行当前货币政策的主要任务是如何应对可能的通胀预期，也就是要紧盯CPI的变化，居民的银行存款实际利率应由负转正；推动我国价格总水平上涨较快的主要原因是食品、居住类价格上涨所致。2009年1－7月份CPI上涨3.5%，其中食品类价格上升8.6%，影响CPI上升2.9%；居住类价格上升4.1%，影响CPI上升0.54%。这种趋势是否会加速？

随着国家控制食品涨价的各项措施逐步见效，估计CPI涨幅会慢慢回落。在食品中涨幅最大的是猪肉，猪肉供应偏紧的问题会得到较大改善，肉价上涨的势头会得到有效遏制，从而带动食品涨价幅度趋缓或回落，2009年四季度CPI的涨幅会比三季度明显回落。综合专家们的意见，如果未来几个月物价控制得比较好，那么全年CPI有可能控制在4%－5%之间。

央行是否会使用加息政策，还必须考虑国际金融市场利率水平正在发生的变化。现在人民币一年期存款利息为3.87%。与我国利率处于加息周期相反，2009年美联邦储备委员会，为了应对次级债危机带来的影响，应对流动性不足的困境，已多次下调利率，已降到4.52%。如果次级债危机不能断根，美联储的决策者不会让美国经济跌下去，还会进行降息，这种趋势对世界其他各国的利率水平将会产生重大影响，其政策效应也必然影响我国，对我国央行的利率调整以及货币、财政政策同样会产生重大影响。

有经济专家曾建议央行加息200个基点。如果接纳该专家的建议，我国的一年期存款利率将从现在的3.87%加到5.87%，在人民币兑美元等货币升值的背景下，尽管货币管制很严厉，以美元为代表的外资仍会加速流入我国，这种情况将严重挑战或淡化我国财政与货币政策的效力，使抑制和对抗通胀的努力很难发挥作用，形成输入性的通货膨胀。那时不仅物价难以控制，还会造成股市、楼市大涨。

金融学点睛

为了防止经济过热，抑制通货膨胀，应对流动性过剩的严峻局面，央行会继续采取多种货币政策和措施，加大政策宏观调控力度。利率的调升还会进行，也许以27个基点为幅度调整1－2次。调升，将取决于CPI的变化水平，但调升的幅度有限，调整的频率也会减少，会在相当长的时间内稳定在一定水平。

第三章 存钱还是炒股票

——关注个人理财要学的金融学

如果你经常让自己的投资变成投机，让投机变成投资，说明你没有投资理念，这是要亏钱的，金融市场上所有的错误都是有代价的。这就是行为金融学和有效市场之间的一些联系。

即使是大牛市，股民也不一定就能盈利

——股票价格指数

什么是股票指数？股价指数（或称股市指数、股票指数）包含多种股票，是反映市场上组成股票价值的一个数据。它通常被用于展现组成股票的共通特性，例如在同一个证券交易所交易，属于同一个产业，或有相同的市值。许多指数是由报章或财经期刊编制作为投资组合（例如共同基金）绩效评估的基准点。

股票价格指数就是用以反映整个股票市场上各种股票市场价格的总体水平及其变动情况的指标。简称为股票指数。它是由证券交易所或金融服务机构编制的表明股票行市变动的一种供参考的指示数字。由于股票价格起伏无常，投资者必然面临市场价格风险。对于具体某一种股票的价格变化，投资者容易了解，而对于多种股票的价格变化，要逐一了解，既不容易，也不胜其烦。

股票价格指数是描述股票市场总的价格水平变化的指标。它是选取有代表性的一组股票，把他们的价格进行加权平均，通过一定的计算得到。各种指数具体的股票选取和计算方法是不同的。

这种股票指数，也就是表明股票行市变动情况的价格平均数。编制股票指数，通常以某年某月为基础，以这个基期的股票价格作为100，用以后各时期的股票价格和基期价格比较，计算出升降的百分比，就是该时期的股票指数。投资者根据指数的升降，可以判断出股票价格的变动趋势。并且为了能实时地向投资者反映股市的动向，所有的股市几乎都是在股价变化的同时即时公布股票价格指数。

计算股票指数，要考虑三个因素：一是抽样，即在众多股票中抽取少数具有代表性的成份股；二是加权，按单价或总值加权平均，或不加权平均；三是计算程序，计算算术平均数、几何平均数，或兼顾价格与总值。

由于上市股票种类繁多，计算全部上市股票的价格平均数或指数的工作是艰巨而复杂的，因此，人们常常从上市股票中选择若干种富有代表性的样本股票，并计算这些样本股票的价格平均数或指数。用以表示整个市场的股票价格总趋势及涨跌幅度。

计算股价平均数或指数时经常要考虑以下四点：(1) 样本股票必须具有典型性、普遍性，为此，选择样本应综合考虑其行业分布、市场影响力、股票等级、适当数量等因素。(2) 计算方法应具有高度的适应性，能对不断变化的股市行情作出相应的调整或修正，使股票指数或平均数有较好的敏感性。(3) 要有科学的计算依据和手段。计算依据的口径必须统一，一般均以收盘价为计算依据，但随着计算频率的增加，有的以每小时价格甚至更短的时间价格计算。(4) 基期应有较好的均衡性和代表性。

计算股票指数时，往往把股票指数和股价平均数分开计算。按定义，股票指数即股价平均数。但从两者对股市的实际作用而言，股价平均数是反映多种股票价格变动的一般水平，通常以算术平均数表示。人们通过对不同的时期股价平均数的比较，可以认识多种股票价格变动水平。而股票指数是反映不同时期的股价变动情况的相对指标，也就是将第一时期的股价平均数作为另一时期股价平均数的基准的百分数。通过股票指数，人们可以了解计算期的股价比基期的股价上升或下降的百分比率。由于股票指数是一个相对指标，因此就一个较长的时期来说，股票指数可以比股价平均数更为精确地衡量股价的变动。

股价平均数的计算

股票价格平均数反映一定时点上市股票价格的绝对水平，它可分为简单算术股价平均数、修正的股价平均数、加权股价平均数三类。人们通过对不同时点股价平均数的比较，可以看出股票价格的变动情况及趋势。

(1) 简单计算股价平均数

简单算术股价平均数是将样本股票每日收盘价之和除以样本数得出的，即：

简单算术股价平均数 =（P1 + P2 + P3 + … + Pn）/n

世界上第一个股票价格平均数——道・琼斯股价平均数在 1928 年 10 月 1 日前就是使用简单算术平均法计算的。

现假设从某一股市采样的股票为 A、B、C、D 四种，在某一交易日的收盘价分别为 10 元、16 元、24 元和 30 元，计算该市场股价平均数。将上述数置入公式中，即得：

股价平均数 =（P1 + P2 + P3 + P4）/n

=（10 + 16 + 24 + 30）/4

= 20（元）

简单算术股价平均数虽然计算较简便，但它有两个缺点：一是它未考虑各种样本股票的权数，从而不能区分重要性不同的样本股票对股价平均数的不同影响。二是当样本股票发生股票分割派发红股、增资等情况时，股价平均数会产生断层而失去连续性，使时间序列前后的比较发生困难。例如，上述 D 股票发生以 1 股分割为 3 股时，股价势必从 30 元下调为 10 元，这时平均数就不是按上面计算得出的 20 元，而是（10 + 16 + 24 + 10）/4 = 15（元）。这就是说，由于 D 股分割技术上的变化，导致股价平均数从 20 元下跌为 15 元（这还未考虑其他影响股价变动的因素），显然不符合平均数作为反映股价变动指标的要求。

(2) 修正的股份平均数

修正的股价平均数有两种：

一是除数修正法，又称道式修正法。这是美国道・琼斯在 1928 年创造的一种计算股价平均数的方法。该法的核心是求出一个常数除数，以修正因股票分割、增资、发放红股等因素造成股价平均数的变化，以保持股份平均数的连续性和可比性。具体做法是以新股价总额除以旧股价平均数，求出新的除数，再以计算期的股价总额除以新除数，这就得出修正的股价平均数。即：

新除数＝变动后的新股价总额/旧的股价平均数

修正的股价平均数＝报告期股价总额/新除数

在前面的例子除数是4，经调整后的新的除数应是：

新的除数＝（10＋16＋24＋10）/20＝3，将新的除数代入下列式中，则：

修正的股价平均数＝（10＋16＋24＋10）/3＝20（元）得出的平均数与未分割时计算的一样，股价水平也不会因股票分割而变动。

二是股价修正法。股价修正法就是将股票分割等，变动后的股价还原为变动前的股价，使股价平均数不会因此变动。美国《纽约时报》编制的500种股价平均数就采用股价修正法来计算股价平均数。

（3）加权股价平均数

加权股价平均数是根据各种样本股票的相对重要性进行加权平均计算的股价平均数，其权数（Q）可以是成交股数、股票总市值、股票发行量等。

股票指数的计算

股票指数是反映不同时点上股价变动情况的相对指标。通常是将报告期的股票价格与定的基期价格相比，并将两者的比值乘以基期的指数值，即为该报告期的股票指数。股票指数的计算方法有三种：一是相对法，二是综合法，三是加权法。

（1）相对法

相对法又称平均法，就是先计算各样本股票指数。再加总求总的算术平均数。其计算公式为：

股票指数＝n个样本股票指数之和/n

英国的《经济学人》普通股票指数就使用这种计算法。

（2）综合法

综合法是先将样本股票的基期和报告期价格分别加总，然后相比求出股票指数。即：

股票指数＝报告期股价之和/基期股价之和

代入数字得:

股价指数 = (8+12+14+18) / (5+8+10+15) =52/38=136.8%

即报告期的股价比基期上升了36.8%。

从平均法和综合法计算股票指数来看，两者都未考虑到由各种采样股票的发行量和交易量的不相同，而对整个股市股价的影响不一样等因素，因此，计算出来的指数亦不够准确。为使股票指数计算精确，则需要加入权数，这个权数可以是交易量，亦可以是发行量。

(3) 加权法

加权股票指数是根据各期样本股票的相对重要性予以加权，其权数可以是成交股数、股票发行量等。按时间划分，权数可以是基期权数，也可以是报告期权数。以基期成交股数（或发行量）为权数的指数称为拉斯拜尔指数；以报告期成交股数（或发行量）为权数的指数称为派许指数。

拉斯拜尔指数偏重基期成交股数（或发行量），而派许指数则偏重报告期的成交股数（或发行量）。目前世界上大多数股票指数都是派许指数。

金融学点睛

一些金融服务机构就利用自己的业务知识和熟悉市场的优势，编制出股票价格指数，公开发布，作为市场价格变动的指标。投资者据此就可以检验自己投资的效果，并用以预测股票市场的动向。同时，新闻界、公司老板乃至政界领导人等也以此为参考指标，来观察、预测社会政治、经济发展形势。

股票价格指数有助于投资者判断某只股票现在的价格是过高了还是过低了，便于作出买卖决策。

2010年下半年股市分析
——投资策略

相信大盘自2010年4月15日以来的持续大幅下跌已让众多的投资者朋友损失惨重，并且对后市走势产生了很大的迷茫。这里就未来的股市变动趋势和相应的投资策略作一个简要分析。

一、下半年国际经济环境分析

1. 欧美经济及股市走向预测

可能会有一些投资者朋友根据近期股市经常和欧美股市出现反向运行的特点而认为对欧美经济及股市走向进行分析没有太大作用，实则不然。由于全球经济的越来越一体化，在没有强大的内因作用下，我国宏观经济政策的选择、经济走向及股市的趋势性波动和外围经济环境是密切相关的。

虽然希腊等欧元区国家的主权债务危机可能会对世界经济形成一定冲击，从而累及全球经济出现二次探底走势，但由于希腊等国家对全球经济的影响力和美国不可同日而语，加上欧元区大国和国际组织的积极帮助，这一危机可能会以相对平缓的方式度过，从而对全球经济的冲击将相对有限，欧美经济二次探底的力度和持续时间或将不会很长。

美国股市已对此有所反应，也提供了相应的佐证。以美国最具代表性的道琼斯指数周K线走势图为例，自4月26日展开阶段性调整，第一波的调整幅度为12.5%的左右，时间约为半月。由于其第一波的急速调整，预计其第二波，也即C浪调整将会以相对缓和的震荡下跌走势为主，但调整时间可能会达两个月左右的时间，也就是预计其见底时间可能会在8月份。而根据规律，股市反应一般会提前于经济周期3－6个月左右，再综合其他因素分析，预计欧美经济完成二次探底的时间可能会在年底或明年初。

2. **国际大宗商品期货市场走势分析**

以最具代表性的国际原油期货市场走势来看，由于美元阶段性走强、市场对世界经济二次探底的担忧加剧及美国对高盛等国际投行的调查等因素影响，近期出现了持续性的大幅下跌。但从其周K线走势图来看，下跌趋势有明显减缓甚至出现一定的震荡筑底迹象，60元左右的支撑位被有效跌破的概率较低，预计其在下半年会出现一种大的箱体震荡走势，从而对股市的不利冲击也会较为有限。

二、国内宏观经济趋势展望

1. **政策动向简析**

在欧美经济二次探底迹象显现的情况下，预计国内经济刺激政策的退出时间将会延后，近期对地产等行业的政策调控力度也不再会增加，甚至会有所缓和，这从近期央行不断加大 对市场的货币投放力度、上海房产税征收试点迟迟难以推出和地产板块出现震荡走强迹象等即可作出推断。另外，从居民消费价格走势图来看，虽然在2009年和2010年初所释放的大量货币流动性、股市阶段性低迷、春季西南大旱和可能的夏季南方大涝等综合因素影响下，CPI价格指数可能会在三季度到达一个高点，从而会使市场预期央行可能会通过加息等紧缩措施来控制通胀，但笔者认为这一可能并不高。

一是由于人民币国际化等因素使国际市场对人民币的需求快速增加，实际的市场流动性并不像很多分析人士所认为的那样宽裕，并不需要通过过于紧缩的措施来进行回收。二是即使市场上的流动性相对充裕，但是在股市探底成功后将吸引大量的资金流入，从而使进入消费流通领域的货币大量减少，将减轻物价上涨压力。三是目前多数行业面临产能过剩的问题，从而使物价持续大幅上涨的可能性大大降低。

2. **政策取向的市场影响分析**

正如我们在开始所说的信息、信心和资金等因素对股市运行的影响关系，上述可能的政策取向变动如货币供应量增速的稳定甚至增长等一旦被市场提前预测，先知先觉的主力资金就会提前低吸市场筹码，从而减缓市场的下跌速率甚至使市场出现明显的企稳反弹，这些市场信号被更多的人感知之后必然带来整个市场信心的提升，场外资金自然会大量涌入，从而推动市场再次走上震荡上涨之旅。

三、股市走势预测分析

1. 市场估值分析

按照2010年盈利增长10%－15%的相对悲观预期来测算，15倍市盈率对应的上证指数在2350－2450点区域。并且银行股等市场低估值板块更是达到了10倍左右的市盈率，市净率也在2倍左右，均处于历史最低估值区域，与美国等成熟资本市场的估值完成接轨，而保险股的A股相对于H股更是出现了近20%左右的负溢价，它们持续下跌的空间将极为有限。由于以银行股为代表的金融股在市场上的特殊权重地位，大盘的下跌空间也已不大。

2. 中线调整见底时间和点位的技术分析

从上证综指的周K线走势图可看出，目前股市正运行于自2009年8月初展开的中级调整中的C浪下跌的主跌浪阶段。这一C浪下跌的最重要支撑位在2009年的大一浪上涨的0.618黄金分割位，即2350点区域。从图上的红线所代表的下降通道下轨支撑来看，下轨在2350点区域和0.618分位的黄金分割线重合，共同对近期股指的下跌形成了强力的技术支撑。另外，上证综指的日K线MACD和KDJ等指标也显示了一定的底部迹象。

因此，在结合政策面变动趋势、市场估值等基本面分析并综合波浪、形态和技术指标分析等理论分析的基础上，我们认为大盘将可能会走出如下走势。一是在2400点上方见到C浪主跌浪也即C－3浪的低点并展开持续时间达一个月左右的阶段性反弹，反弹目标约在2780点一线。反弹过后市场将展开C－5浪下跌，基本目标位可能在2350点区域，并且见到上述中期调整低位的时间可能会在2010年的9月初左右。

费波纳奇神奇数字13和上市公司相对优良的中期业绩报告可能会对见

底时间起到一定的助推作用。这是因为届时正是股市自2009年8月初展开中级调整以来的第13个月，时间之窗在那时将打开。另外，相信届时优于市场预期的上市公司中期报告也可能会降低市场对经济二次探底的忧虑情绪，从而促使股指的见底回升。虽然我们对股市的见底时间和点位作出了上述的预测分析，但如果股市在调整途中政策面和外围市场环境出现重大变化，如T+0交易制度推出或欧美经济二次探底提前完成等因素，也不排除股指在将来的C-5浪下跌走出失败浪这一可能，从而使2450点区域成为本轮中线调整的底部。

3. 股市即将见底的其他佐证

一是市场上看空的分析人士在前期下跌过程中迅速增加，甚至有人将指数调整目标位看到了1800点以下，而看多的市场人士则迅速减少，即使看多也往往是试探性的短线看多。

二是前期一直领跌的地产和券商等板块出现相对抗跌甚至带头放量反弹的走势，但前期强势的医药和信息技术等中小盘题材概念股近期出现大幅补跌，前几天虽有一定力度反弹，但反弹过程中成交量的配合并不理想，并有明显的资金中线离场迹象。

三是市场新增股票账户数再次跌至近两年的最低水平区域。四是目前市场的整体月均换手率处于12%的底部成交换手水平。五是基金仓位在近期降至70%左右的2008年的熊市水平，同时新基金的发行数量也大幅增加，表明可以快速入场的资金量也相对充裕。六是中国人寿等股市先知先觉者开始入市抄底、基金自购风近期再起、大基金公司开始在2500点区域进行主动性加仓等。

四、投资策略建议

在大盘没有明确的中线见底迹象前，以4成左右仓位选择地产和金融等技术上调整相对充分、估值又相对偏低的行业板块或具有大消费概念的商业连锁、酿酒食品等防御型板块中的龙头个股进行短线运作为主。而在大盘见底信号相对明确，国际大宗商品期货市场走稳且CPI和PPI有明显持续走高迹象时可以6成左右仓位选择煤炭和有色金属等兼具通胀受益和资产注入概念的进攻型板块中估值相对合理的品种进行中线持有，其他仓位视盘中热点变化情况进行积极的中短线结合性运作。

金融学点睛

股市是一个信息（政策）市、信心市和资金市，这三大因素决定了股市的运行方向。一般来说，首先是信息面的变化带来了市场信心的波动，市场信心的波动又带来了资金流的变化，资金流向的变化直接决定了市场趋势的变化。虽然这个原理看似简单，但它的实际运行规律和过程却相对复杂，值得投资者朋友认真理解和体会。

判断能否买入某股票

——股票估价

股票投资中有两个关键问题：

一是正确判断能否买入某股票

二是正确判断能否卖出该股票

探讨如何进行股票的估价。这确实是一个令人很感兴趣的话题，而且在我国也没有统一的标准，但这并不表示就没有参考依据来评估上市公司的股价。

通常情况下，股票的估价指标或标准通常有以下几种：

一、市盈率

市盈率，又叫价格盈利率、本益比、价盈比等，简称 PE。这是大家都常用的指标。其计算公式：PE = 每股市价/每股盈利。

其中每股市价通常以股票当日的收盘价或当时成交的加权平均价，分母的每股盈利指上年度每股的税后利润或预期的（指当年度、当季）每股税后利润。

这一比率通常反映投资者对公司未来盈利的预期，比率越高，表示投资者对股票的预期越好，反之亦同。其原因在于，投资者对公司未来盈利的预期大，股价才会继续上升。一般说来，处于快速发展的、成长期的公司，其PE值很高，而平衡发展的公司或行业，如钢铁、公用事业等，其比率通常应较低。

这一比率可预测公司盈利的增长情况，也是通常的反映或衡量投资价值的重要工具，比率越低（PE值低，低市盈率），投资价值越高。

举个例子来分析：假设甲公司当前股价30元/股，每股税后利润1元，则PE=30倍。换句话说，你必须投资30元，才能取得每股税后利润1元的等价或报酬，如果当前股价减少50%，即股价15元/股，PE=15倍，你只需要投资15元就能取得每股税后利润1元的对价。因此，同一个行业，PE值低的股票，投资价值更高。但会计是个特殊的东西，如果你不看会计报表的编制说明，你会陷入这个PE指标而不能自拔，有时，根据这一单一的PE指标甚至得出相反的、错误的结论，使你失去了判断的标准。

假设还是上面举例的甲公司，在企业经营运作过程中常用的业务，比如固定资产的折旧，折旧年限或折旧方法的不同，每年产生的折旧额当然也不同，这就导致成本不同，进而影响到企业的每股盈利，但从企业价值方面评判，不影响企业的内在价值。类似的，比如新开办企业一次性进入成本，或分不同期限摊销进入成本等。

股民们阅读公司的年度报表，应对报表所执行的会计准则、编制方法、报表的备注要认真关注和研究。

二、本利比

本利比指价格股利率的值，本质上与本益比没有重大的区别。本益比的计算公式=每股市价/每股股利。

本益比的重点或关注的焦点是每股盈余，而本利比的重点是每股股利。

每股盈利要按照各家公司规定的章程和国家的有关规定，提取了相应的公积金、特别奖励基金等，剩余的部分才分配给股东，一般赢利的公司，其每股股利较每股盈余要少。

三、股息盈利率

股息盈利率又称股利报酬率、获利率。这也是用来评估股价的依据之一，这一指标主要与定期存款利率或无风险的国债利率对比。

获利率并不是指发行公司或上市公司的获利能力，而是指投资者用以评价投入的资金，所能得到的利益比。其计算公式：股利报酬率＝每股股利/每股市价×100%。

参考前例中的甲公司，其股利报酬率＝每股股利 1 元/每股市价 30＝3.33%。

股票的价格再上涨或越高，并不能保证其每股收益或盈利越高，因此，对于股价过高的股票要特别注意。

四、投资报酬率

这是常用的指标，是反映投资者从实际投资中所得到的报酬比率，也是投资者在买卖股票决策中用到的最多指标之一。

投资报酬率＝（股票终值－原始投资额＋股利收入）/原始投资额

这个公式中，股票终值要注意与后面讲到的终值相区别，这个终值就是股票目前的市价，也称现值、现价，或当日收盘价。原始投资额是当初的买入成本，股利收入指股息、红利等收入。比如上市公司或封闭式基金经常有每 10 份分红 0.5 元等，这部分的收入就要计算在股息中。

五、市净率

市净率也是一个重要的指标，一般的投资者除了关注 PE 外，PB（就是指市净率）往往忽略。实际上，PB 是反映股票估计的重要指标，特别是风险水平。

PB的计算公式=每股市价/每股净资产

市价固定，每股净资产越大，其投资风险就越小。这一指标特别是在市道低迷时，或震荡行情中值得重点参考。

PE市盈率是向上或向前看公司的发展，而PB市净率是向下或向后看保本（保底）。当股价低于或接近净资产时，股票就完全进入了投资或投机的好时机。从投资角度看，如果你已投资了股票，已经有相应的资产做等价，从投机看，当行情转暖回升时，超过净资产的价格很容易。

六、折现评估法

股票投资报酬率，这是一个比较重要的指标，也是一个争论很厉害的指标，在学术界，这一指标有关的取数参数或规则仍没有定论，需要结合其他因素加以结合。

因为股票投资报酬率与风险具有正相关规律，即风险越大、报酬越大。鉴于这个因素，需要将风险和收益结合起来考虑。

通货膨胀环境下，货币将会发生贬值。比如两年前的10块钱，大米1元一斤，可买10斤，而今天，大米2块钱一斤，同样的10块钱，却只能购买5斤大米。把这个买大米的翻译一下，或换句话说："同样的同金额的钱，现在的钱比将来的钱更有价值。"

这也是财务学上的重要名词："现值"，当然，除了现值外，财务学上还有两个名词与我们日常的投资相关，"终值、年金"。

简要说一下这三个概念，以帮朋友们有所了解。

现值：把未来可能实现的收益或亏损或报酬等换算成现在的价值。

终值：现在的钱相当于以后的多少钱。

年金：每个月或每年或每一定时间均匀发生的收支金额。

举简单的与实际生活相关的：比如现在的定期一年存款利率是4.14%，不考虑所得税因素，现在存入10000元，存入两年后的本利和$=10000\times(1+4.14\%)^2=10845.14$元（按复利计）。而按单利计，两年后的本利和$=10000\times(1+4.14\%\times2)=10828$元。

现在的10000元就是现值，两年后的10845或10828就是终值，也就是说，两年后的10845元等值于现在的10000元。当然，在投资决策中，都是以复利作为贴现（折现）依据。

年金案例：比如非常流行的基金定额定投，每个月都在固定的期限或时间内等额的发生资金收支行为。基金定额定投，就是每个月的某一天发生支出行为。

七、其他

简要地介绍了股价的估价原理，上述标准不是固定的，也不能单独使用一个指标来评价，而是要结合考虑。因为单独使用一个指标来评价的话，很可能得出相反的结论。

在公司估价方面，影响公司的股价还包括公司的基本因素和技术因素。

基本因素主要包括：经济因素、政治因素。政治因素就不加讨论了，政治因素中比如战争的破坏和影响力是巨大的。

经济因素包括：

1. 经营状况：公司所处的环境、经营方面的特征、管理者的经营管理水平等。比如换了领导人，公司的面貌发生重大改变等。

2. 财务状况：资产、净资产及结构、利润等，分析公司的资产财务政策及财务结构是否稳健。

3. 股利派发：不考虑公司的股利政策因素，送股转股的价格将更有利。简单的例子，如我国股票的票面价值是1元/股，如果送现金，现金分红50%的话，也不过每股只得到0.5元的现金，而如果送红利（送股），同样的10送5股，当前股价20元的话，则每股可得0.5股的股票，价值10元。

4. 新股上市：如定向增发的股票、大小非减持的股票，同类型公司新股上市的比价效应等。

5. 股票分割：分割或缩股也是改变股票价格的因素，如600339、600535在股改时都进行了缩股。虽然不影响公司的内在价值，但由于股份变化，进而影响了每股的价值。

6. 利率水平：通过前面说的折现理论，利率上升时，必然导致折现率升高，而折现率提高导致股票的价值下跌，进而价格下跌。同时利率上调，导致公司借款成本增加，相应的利润减少，同时减少了资金从银行进入股市的机会。

7. 汇率变动：牛市的一个重要原因就是人民币升值，汇率变动对股市有何影响呢？总体来说，货币升值不利出口，但有利于进口，因此，并不是所有的行业或公司都会受益于货币汇率的变动。

8. 国际收支：一般情况下，如果收支逆差，对外赤字增加，进口大于出口，此时政府会控制进口，鼓励出口，并相应提高利率；而持续顺差过大，则会增加或加剧汇率的升值。

9. 物价因素：物价水平是反映通货膨胀的重要指标。一般来说，当商品价格上升时，公司的产品能以较高的价格卖出，进而盈利增加，每股收益也增加。但对于另一些依靠商品进行加工生产的企业来说，则是一个不利的影响。

10. 经济周期：经济周期的循环，影响生产、投资、流通、消费环节的变化，进而影响股价。

11. 经济指标：如 GDP、货币供应量等，这些指标下降，表明很多企业的经营状况不会太好，如果持续上升，表明企业的经营仍稳步上升。

12. 经济政策：如财政政策、税收政策、货币政策等。当财政和货币政策双向采用紧缩政策时，对股市的影响比较大，税收政策的制定也会影响到不同行业的不同公司，这些政策都是执行国家产业政策的向导指标。

金融学点睛

资本市场是一个有助于实现资源有效配置的市场，实现这个功能的途径之一是寻找价值被低估的股票。

“懒惰”的投资者往往比这类“勤劳”的投资者获益更多
——股票投资组合

在构建好自己的组合后，投资者没有必要频繁地检查自己持有的组合，这样做不仅耗时，还很可能会导致追求基金的短期表现，从而交易频繁，发生不必要的费用和税收。从股票市场看，“懒惰”的投资者往往比这类“勤劳”的投资者获益更多。

建议投资者每半年（或者每季度）检查一下持有的组合就可以了。其目的主要是找出是否存在问题及需要采取的调整手段。检查的主要步骤如下：

确认目前组合的资产配置情况与你的投资目标是否相符。

从你现有的资产配置出发。如果你的股票比例离你的最佳配置比例仅有较小的偏差，比如说2%，那么你不需要对此进行任何调整。一般而言，最成功的投资者通常是交易最少的人，尤其是考虑到税收因素时。但是当你的股票比例离你的目标配置比例有5%以上的偏差时，那么你就需要考虑对此进行调整了。即使投资者的投资目标没有变化，所持基金的投资策略变化或各品种市场表现不同都会造成持有组合的资产配置发生变化。因此，投资者应先检查自己的投资目标和持有组合的资产配置是否发生变化、二者之间的差距多大、发展方向如何，然后依此判断是否需要调整及如何调整。

检查投资品种的相对业绩表现。

投资者每季（或每半年）有必要回过头看看自己组合中贡献最大及拖累最大的品种分别是哪些，也可以与自己要求的回报率相比，找出那些偏差较大的品种。这里有两点要注意的：一、不要太看重短期表现，建议选取2010年以来的回报或者一年以来的回报作为依据；二、不要简单地把投资于表现差的资产转移到表现好的上，主要看其实际价值与价格的相对位置。

当投资者发现随着时间及市场的变化，当初的投资组合已不能很好符合自己的投资目标时，就必须对原有的投资组合进行调整。调整时需要注意的是：

第一，不要在短时间内做大幅度的调整。

所需调整如果较大，投资者最好不要一次性地调整到位，而是制定一个计划，在预定的时间段内（如一年）分步调整。目的是可以避免发生买进的资产类别正好快被抛售的风险。但投资者如果发现自己目前组合中股票基金配置过多（尤其是高风险的股票基金过多）且与自己的投资期限不匹配了，尽早调整投资组合。

第二，注意调整技巧，减少不必要的成本。

如果调整不是很急切，投资者可以通过配置将来的新增资金来达到调整的目的。如用新增资金买入较多的需要增加的资产类别，同时减少或者不买那些需要降低比重的资产类别，这就可以避免直接卖出要降低比重的资产类别来买入要增加的资产类别而发生的相关成本（包括交易成本及税收）；投资者如果暂时没有增加资金的打算，也可以将一段时间内所有所持基金的分红集中起来投资于所需增加的资产类别，而不让它们简单地再投资于原有基金品种。

第三，挑选品质不佳的卖出。

如果一定要卖出原有品种来调整组合时，投资者首先考虑的就是那些表现不佳的品种。注意不能仅根据其绝对收益率来衡量其表现，而要将之与同类风格的品种相比较；不能以一个月或三个月这样短的时间段来衡量其表现，要卖出的应该是那些长期表现不佳的品种。投资者还要密切关注相关信息，比如基金公司管理层或研究团队发生巨大变化、相关费率上升、投资策略变更较大等，投资者在选择卖出品种时应考虑这些“基本面”发生剧变的基金。

要注意在股票操作过程中，投资者反其道而行之的情况很多。他们会持有亏损的股票希望能翻本，同时卖出获利的股票，把资金又投入到亏损的股票上用来摊低成本。通过靠此可以锁住获利股票的利润。殊不知那些屡创新高的股票总是倾向于再接再厉，而那些下跌的股票通常会继续下跌。

第四，精选资质好的替代品种。

在投资者需要增加新的基金类别，或者在同一类别里用更好的品种来替换已有品种时，要注意基金的投资风格在很大程度上影响着基金表现。成长型基金通常投资于成长性高于市场水平的、价格较高的公司，而价值型基金通常购买价格低廉、其价值最终会被市场认同的股票。平衡型基金则兼具上述两类投资的特点。

不同投资风格的基金，由于市场状况不同而表现不同。通常，大盘价值型基金被认为是最安全的投资，因为一来大盘股的稳定性要比小盘股好，当投资者担心股票价格过高而恐慌性抛售、造成市场下跌时，价值型股票的抗跌性较强。小盘成长型股票的风险则通常较大，因为其某个产品的成功与否，可以影响公司成败；同时由于其股价较高，如果产品收益未能达到市场预期，股价可能会有灾难性的下跌。

金融学点睛

通常有两种方法达到再平衡的效果——或者你可以进行定期再平衡，比如说每年12月份，或者你可以在你的组合严重偏离你的目标时进行再平衡。建议是把这两方法合二为一。每年对你的基金组合进行深入的评价很有好处，但是不要养成频繁交易的习惯。建议每年对你的基金组合进行全面评价，但是只有在组合严重偏离你的目标时才进行再平衡。

就是能吃的，能喝的都在防守型范畴
——防守型股票

防守型股票在市场震荡时期或熊市中是投资者的避风港，它们也被认作是非周期性股票，不会受宏观经济周期、消费行为和耐用消费品使用周期的影响。

在市场艰难时期，它们的表现胜过周期性股票，但在商业周期上升阶段通常不作为选择对象。股民考虑衣、食、住这三个基本方面，就会发现防守型股票的踪迹。在这里，我们会对防守型股票做一番介绍，你不妨从中找寻如何构筑自己的防守型投资组合方案。

如果在低迷的熊市中，或是在市场动荡时期，怎么可能还会有人会去买股票？为何不直接购买无风险的国债？其实答案很简单，是恐惧和贪婪在起作用。

防守型股票满足了投资者在低利率市场环境下赢得更高的股息收益率的贪婪。同时，因为它们并不具有其他股票股那样的风险，投资者也因此能减轻由于不确定产生的恐惧。这些股票通常不会出现很大问题，除非遇到重大灾难。

大多数基金经理认为公募基金是被迫保持一定股票仓位的，即便看空市场也不能全部卖出，因此，一旦他们认为市场可能走差，就会转向防守型行业股票做避风港。

怎样判断防守型行业股票呢？有一个简单的方法：就是能吃的，能喝的都在防守型范畴。

食品、饮料和酿酒

不是所有的食品企业都能真正具有防守特征，但有一条可以遵循的规则，就是大多数在商铺里能找到的商品，都有可能属于防守行业的范畴。

服务业中面向高档收入阶层的餐馆和酒店根本起不到防守作用，因为选择一周两次以上在家吃饭的人群远远多于在外就餐的。低端的餐厅以及快餐连锁相比就有点“防守”了，毕竟民以食为天，而且在这些低端餐饮店吃饭的成本也不比在家吃多许多。但如果遭遇经济萧条，尽管选择廉价的用餐地点花销也不多，但消费者通常更倾向于选择在家吃饭。

因此，食品制造，包括食品原辅料行业才是是真正的防守型行业。酒水饮料行业、包装饮料行业以及饮用水行业也都被认作是防守型股票。人们都需要喝水，无论大人小孩都热衷于碳酸饮料。如果在经济不景气时期，人们反而会更多饮用含酒精饮料来缓解忧愁和压力。

公用事业

公用事业包括水、天然气、能源，它们可以作为防守型股票。电源，天然气和水是人们生活的必需？可能有那么一小部分，但毕竟是少数。公用事业公司在经济环境放缓的环境中依然可以获利，因为这样的环境中利率更趋向走低，在收入稳定的基础上，财务费用降低可以明显提升利润率。

过去，电信服务业也被认为是防守股，但现在的问题在于，如今电信已不再作为公用事业参与该行业竞争。随着行业内被各种新成员不断丰富（有线电视、固定电话、移动电话、网络电话等），电信行业已逐渐被蒙上消费品色彩，再也不像能源天然气那样属于公用事业范畴了。

医药行业

医药类股票也是历史上重要的防御型板块。事过境迁，由于医药公司很大程度上依赖于集中生产的主力药品，但这些当家药物现在经常被发现有许多的问题，而且上世纪 90 年代后也出现了新的品牌和制药技术（比如生物制药）的竞争。

生物制药公司可以被称为是当代的新型防御类股票，但是那些在过去10到12年间，在欧美生物制药或者“大医药”的股票持有者们称，医药类股票并不如盛传中那么具有防守性。

投资者们普遍认为生产OTC非处方药物的公司更具有防守性，但这个行业竞争也相对激烈。与境外不同的是，中国存在一些传统消费类且有品牌忠实度的中医药公司，比如同仁堂、东阿阿胶，其防守型更为突出。

防守型股票的有两大主要特点：低市盈率和低Beta值。

防守型股票在整个商业周期中市盈率普遍低于周期型股票。低Beta值以及较低市场风险，说明这些股票在周期型股票表现不佳时，要么做得更好，或至少也不会比其他股票差。

金融学点睛

在过去10－20年中，关于一些防守型股票的选择范围在不断演变，有新进入的，也有剔除的，投资者不能单纯以行业来判断这是否具备防守特征，还是要逐本溯源，以是否是人们日常生活必需品，且竞争格局相对稳定为标准来判定。

我国的证券市场成熟度还不高

——专业化的信用交易模式

根据已颁布的《证券公司监督管理条例》规定，“证券公司从事融资融券业务，自有资金或者证券不足的，可以向证券金融公司借入。证券金融公司的设立和解散由国务院决定。”表明我国已明确要建立以专业化信用交易模式为主的融资融券模式。

从世界范围来看，融资融券制度是一项基本的信用交易制度，有利于市场发挥其价值发现的功能。我国的证券市场长期以来由于做空机制的缺失，是一个只能做多不能做空的单边市场，使得市场定价机制存在缺陷。然而，市场定价机制是市场的核心，有效的市场定价机制是市场发挥资源优化配置功能的重要保障。这也是监管部门在解决股权分置这一历史遗留问题后，着力推进融资融券和股指期货等制度建设的重要原因。

海外证券市场的信用交易运行模式基本上可以分为两类。一种是市场化的信用交易模式。在这种模式下，不存在专门从事信用交易的机构，而是由市场上的证券公司和商业银行或其他非银行金融机构，通过信贷、回购等多种形式的市场工具来完成。

信用交易的风险表现为市场主体的业务风险，监管机构只是对市场运行的规则作出统一的制度安排，并监督执行。这种模式以美国为代表。另一种是专业化的信用交易模式。

在这种模式下，通常由证券监管机构下属的半官方的、带有一定垄断性质的专门的融资融券公司，对会员单位提供信用交易的融资融券，这个专门的融资融券公司对监管当局的政策和调控起着重要的辅助作用。这种模式以日本、韩国、中国台湾地区为代表。

一个国家或地区信用交易模式的选择，很大程度上取决于其经济发展状况，金融市场特别是资本市场的成熟程度、社会信用水平、证券公司及银行等金融机构的风险意识和内部控制水平，以及社会文化习惯等因素。

日本专业化模式的出现，值得我们借鉴：为什么日本选择了由证券金融公司主导的专业化信用交易模式，而不是以美国的市场化信用交易模式为基础来发展？那就是因为金融体系和信用环境的完善程度，往往与信用交易模式的专业化（或者市场化）程度密切相关。大凡金融市场越不发达、信用环境越薄弱，对专业化机构监控的依赖性就越大。

这既是日本在战后发展中选择专业化模式的内在原因，也是东方国家或地区基本上采用以专业化模式为基础建立集中信用交易模式的重要原因。我国融资融券选择何种信用交易模式必须根据国情考虑。

专业化的信用交易模式更适合中国，这主要鉴于以下几方面考虑：

第一，中国分业化的金融体制更适合采用专业化的信用交易模式。虽然国家已经正式提出要“稳步推进金融业综合经营的试点”，但分业化的金融体制还将在未来较长一段时间内继续存在，货币市场和资本市场的分割也很难在短期内得到改变。

金融体制下发展市场化的信用交易模式在实行过程中，会遇到较多政策障碍和操作上的问题，对监管部门之间的协调机制也是相当大的挑战。然而，专业化的信用交易模式，由专业的证券金融公司承担了联结两个市场的功能，特定机构的存在使得监管目标明确，便于分业管理体制下的组织监管。

第二，我国的证券市场成熟度还不高。成熟度不高，表现为市场运行机制尚不健全，市场化程度还有待提高，法律监管体系还需进一步完善，各市场参与主体尚未成熟、风险控制的能力还比较低。正处于转轨期的中国证券市场，如果直接采取市场化的信用交易模式，会大大增加风险控制的难度。

同时，市场化的信用交易模式也对货币市场、回购市场等相关市场的成熟度有要求，否则信用交易的效率很难得到保证。从中国交易市场来看专业化的信用交易模式将更适合我国证券市场。虽然在这种模式下，信用交易的成本会较高，但风险控制相对容易。

再次，我国的社会信用体系尚未普遍建立。融资融券交易是一种建立在信用上的交易制度，信用环境的完善程度对信用交易模式的选择至关重要。我国企业信用、个人信用建设基础薄弱。无论从企业信用体系和个人信用体系来看，都存在不少问题。

我国企业信用体系长期以来一直是不平衡发展：一方面，银行、证券市场与国有企业、国有企业与国有企业之间过度使用信用，出现了大量的银行坏账、三角债和上市公司质量等问题；另一方面民营企业、私营企业的信用却长期被忽视，得不到应有的资金支持。

我国企业在普遍缺乏信用意识的同时，也缺乏风险意识，不能够及时采取措施对信用风险加以控制。从个人信用方面看，由于我国的公民个人信息管理系统、个人征信系统、证券账户实名制等尚未建成完善，而且由于证券公司对客户信息实行保密，公安、人事部门对公民个人信息实行保密，因而建立社会化的个人信用系统尚存在不少问题。因此，我国目前的信用环境不适合采取市场化的信用交易模式，且一个国家信用体系的建立并不能一蹴而就，需要一个相当长的过程。

当前对证券公司的监管要求也更适合采取专业化的信用交易模式。在过去监管体系不健全、证券公司治理结构和内控机制不完善的情况下，证券公司违规挪用客户保证金、国债等客户资产的行为普遍存在。

通过证券业的综合治理，一方面清理了一批有严重问题的证券公司，另一方面完善了内控机制并在全行业内建立起了保证金第三方独立存管制度。虽然目前证券行业的规范化程度已得到了有效的改善，但是现行的将证券公司自有资产和客户资产要求完全分离的监管思路，与市场化的信用交易模式有所冲突。

如美国的融资融券交易，证券公司可以将一方客户的资金或证券融通给另一方客户，这在全行业实行第三方独立存管制度下很难做到。然而，专业化的信用交易模式不仅可以规避这个问题，而且可以通过加大证券金融公司“存管客户交易结算保证金”的业务范围来进一步完善现行的客户保证金制度。

金融学点睛

我国的证券市场成熟度还不高，市场机制尚不健全，从中国国情来看，专业化的信用交易模式将更适合我国证券市场。

第四章 金融危机就在身边

——关注金融危机要学的金融学

金融风险就是金融活动中对未来结果不确定性的暴露。金融风险是金融危机的诱因。金融风暴客观存在，但又可以通过加强内部风险管理和外部监督，控制在一定范围内。

房市走软放大
——金融风险

当前，中国许多城市的房价波动表现，无法用“房价收入比”理论和“房价房租比”理论来解释，而唯有用“追涨杀跌”的理论才能解释得通。此时住房主要是作为投机品存在的。住房作为投机品时，房价就主要取决于人们的心理预期了，此时住房是否值得购买取决于住房能否以高于取得成本卖出去。

持续紧缩的货币政策使开发商的融资难度加大，建安、人工成本的上升使开发商所需的资金增加，房地产市场滑坡让开发商的处境更加艰难，楼盘销售不畅，开发商的资金压力将进一步加大。

房地产市场滑坡对银行的影响不容忽视。一方面，房地产相关贷款是银行的重要资产，房地产市场滑坡，相应的贷款也会减少，会使银行的盈利下降；另一方面，已发放的贷款风险会上升。房价下降，销售不畅，开发商资金回笼慢，开发贷款的偿还来源难以保证。而且房地产价格下降可能使房地产消费贷款的违约率上升。

国泰君安证券研究所日前发布报告称，2008 年房地产行业资金缺口达 7100 亿元，相当于行业最高峰的 2007 年新增房地产中长期贷款的 2 倍。报告中说，由于 2009 年高价拿地的企业面临着付清土地出让金的压力，2009 年 7 –9 月份是开发商资金链最紧张的时候。一些中小开发商可能将面临生死大限，房地产金融危机已初露端倪。

由于价格是市场最基本的信号，所以要判断房地产市场处于何种状态，从房价入手最为简洁和准确。

现在许多金融界人士认为，只要房价跌幅不超过首付款比例，房价下跌对银行就不会构成威胁。这种静态分析房价下跌的思路是相当危险的。

在投机力量占主导地位的房地产市场，如果没有非常强有力的调控措施，房价一旦开始下跌是很难刹得住的，房价将会是螺旋下跌直至崩溃。

不跌则已，跌则崩溃，这是由投机性市场投机性资金的本质特性决定的。这也是香港房地产泡沫破灭后，房价从1999年最高峰开始持续下跌，6年来跌幅累计高达65%的根本原因。历史上这样的例子并不鲜见。

房地产市场的崩溃会直接“剑指”我国经济的“心脏”——金融。国内商业银行普遍偏爱以房地产作为贷款抵押物，而且房地产作为抵押物的贷款所占总贷款比重估计不会低于60%。另外，商业银行在发放房地产抵押贷款时，一般都是按照房地产的评估价格，乘以贷款价值比率在我国一般是50%－80%确定贷款额度，不论是社会评估机构还是商业银行内审部门在评估房地产价格时，普遍采用的都是市场比较法，而市场比较法的最大缺陷是不能识别房地产泡沫，也不可以规避金融风险。

从住房抵押物的风险、房地产开发商银行信贷的风险、个人住房按揭贷款的风险来分析，房价下跌不仅会导致住房抵押物的价值下跌，也会导致土地价格的下降而放大银行信贷的风险。

出现中国式次贷危机风险多大?

由于国际、国内因素的影响，时至今日，如果再不及时采取有效措施，中国式次贷危机将不可避免。

进入2010年以来，国际方面对我国经济最大的影响因素目前主要有两个，一是美国次贷危机的影响；二是国际油价的高升。美国次贷危机拖累了世界经济，直接影响到我国的出口；而国际油价的高升，势必造成我国CPI居高不下。

国内方面，对我国经济目前最大的影响因素，主要是房地产市场的滑坡和部分生产要素价格的上涨。房地产市场的滑坡，直接影响金融；部分生产要素价格的上涨，其实是一种补偿性上涨，意味着我国过去那种人为压低生产要素价格的发展模式，现在已经走到了尽头。

不论是国际高油价导致的输入型通胀，还是生产要素补偿性上涨造成的成本推动型通胀，紧缩性的货币政策都是无能为力的。现在，国内经济滞胀的苗头已经十分明显。

现在，半停产、停产，企业“异常倒闭”浪潮已从珠三角开始蔓延到长三角。收入下降，生活成本上升，我国许多“房奴”家庭现金流崩断的风险已经日渐显现，如果再逢持续“加息”的影响，最终必然会出现大面积的“断供”现象，出现中国式的次贷危机也就不可避免了。

美国的次贷危机源于国际油价连续上涨导致的经济放缓及房地产市场的低迷，中国当前的处境与其有一定的相似之处。

美国的次贷机构主要是为信用评级较低的借款人提供购房贷款，这就使得次贷机构的贷款整体风险程度较高。一旦出现市场变化，违约可能就会发生。

还有一种观点认为，房地产消费贷款主要由银行发放，确实存在某些银行在放贷时对借款人的信用审查不严格的情况，但贷款中大多数借款人的信用级别很高，这样一来房地产消费贷款的整体风险不算太高，而且房地产相关贷款一般控制在银行资产的30%以内，房地产市场的变化对银行的冲击就不会太大。

金融学点睛

一般来说，违约的高发人群主要是以投资为目的的购房者，而以自住为目的的购房者的违约可能性很小。目前我国大部分购房是自住性的，投资性购房不是主流，所以中国发生次贷危机的可能性很小。

历史教训：海南发展银行破产挤兑风潮
——银行破产

很多人认为，银行是“国家”的、是不可能破产的，或者说国家“不敢”让银行破产，经历了2008年全球金融海啸，我们可以清楚看到，银行是企业，企业是以盈利为目的的。

这是新中国建国以来第一次关闭商业银行。被关闭的就是海南发展银行，它的关闭使海南成为全国省级行政区中唯一没有自己的地方性银行的省份。

1988年4月13日，全国人大决定在海南建省办经济特区。据估算，要达到建省20年后赶上台湾省80年代初水平的目标，20年内需要投入2050亿元人民币。

建省前夕的1987年，海南财政收入只有2.96亿元，连吃饭的钱都不够；而银行吸收存款仅增加3亿元，当时国家银根和信贷又紧张，海南省靠中央拨款、贷款办特区是不可能的，唯一的办法就是靠金融部门筹措社会资金。尽管当时全国停止审批成立银行和信托公司，但中央对海南法外开恩，在当时的停止审批文件中加了这样一句话“海南省除外”。

借助这一特殊政策，海南出现了一批信托投资公司、城市信用社等非银行金融机构。

截至1997年底，海南法人性金融机构达到600余家，网点遍布全岛。海南当时号称“银行多过米铺”。

这些机构超常规扩张，在促进地方经济发展的同时，也为海南经济出现泡沫埋下了伏笔。

1988年6月28日，海南首家信托公司“海南富南国际信托投资公司”成立。同年8月，四川省投资的蜀兴信托投资公司成立；12月，浙江省驻琼办背景的海口浙琼信托投资公司成立；次年3月，海口华夏金融公司成立；4月，三亚吉亚信托投资公司成立。这五家公司即是海发行的前身。

当时国内信托公司主要是以银行业务为基础的混业经营，承担的是一个“准银行”的角色，部分信托公司梦想“扶正”为商业银行。但国家对信托业进行改革，与银行业务分离后，信托机构被斩断了合法的资金来源，大批信托公司被关闭，信托公司变身商业银行的梦想转眼要成空。

正当此际，“海南省除外”又变成起死回生的咒语。中央体谅海南办大特区初期的困难和特点，于是特批这几家公司整顿重组，申报建立海南发展银行。1995年7月3日，央行正式批复海发行开业。

8月18日，海南发展银行正式开业，全盘接受了5家公司的债权和债务。

成为特区的海南省迅速在全国引发“海南热”，特殊的金融政策吸引着各省的金融机构携带大量资金入岛。海南省对如何合理配置这些资金有些茫然，造成“房地产泡沫”。

当时有两个“70%”，即进入海南的资金70%投资于房地产，投资于房地产的资金70%来自银行贷款。房地产泡沫破灭后，各金融机构投入到房地产的资金成为“沉淀资金”。城信社首当其冲，加上当时很多信用社以高于正常利息2倍的利率进行揽储，支付压力巨大。

1993年7月7日，岛内各非银行金融机构接到一纸禁令，要求立即停止违规拆借、提高利率和停止向自办实体投入资金。随后大量外地资金抽走。8月，海南房地产业崩盘，留下数目巨大的金融不良资产。至1998年海南房地产占压资金多达800多亿元。

1997年春节，海口市人民城市信用社资金链断裂，开始出现挤兑风波，随后该社主任潜逃，继而琼山金海城信社因股东占用大量存款而无力清偿到期债务，挤兑风波迅速如瘟疫蔓延到全岛34家城市信用社。存款人对金融机构的信任一夜间化为乌有。

面对这一形势，海南省政府决定通过合并城信社组建合作银行的方式来化解风波。

当时海口有16家信用社，除了海口东升城信社等3家信用社外，其他信用社都难以为继，其中有七八家已经处于破产边缘，这16家信用社合起来已经资不抵债，如果一股脑合成“合作银行”，“银行揭牌之日就是倒闭之时”。到1997年末，海口城市合作银行筹备工作以失败告终。

收拾乱局的任务落到了成立不久的海发行头上。1997年12月16日，海口16个城信社加上三亚等地城信社，共计28个城信社全部并入海发行。

在5家负债累累的信托公司基础上建立的海发行，再次背上了城信社总额40亿元的债务。

被并入的信用社，相当一部分长期靠高息揽储维持生计，其中有的年利率高达25%。

为减轻支付负担，海发行宣布对超出7%合法存款利息部分的不予承认。存款人也开始对海发行的支付能力产生怀疑，1998年春节过后，挤兑厄运又降临到海发行的身上。

资金紧张的海发行面临的挤兑形势越来越严峻。整个网点挤满人，到后来资金紧张的时候，有的网点限定每周2次，每次限定取200元。海发行为此不得不动用存款准备金。

为帮助海发行渡过难关，海南省动员当地政府机构向海发行存款，并增补海发行实收资本，暂缓收缴并入该行的信用社所欠营业税款。另外还成立由海南省政法委牵头的“维护稳定办公室”帮助他们通过法律诉讼解决信用证垫款、企业欠贷等问题。

此外，央行从1997年年底到1998年3月，累计向海发行提供31.51亿元再贷款；1998年2月，同意其发行9亿元特种金融债；4月再同意其发行5亿元金融债。

面对复杂的金融形势，央行决定放弃挽救。

1998年5月，央行停止对海发行发放再贷款，6月18日，央行秘密下发《关于关闭海南发展银行的通知》，决定由实力最强的工行来进行托管，并在北京开始秘密部署关闭工作。6月20日，央行在海口宣布正式关闭海发行。

海发行被关闭后，海南自此被列为“金融重灾区”，各大银行对海南也采取慎贷措施，在海南吸收的存款也被大量上存，急需资金的海南出现大量资金外流。

近年来，海南经济逐渐摆脱房地产、金融泡沫的阴影，沉寂多年的海发行不时传出“复活”的传闻。2004年，央行研究局也曾派员对海发行重生进行专题调研。然而，“复活”玄机至今没有揭开。

上世纪90年代那场房地产泡沫复苏之后，很多人已经忘记了当年的伤痛。

当房价到3000元/平方米，大家都想着房价在1到2年内一定能涨到5000元/平方米。

海南房产泡沫破裂。房价在几个月之内下跌不止，海口市区的房价800元－1100元/平方米的比比皆是。

2001年底，海南开始从地产泡沫中慢慢恢复，房价从1000元/平方米上升到1200元/平方米，大多数烂尾楼被炸掉的炸掉，消化的消化。

1998年6月21日，仅仅在距离诞生不到三年后，海发行不幸成为新中国首例因支付危机而被关闭的银行。这不仅在国内外引起强烈反响，而且严重损害了海南的金融形象。

然而，由于无法处理好对公存款等历史遗留问题，海发行一直处于“死而不灭”的状态，既不清盘也不破产。虽然近年来许多人燃起了重组海发行的热情，但到目前为止仍未实现。

应该说，经历了十年磨一剑的改革，当前金融监管和金融机构风险控制能力，已不是当年所能比较。但作为金融发展史上的一个典型案例，海发行“从天堂到地狱”的经历，仍然能够带给我们以众多启示。

海发行关闭的直接原因，就是储户因为恐慌引起的挤兑所造成的。挤兑的发生有下面两方面的原因：一是由于信息不对称，储户缺乏银行的信息，二是由于存款缺乏安全保障，导致储户信心丧失。其中的教训，一是要求金融机构不断提高运作规范性和透明度，使公众能够充分了解内部的风险收益特征，二是要求尽快建立起我国的存款保险制度，成为挽救储户信心的“最终安全网”。

从海发行遗留问题的背后，可以看到我国金融机构的退出制度尚未建立起来，这在客观上阻碍了中国金融改革深化的步伐。我国的金融机构退出市场，往往都是行政性关闭，或者是关闭后走向行政性主导的破产，因此往往被人戏称为“计划性破产”。市场化破产机制的缺位，使金融运行的规范化、程序化、市场化都难以完全建立起来。

无论金融发展到什么程度，都必须努力建立金融机构内部的防火墙。除了海发行之外，美国次贷危机同样使我们看到，金融巨头内部的风险失控，会导致风险的积累和爆发。

金融学点睛

海发行关闭事件，其原因包括经营管理混乱、承担接管问题信用社等。而在其背后，则是房地产泡沫崩溃可能导致金融失败的残酷事实。上世纪90年代，海南房地产市场崩盘，导致包括信用社在内的金融机构出现大量不良资产，海发行则不幸成为这轮房地产泡沫危机的牺牲品。在当前房地产市场与金融体系关联更加复杂的情况下，这给我们带来了更多的警示。

楼市泡沫很快破灭

——中国式次贷危机

当国人还在庆幸自己没有感染美国次贷危机之时，当国人还在津津乐道嘲弄美国“愚蠢”地制造了次贷危机之时，当国人似乎还在“骄傲”地宣称自己的金融监管非常谨慎、非常“伟大”之时，中国式次贷危机和金融危机却正在悄然降临神州大地。

楼市有多么疯狂？泡沫有多么严重？

2010年后各地“地王”如雨后春笋，层出不穷；几乎所有楼市开盘之日，排队选号人潮汹涌，盛况超乎想象；各地楼市销量与日俱增，连创新高；数之不尽的购房者采用贷款、典当等多种信用方式购房（北京数月来住宅典当业务增速高达80%）。

其一是租售比。北京平均租售比高达1:546，最高达到1:700，上海租售比高达1:500，深圳租售比高达1:480。全国主要省会城市平均租售比超过1:300。租售比乃是衡量楼市投资收益之指标。1:500之租售比，意味着假若依靠出租赚钱，平均需要45年才有望收回购房资金（损失利息不算）。

其二是投资或投机比例。全国主要城市购房人群，以投资或投机为目的者，比例达到46%。北京、上海、深圳等一线城市，投资比例远超50%。投资或投机氛围，早已笼罩中国楼市。

其三是房价与收入之比，屡创新高（房价收入比，乃是假设夫妻双方皆能赚取平均工资，且希望购买100平米之平均价格住宅）。北京房价收入之比超过20，上海为18，深圳为16，正常水平应为6－8：（美国房价收入比平均约为4－6）。其四是房价涨幅与GDP涨幅之比（更准确的指标应该是房价涨幅与人均收入涨幅之比）。此比例北京超过5倍，上海超过7倍，深圳超过6倍。

《福布斯》2009年将中国楼市列为全球第二号泡沫；日本人惊呼上海房价是东京房价的8倍（依照房价收入比计算）；副部级干部坦言自己买不起房；社科院报告说85%的中国人无力购房；人民银行调查报告说70%受访者认为房价太高；人大财经委副主任深入各地考察之后，断言楼市泡沫不容忽视；头号房产企业万科掌门人王石宣称楼市泡沫严重，并快速向中小城市蔓延；上海地产商说房价高得连地产老板都心惊肉跳；中央政府多个部门短短10天频繁出手，试图压制房价飙升；所有的迹象都表明中国楼市价格暴涨难以为继，楼市泡沫将很快破灭。

所有资产价格泡沫都建立在一个最美好的期望之上：房价会永远依照我们的想法涨上去。

那是金融历史上著名的“大傻瓜”理论，谁也不会相信自己是那个最后倒霉的“大傻瓜”。“大傻瓜”理论制造了美国次贷危机和金融危机，同样的理论必将制造中国式的次贷危机和金融危机。无数普通百姓为美国次贷危机承担严重后果，同样，无数中国百姓将要为中国式次贷危机和金融危机承担巨大损失。纳税人最终要为银行坏账或国企损失买单，无数百姓最终要忍受通胀剥夺他们的收入。

我们要问：谁该为中国式次贷危机和金融危机负责？去怪罪房地产开发商的唯利是图吗？去呵斥为开发商和购房者提供贷款的银行吗？去找海外热钱或投机者来做“替罪羊”吗？尽管各有各的愚蠢或过错，他们却是依照经济原则在行动，赚钱、避险、投机、投资，无可厚非，无法指责。

楼市泡沫真正的原因是错误的宏观政策和经济发展策略，至少有三：

其一、相信制造资产价格泡沫或虚拟经济泡沫，乃是刺激真实经济或实体经济复苏的灵丹妙药。各主管部门或各地方政府，纷纷直接或间接将股市楼市兴旺当做经济复苏的“晴雨表”，将房地产当作支柱产业，将卖地收入当作“无尽宝藏”；

其二、为实现上述目的，放任货币信用天量扩张。2009年，全年信用扩张近10万亿，史无前例。明明知道大量信用没有流入到实体经济亦在所不惜，天天看到“地王”蜂起亦熟视无睹；

其三、放任国有垄断企业不务正业，天量信贷驰骋疆场，制造泡沫，风光无限。遥望今日神州，高调争夺地王之众多垄断国企，几乎无一不是财大气粗，横冲直闯，待到将来泡沫破灭，血本无归之日，它们就会坦然向政府伸手求助，国有银行将坦然将不良贷款剥离。“用他人的血汗赚自己的金钱和荣耀”，何乐而不为？

不幸的是，那些掌管宏观经济生杀大权的“权贵”们，很少会搭理经济学者们的劝说或警告。美国次贷危机和金融危机爆发之后，经济学者饱受指责和嘲弄，说他们压根儿没有推测到金融危机。其实不然，冷静客观之人应该承认：早在2001年格林斯潘刚刚肆意扩张信贷之时，美国就有许多学者高声警告资产泡沫必将到来，但格林斯潘们充耳不闻，最终酿成大错。

2009年一季度，面对令人瞠目结舌的天量信贷扩张，中国虚拟经济和真实经济必将严重背离，资产价格必将重新出现严重泡沫，泡沫一旦破灭，就是金融危机到来之时。然而，执意要以资产价格泡沫来刺激真实经济复苏的经济学家，似乎长时期对泡沫论或背离论都嗤之以鼻。让他们想不到的是，惊天大泡沫会飙升得那么迅速和猛烈，迫使他们再也不能坐视不管，尽管谁也不想背上制造和“戳破”泡沫之骂名。

金融学点睛

宏观经济政策（尤其是货币信贷政策）之错误所制造的楼市泡沫和股市泡沫，真正可怕的后果是经济结构和收入分配结构的进一步严重失衡，它们给经济整体和社会公平所造成的损失和冲击，无法估量。

最绚丽的泡沫也还是泡沫
——泡沫经济

日本泡沫经济崩溃至今已过去整整20年了。对发展中国家而言，这是一段不能忘记和忽视的历史事件。就当时的经济环境来看，虽然跟今天相比已发生了很大的变化，但是，在形成泡沫的机理和社会对待泡沫经济的反映上看，却表现出惊人的相似性。我们就是无法区分当前股价和楼价的一路高歌状况，究竟是“非理性疯狂”的表现，还是意味着“一个崭新时代的到来”？

在中国经济进入新旧变替的十字路口中，一定要驱散周围的迷雾、找准方向，去迎接“一个崭新时代的到来”，而千万不要和日本当年泡沫经济那样——事后为“非理性的疯狂”而付出漫长的沉重代价。

日本1987年至1990年初所经历的泡沫经济时代正是日本经济迎来新一轮增长的阶段，实际GDP的增长率、矿工业生产指数的上涨率即使低于高度经济增长阶段的极佳表现，也各自达到了高水平。对经济贡献最大的固定设备投资的增长率几乎达到了高度增长期20%的水平。而个人住房投资与随之而来的家电消费也迎来了一个繁荣的时代。

但是，当时的物价水平，由于日元85年广场协议后的大幅增值所带来的便宜的进口产品增加，87年美国股市崩盘，世界经济处在通缩的阴影中，加上日本企业国内供给能力不断加强等原因，并没有跟随当时货币供应量的迅速膨胀而上升而一直处于较低的状态。

1988年日本的WPI指数的通胀率是0.7%，而CPI指数的通胀率只有0.2%。但是，不能掩饰的是当年资金在日本的资本市场“沉淀”的烙印：首先受资金影响的是冲在最前面的股价表现，而且在对美国股灾的影响做了“技术调整”后，股价更加凶猛地站上了高峰。

1989年12月末迎来了38915的日经指数峰巅，可是到了1992年8月日经指数就跌去了六成。紧随而来的是地价在全国范围内的攀升浪潮，1990年9月日本全国城市地价指数冲上了最高峰，房价也随之而涨，势不可挡，可是到后来1994年中旬为止各自价格都跌去了八成左右。

在那个被事后认为最疯狂的房地产泡沫的时代，日本央行官员和新闻主流媒体上都没有人公开表示过对泡沫崩溃的担忧。

另外，还有一个难以判断的问题是，日本企业的投融资行为是否与泡沫经济的膨胀有关。也就是说，日本企业在厂房设备等固定资产的投资过程中，由于抵押资产的评估价格随着房地产价格的不断攀升而在向上调整，当时银行业土地和房产的抵押融资迅速增长，迎合了企业和个人对未来过于乐观的期待所带来的投资冲动需求。

这一点可以在泡沫经济崩溃后普遍存在的日本企业“存货调整”和个人“房产抛售”来解决流动性困境的事实中找到佐证。日本银行业那个时代大量放贷的行为也是出于市场竞争激烈，不得不去寻找新的自我生存环境的压力。银行信贷膨胀满足了新一轮潜在的增长机会所带来的资金需求。

当时，日本社会上下都在谈论怎样去积极配合G7会议所要求的国际收支平衡调整的共识，怎样去“刺激内需”，或发展金融市场去吸收越来越多的需要管理的“货币财富”，同时，各种声音也在探讨如何为企业打造更多更好的国内消费产品去提供成本更为低廉的融资环境。

当时最有标志性的"话题"就是建立东京国际金融中心——由此带来的商业楼盘需求和服务业市场的拓展更为当时的投资和消费的扩张提供了支持。日本决策部门很难在那个经济氛围下，去提出加息来控制当时日益增长的资产泡沫。

回顾当时的情景，日本学者达成共识最多的因素有以下几点，单独来看，都不一定会构成造成泡沫经济膨胀的原因，但是，当它们发生在同一个阶段，一旦形成"化合物"，那么，由此释放出来的能量是当时任何人都无法抵挡的。

首先，金融机构积极参与到股市和楼盘市场的投融资活动中。

当时，房地产按揭贷款给日本银行业带来了曙光。它主要表现在3个"亮点"上：一是土地价格不断上涨，土地作为抵押品的融资方式被过高评价。二是金融机构自身的融资环境及其融资成本在不断改善，增加了银行放贷的冲动。三是银行传统的审慎性监管方式没有随着风险的增加而及时调整。

对于土地价格不断上涨现象，除了日本国土有限、买房安居的强烈文化意识等因素支持房地产刚性需求以外，日本很多学者还指出了当时日本税收政策不到位等问题。在土地取得、持有和转让过程中，日本税制集中在交易过程中，而持有土地的税赋较轻，这就严重影响了市场土地的供给，造成了楼盘价格不断上升的格局。

由于土地价格的波动，夸大了土地拥有者的融资能力。这是造成地价泡沫崩溃后银行不良资产的原因之一。同时监管模式的落后也为银行过度放贷提供了"良机"。由于资本充足率在顺周期的时候都会因为资本市场的价格泡沫效应而增加，在这种情况下，银行更加会放松警惕进行放贷。

日本泡沫的崩溃不是因为没有监管，而是因为监管不到位使得受到监管的人放松了"自律"的警惕性，从而导致信贷膨胀、资产泡沫。美国这场金融大海啸向我们再次提出了金融监管模式需要跟上金融体系业务创新的步伐。

其次，救市政策的"退市"工作没有完成，反而让流动性过剩的问题成为了经济发展的最大障碍。

1987年美国股灾引发的全球金融市场的动荡，让各国都在担心市场的崩盘是否会影响到实体经济的发展势头。各国央行都在降息，向萎靡的市场输送流动性。在面临日元大幅增值和外部环境恶化的压力下，尤其是受到了当时美国政府改善国际收支平衡的外压，面对压力，日本首先希望通过低息政策来保持日元的国际竞争力。

想通过宽松的货币环境来刺激内需的增长。尤其是当后期泡沫经济状况已十分明显的时候，日本政府还是没有轻易加息。

更为主要的问题是日本央行的货币政策目标当时是锁定在稳定一般物价水平上，当物价水平较低，而且没有明显的反弹迹象，经济也还在不断向好的方向发展的时候，即使资本市场泡沫经济的隐患已经很大，但是日本央行认为不能“越权”去控制资产泡沫。

结果，日本央行对稳定物价的学理认识不清，泡沫经济的后果要么是货币泛滥造成通货膨胀，要么是财富被吞噬，消费和金融投资能力丧失所带来的通缩加剧，不管是哪一种结果，都和央行稳定物价的目标有关，央行不能不管。

日本央行当时确实面临着“两难的选择”：一种状况是明明当时的资本市场是未来经济发展强盛的一种表现，采取紧缩货币政策会不会扼杀日本潜在的经济增长力；另一种状况是明明是一个非理性的疯狂却把它过高地看成是一个新经济时代的到来而没有采取应有的措施。事后看来当然是第二种情况，而且，从理性的角度来讲，即使放过当前增长的“好时机”，但是，当日后经济发展变得不断明朗起来的时候，再有的放矢、追加投资也不晚，也不会带来太大的损失。

金融学点睛

在该果断应对泡沫的时候，却迟迟下不了手，这所造成的危害，只有经历了泡沫经济崩溃后近二十年的经济衰竭的日本，才会深感其危害的严重性。如果时间能够倒流，那么日本央行一定会采取重视民生而抵御美国所施加的外部压力的政策。可惜的是，当初日本央行所面临的内外环境都不利于他们及时地过渡到防通胀和资产泡沫的环节中。

日本泡沫经济带给中国经济的深刻启示

——金融自由化和金融创新

千万要注意不能在金融资产泡沫风险没有完全释放的情况下，去刻意推动金融自由化和金融创新的进程。因为后者是“双刃剑”，尤其是在监管模式跟不上、而市场又表现出过于自信或被急功近利的短视投机行为所主宰的时候。

日本当时良好的经济基本面让日本社会模糊了自己擅长的东西和不擅长的东西之间的差异，更藐视了泡沫经济一旦崩溃后所带来的深重后果。这种自信心主要来自于以下几个方面：

一是美国股灾后日本经济“一枝独秀”的格局异常明显，无论是经济增长率、投资规模、物价水平、信贷增长和“日本制造”的世界影响力都使日本在不断演变成为经济规模最大、技术最佳的世界强国。在对欧美经济受股灾影响的情况不清楚的前提下，自我膨胀、低估他人的“自信心”压倒了一切。

二是日本经济的世界存在感越来越大。由于日元升值，日本企业海外投资的规模不断增加，再加上日本制造业技术创新能力不断加强，日本的企业经营模式纷纷被世界各国效仿研究，日本鄙视别国的心态也越来越明显。而且，日本出口所创造的外汇储备和日本银行业的资产规模与日俱增，这使得日本政府和企业作为外国债权人的地位日益提高。

三是求胜心切，日元国际化和东京国际金融中心的梦想让日本社会上下忽略了自己金融环境十分脆弱的本质。

不管是上述哪一种原因，事后都让日本社会认识到：泡沫经济形成、膨胀的暂时发展远远抵挡不了泡沫经济崩溃后的危害。

集中在下列几个方面：一是市场修正乐观态度的合力所形成的宏观通缩现象十分强烈。直到今天，日本国民都无法找到昔日对未来经济充满乐观的人生态度。

二是泡沫经济形成的过度投资能力所造成的产能过剩问题对泡沫经济后的结构调整带来了包袱。日本很多大企业只能通过自己不断的艰苦的利润创造来填补自己泡沫经济时代所欠下的累累债务。

三是所有经济活动参与者都遭遇到了资产负债状况恶化。它进一步导致了日本经济恶性循环的状况：日本政府本想通过宽松的货币政策来修复资本市场的价格体系，以此重新提振经济活动参与者的财务状况，增强市场和经济的活力。大量的资本被海外投资者当作套利的工具带出日本市场，并没有在日本国内形成央行所预期的“资产通胀”效果。所以，直到今天，日本市场和经济都还没有走出通缩的阴影。

日本泡沫经济带给中国经济的最大启示，莫过于决策部门在经济处于风险状况的时候要充分认识到它的潜在的发展方向，要做出明智的“防患于未然”的决策方针。千万不能寄希望于事后的补救。日本泡沫经济崩溃的很大一个原因就是日本政府在泡沫形成期间无所作为。一定要充分认识到以下这点至关重要的问题：一旦流动性过剩真的带来泡沫经济的崩溃，决策部门互相之间“事前”对其管理责任的不明确和风险认识的不统一等就会“事后”给中国经济造成不可收拾的麻烦。

第二，土地问题是日本房地产市场泡沫形成的一个重要根源。此问题由税收政策的不健全导致。同时，融资制度也使日本的地产泡沫不断积累。

再加上考虑未来增长的空间，比如国际金融中心建设等和国土资源有限的事实，造成了人们对土地只涨不跌的预期，而且当此后股市和楼市投资的高额收益验证了人们的这种预期的时候，产业资本向金融资本转化的倾向就会日益高涨。

从这个意义上讲，中国物业税的尽早出台在一定程度上会抑制目前这种“只涨不跌”的神话。更令人担心的是，地方政府对土地资源创造财富的那种过度的“依赖性”，不可否认，这种依赖性某种程度上来自于公共投资“义务”之间的不平衡问题得不到解决所致，但是让这种现象进一步恶化下去，就会导致围绕“土地财富”所发生的更为腐败的寻租行为。这类中国特有的“结构性”问题不能有效地解决，中国今天所积累的资产泡沫就会变得越来越大，危险也就变得越来越厉害。

金融自由化，比如市场准入和资产价格放松管理等金融创新如股指期货等，不仅会导致各个合法的经济主体，而且也会包括不合法的热钱和洗钱者，都有可能无意或有意地采取对中国社会不利的道德风险的投机行为，从而放大本来不会造成更大麻烦的市场风险。

通过制度改革和市场化的进程，分散金融体系过剩的流动性也是让市场泡沫“软着陆”的重要手段之一。为此，加强对金融市场投机行为的管理和保证金融市场泡沫风险能够及时得以充分的释放，将是提高产业资本相对金融资本实际收益率所不可或缺的条件。

金融学点睛

如果因为我们自身让民营资本和创新资本没有公平或安全投资的去处，那么，迫不得已，产业资本向金融资本转移的倾向就会变得更加严重，泡沫经济崩盘的风险就会更加明显。

金融自由化和金融创新等都是“锦上添花”的东西，绝不能过高评价它们具有“雪中送炭”的特效作用。

第五章 雾里看花的金融市场

——关注金融市场要学的金融学

金融市场涵盖了几乎所有的经济信息。金融市场是利用各种工具实施货币交换的场所，可以是有形的，也可以是无形的。金融市场是经济发展走势的“风向标”。

钢丝上的热舞

——中国金融市场建设的挑战

回顾金融市场的历史可以发现，当市场出现系统性风险的时候，无一例外的，所有市场都会受到牵连。而且很多市场上的表现往往是非理性的、无序的，和基本面经济形势脱离了关系。

金融市场是指以各种金融工具为交易对象形成的供求关系及其机构的总和。

自2007年下半年次级债集中爆发以来，商品市场的表现一直相当抢眼，从2008年2月份开始加速上涨，但贝尔斯登被摩根大通廉价收购的传闻又一次引发了市场的恐慌，这种恐慌蔓延到商品市场，引起商品市场前所未见的暴跌。以黄金为例，三个交易日即从1030美元跌至900美元附近，创下了历史上最大的单日跌幅。在信贷危机的阴影下，风险系数较高的商品市场遭遇了剧烈的波动。

这种局面意味着当前的金融市场（短期）无法根据基本面为各个市场有效定价，混乱和无序将成为主题。围绕着美国房地产市场——美国经济——信贷市场——全球金融市场这一循环，还将继续。在这样的背景下，总体金融市场的波动性将远远高于以往，金融市场将在钢丝上热舞。

国内的监管层在衡量资本市场是否成功的时候，往往使用的是上市公司数量、融资总额、股票市值、牛市持续时间这样一些指标。但真正的成熟金融市场的标准应该是：第一，好企业可以随时通过丰富的融资产品与渠道进行融资；第二，长期投资者能够得到合适稳定的回报；第三，市场价格基本合理；第四，市场参与者遵守规则。

这四个标准是环环相扣的：市场参与者遵守规则，不以违规行为操纵价格，市场价格才能够合理；市场价格合理，能反映企业实际经营状况，长期价值投资者才能得到合适稳定的回报；参与者遵守规则、市场价格合理、长期投资者有一个合适稳定的回报，监管层才敢放手，允许市场上有丰富多样的融资产品和渠道，让企业随时可以融资。只有满足这四个标准，资本市场才能实现合理配置资源，为经济提供助力，让散户分享经济成长的收益。因此，这四点要比上市公司数量、融资总额、股票市值、牛市持续时间等等指标重要得多。

中国金融市场远远没有达到他所说的四个标准，还有很多挑战需要克服。

首先，执法权力需要提升，市场审批权力需要下降。要大幅提升证监会在监管违规方面的权力，而市场审批权力则需要下放，比如公司上市的审批，对企业融资的审批，以及上市公司的激励等等。

其次，平衡红利税与资本利得税。目前国内上市公司发红利是要征税的，但是抛售股票的资本利得虽然理论上是要收税，但现在实际上还没有开征，这对企业和投资者的行为有很大影响。为了鼓励价值投资，应该使资本利得税至少与红利税税率差不多，甚至更高一些，鼓励公司多发红利回馈股东。

关于融资融券的推出可以防止股市泡沫，为机构提供一个套期保值工具以外，还将产生两个影响。

首先，融资融券将有利于上市公司打假。卖空机制推出来以后，市场上就会有一大笔资金整天去关注上市公司有没有造假账，一旦发现假账，大资金就会卖空造假公司的股票，并通过揭露造假信息打压股价来获利。

第二，融资融券扩大了政策消息内幕交易的风险。融资融券可能成为中国政策利好利空消息的内幕交易的理想场所。融资融券推出以前，内幕交易者只能利用利好消息赚钱，而且最多赚一个涨停板 10%，利空赚不了。但是有了股指期货以后，假设 12% 的保证金率，这就意味着利好可以翻 8 倍赚，利空又可以翻 8 倍赚。同样一笔资金，赚的钱是以前的数十倍。

上海建成国际金融中心的建设至少需要十年的时间来完成，必须先把中国资本市场建设得比较健康，才能够敞开门来让海外资金自由进出，然后才能建成真正意义上的国际金融中心。

金融学点睛

中国资本市场离成熟市场还有一定差距。金融市场改革，容易的部分都做得差不多了，接下来将要面对几个特别硬的攻坚战，涉及体制中一些困难的地方。但是在新的理论的指导下，还是可以在现有体制的范围内，把这些攻坚战做得更好一些。

利率和汇率的逐渐升值

——金融市场发展

市场创新步伐加快，产品和工具呈现出多样化的发展。在市场规模发生巨大变化的时候，我们也应该注意到一个新的产品正在引入市场，从债券市场来看有国债，财务公司也开始发行金融债、公司债。

中国金融市场累计成交量已经达到了158.62万亿元，这里面包括债券回购市场、债券交易、黄金交易、期货市场、股票市场，比2006年增长了127%。

融资格局出现了较大的变化。过去咱们都说中国间接融资比例偏高，直接融资比例偏小，可2009年出现了很大的变化。债券市场的总托管额达到12.6万亿元，新增贷款融资量占国内融资总量的75.9%，而股票、企业债券等直接融资规模占到了总量的18.7%，原来都是低于10%的。这证明了我们的格局一年就发生了很大的变化。

市场制度建设稳步推进，促进了市场发展。一个是人民银行发布的金融市场管理办法。国务院还颁布了期货管理条例，这是期货市场最新的规范性文件。公司债发行的市场管理办法2009年也颁布了，这是我们在公司债管理上的一个重大变化。

金融市场对外开放不断扩大，国际化程度明显提高。大家知道人民银行，中国内地的金融机构到香港发布人民币债券，这是我们国内在境外发行以人民币为标值的产品，我们过去都是到外地投外币资金，但这次是投人民币资金，这对我国是很有意义的。另外，境外机构投资者也有较大的发展，总额度提高了3000亿美元。

一个是从紧的货币政策需要我们给予关注，从紧的货币政策意味着目前的形势、政策、基调比前期发生了明显的变化。

货币政策从这两年实施情况来看，利率、汇率也在逐渐的升值，还有准备金率都达到了历史的高点，这些都是货币政策的表现。2010年还是要进一步利用货币工具，另外也要具备利用价格型工具的条件，积极稳妥用好利率杠杆，发挥利率这个工具规避在投资中的风险，继续增加货币的弹性，引导经济结构调整。继续发挥信贷政策的指导作用，控制中长期贷款增长。

这是基本的政策导向，对于金融市场而言，从紧的货币政策在两方面非常有影响力。一个是市场的资金面，整体的信贷规模收缩了，这不光对实际经济部门有所影响，大家知道，我们刚才看到的市场规模已经有那么大了，它是需要货币的，所以在流到金融市场上来进行交易的资金肯定会减少，金融市场的扩张将会减缓。投资者的基金将会减少，因为刚才说从信贷方面控制是比较严的，票据和债券市场市值将缩水。

动荡的国际经济也对我们的生活产生影响。一个是美元进一步贬值，美元次贷危机引来贬值加剧，从1988年以来，美元有效汇率已经降到了最低点，前几年以来，日元、欧元都在贬值，这就加大了我们对其他货币贬值的压力。发展中国家的国际货币兑美元都在升值，美元使世界的通货膨胀影响加大。黄金、石油，大部分农产品价格幅度都在上升，特别是黄金，超过了07年以来的最高点，这说明了国际上美元流动性的增加依然没有减弱，导致了通货膨胀的加剧。

全球经济增长有所减缓，这个减缓带来的负面影响就是欧洲的经济需求将会减少。

国际资本流向将会出现更大的不确定性，股市频繁波动，投资者的信心减弱，国际资本可能会出现波动性增大，不确定性增强的风险。最近的次贷危机对美国国际金融机构都产生了较大的影响，花旗银行等大型银行纷纷报亏。

国际金融环境对我们的影响体现在以下五个方面：一是造成通货膨胀压力进一步加剧；第二，美元贬值，加大了人民币升值的压力；第三，按现在来说，人民币升息；第四，资本市场不确定性继续加强，这使得风险实际上也加大了，任何事情不可能只向一个方向发展，到一定程度都会有一定回调的；第五，我国必须要通过出口控制经济增长，这样就会使我国的经济增长受到一定影响。

从金融市场发展来看，需要关注的有两个，一个是价格风险，刚才提到了金融市场中的价格风险比过去突出了，利率上升与债券市值的缩水，债券贬值的风险实际上是增加的。有人测算过，收益率每上升几点，债券缩水大概 40 来个亿，当然是浮亏了，长期持有也可以。第二个是信用风险，目前债券市场是发展比较快的，同时，非政府类债券逐步增多，07 年 12 月末，非政府债券将近 12 万亿元了，非政府债券的增加信用当然不如政府债券了，同样会出现信用风险。

另外是金融市场发展的趋势，有这么几个方面应该是有发展可能的。一个是公司债券市场还会有较大的发展，目前，公司债率分类有企业债券，企业的短期融资券，还有公司债券。这些从投资金融目的来讲还是需要的，更多的企业可能会通过债券市场融资。同时，除了经营目的以外还有一个重要的目的，就是并购融资的需要，今后，企业并购会增多，企业在并购过程中可能会有资金需求，可以通过债券市场来筹资。

金融衍生产品会发展，利率波动加大，汇率的弹性也会加大。防范市场风险的需求是急剧上升的，另外一方面，发展一些传统的衍生产品，比如期货、期权，我们还要发展信用衍生产品交易，这就是针对信用违约风险设计的，比如说包括信用违约互换、票据等。在美国次贷危机之中有一个现象，就是他们过度地用这些产品掩盖了次贷危机中的风险，在直接融资转化过程中，很多通过银行贷款，转成债券融资，不管怎样讲，信用风险都是存在的。

证券是结构化融资工具，2005 年，国开行和建行开始发行，目前已经有 5 家机构发行了近 200 亿元的证券，继续推动基础证券化的开展，使这个业务成为一个正常的业务，使贷款能够带动起来。

房地产信托投资资金的工作，投资可以为房地产业投资提出新的融资工具，重点是发展廉租住房和租赁住房，这是需要大规模投资的，原来都是机构投资者，这个新的工具有利于完善我们的金融制度。

在今后市场风险加大的情况下，个人投资者可能更加偏好于基金和理财产品。

金融学点睛

加大国际开发机构对国内债券的融资需求。另外是国外的商业机构如何利用国内融资条件来国内融资。我们总在想到国外融资，但现在我们鼓励企业把中国的资金投到外国去，但实际上外国企业到中国投资也是一个很好的渠道，在国际市场上，国际企业到中国市场上市交易也不是不可预期的。

世界经济前景难料

——货币市场波澜频起

货币市场出现的金融交易工具都是在 1 年以下的，货币市场活动的目的，主要是保持资金流动性以便能随时随地获得现实的货币用于正常周转。

进入 2010 年，希腊等国的主权信用危机使欧元区面临成立 11 年以来最严峻考验，国际社会甚至担心“雷曼式”金融海啸会席卷欧元区并演变为全球“金融海啸第二波”，由此导致欧元走低；相比之下，美国经济复苏的力度略为明显，美元汇率从 2009 年 12 月开始了一轮明显的反弹；在 2009 年唯一连续 3 次加息的澳大利亚央行于 2 月 2 日意外宣布维持基准利率不变，这一决策的确让市场始料未及，澳元随之贬值……经济的风吹草动与汇率的震荡波动时时牵动着人们的神经。

美国经济：继续复苏美元——强势反弹

美元汇率从 2009 年 12 月开始了一轮明显的反弹，并以上涨的趋势进入到 2010 年。美元指数从低点 74.26 左右上升到近期的高点 79.5，涨幅达 7% 左右。纵观美元的上扬，基本面的改善和加息预期的出现是美元上涨的主要推动力，并且这些因素将使美元在 2010 年上半年继续保持强势。

在经济危机爆发后，美国是发达国家中最早采取经济刺激措施的国家。从当前的经济数据看，美国经济复苏的力度较为明显。2009 年第四季度 GDP 增长了 5.7%，是 6 年以来的最大增幅，远超过预期的 4.7%。虽然从 GDP 的细项看，推动经济增长的主要因素个人消费方面增幅下降，建筑业投资连续下降，企业仍然不愿意进行长期投资，但是 GDP 仍然在政府支出略有下降的基础上，继续保持了强劲增长。之前市场的担忧被打消了，市场曾担心撤出刺激政策后经济有陷入双底衰退的可能。

从就业状况看，失业率维持在 10% 左右。一般来看，失业率等就业指标对于经济活动存在着 3 到 6 个月的滞后，如果就业数据以及其他的相关经济指标，包括 ISM 指数等都保持在荣衰分界之上，那么美国经济的增长力度和速度很可能将领先于其他发达国家。

2010 年，美国可能在 G7 中最先采取结束定量宽松的政策，并先于其他国家开始加息，这将从息差上给美元汇率带来极大支撑。

在 2009 年中，美元短期利率大幅下跌，这使美元成为与日元相似的融资货币，带动了美元汇率的贬值。但是，随着 10 月非农就业数据的改善，市场对美联储加息预期开始增强，美元的市场利率水平上扬，息差的优势重新体现，美元出现了一轮上涨。

其他国家或地区的情况也推动了美元上涨。欧元区正在为解决希腊等国所带来的主权信用危机而焦头烂额。日元则在2010年贬值的压力较大，除了再次成为唯一的融资货币之外，评级遭下调也给日元带来压力。

欧元区经济：面临考验——欧元屡创新低

希腊主权债务危机，正在向葡萄牙、爱尔兰、西班牙等国蔓延，甚至正在进一步向欧元区核心国家意大利、法国和德国扩散，欧洲与美国股市连日大跌，2010年2月5日，欧元兑美元汇率跌至1:3663，是2009年5月以来的最低点，欧元区面临成立11年以来最严峻的考验。

2009年11月以来，欧元兑美元已贬值8.4%。国际投机商大量抛售欧元，造成这一现象的原因是希腊国家财政恶化导致国际市场对欧元的不信任的金融危机增加。

欧元区会引来金融海啸第二波吗?

希腊、葡萄牙、爱尔兰、西班牙等国的财政赤字，均接近本国GDP的10%以上，远远超过欧盟财政纪律规定的3%水平线。欧洲2009年底失业率，希腊超过10%，爱尔兰超过12.5%，西班牙则达到19.4%（欧元区平均超过10%）。

就目前的经济形势来看，“雷曼式”金融海啸会席卷欧元区并演变为全球“金融海啸第二波”吗?

欧洲债务危机与次贷危机不完全相同，但在某种程度上也相当类似，全球股市及金融市场会持续受压。

虽然某些成员国存在财政危机，但整个欧元区财政赤字占GDP的比例平均为6%，远低于美国和日本的水平。欧洲维持现在1%的基准利率水平不变。

两大因素决定了欧元区未来仍然面临极大的不确定因素。第一，欧元区的薄弱环节———中东欧国家是否会再次出现主权信用危机?这些国家的经济财政状况甚至比希腊、葡萄牙、爱尔兰、西班牙等国还要糟糕。

第二，更重要的是德国和欧洲中央银行的政策。欧元区只有统一的货币，没有统一的财政税率和税收政策，欧元区核心国家德国、法国奉行的是相对稳健的"莱茵模式"财政经济政策，对虚拟经济及房地产泡沫控制得比较严厉，而希腊、葡萄牙、爱尔兰、西班牙等国则奉行类似于"美英模式"的政策。在金融危机前这曾被认为是"有活力"的政策，但金融危机暴露了这个模式的脆弱性。

位于法兰克福的欧洲中央银行在很大程度上是德国联邦银行的放大版，受德国影响很大，特别强调稳健的货币政策和控制通货膨胀，而德国对这次金融危机的判断，是认为这场金融危机是根本的结构性危机，将会持续好几年。再加上德国拥有远强于欧洲其他大国、甚至远强于美英的社会保障体系，经济下滑对德国的社会影响不大，所以即使 2009 年德国 GDP 下降 5%，德国依然没有计划采取过分激进的财政政策。

欧元区"金融海啸第二波"是否爆发，希腊等国是否被迫退出欧元区从而导致欧元区解体，很大程度上取决于德国和欧洲中央银行的判断与政策。

日本经济：仍不乐观——日元短期走强

与日本经济继续走弱的态势不同，日元在 2009 年底出现了 14 年以来的最高值：1 美元兑换 85 日元。2010 年以来，日元在 1 美元兑换 90 – 91 日元附近区间震荡。从短期来看，日元保持在历史高位区间，走强的趋势并未发生明显改变。

日本的经济增长仍不十分乐观，各机构预计日本 2009 年的 GDP 降幅将扩大。世界银行的评估最为悲观，预计将下降 6.6%。

国际货币基金组织（IMF）预计，2009 年日本经济将下降 6.2%。

消费价格指数仍在继续下滑，日本央行曾预计日本将面临为期三年的物价下降态势，OECD 预计 2009 和 2010 年日本的通胀率分别为 –1.2% 和 –1.3%。实际上，2009 年，根据日本总务省统计，2009 年度日本消费者价格指数（CPI）较上年下降 1.3%，降幅为 1971 年有比较数据以来的最大值，通货紧缩的状况还在不断加剧。

同时，尽管日本社会的老龄化问题日益严重，日本失业率仍处于历史高位。

为了达到刺激经济的目的，日本的债务水平继续升高。

2009 年，日本政府的债务将首次突破 900 万亿日元，而 2010 财年日本政府的税收总额只有约 37.4 万亿日元。日本政府向国会提交的预算文件显示，截至 2010 财年（2010 年 4 月 1 日至 2011 年 3 月 31 日）年底，日本公共债务达到 973 万亿日元（约合 10.8 万亿美元）日本政府的财政状况将进一步恶化，日本经济正处于危险境地。2010 年 1 月，日本新上任的财长明确改变了原财长藤井的抑制债务的态度，并公开表示日元应该贬值。债务问题和继续宽松的货币政策导致标准普尔宣布下调对日本国债评级的展望从“稳定”至“负面”。

仍有两个因素能够使日元保持强势：一是日本的进出口有所恢复。2010 年 1 月 27 日，日本财务省发布了 2009 年的贸易统计，出口同比下降 33.1%，进口同比下降 34.9%，实现贸易顺差 2.8 万亿日元，同比增幅 36.1%。

唯一的好消息是 2009 年 12 月份日本的出口实现了两位数的增长。

二是日本经济复苏受日元升值影响，但也使日本企业加速了海外并购的步伐。金融危机后有更多的并购欧美企业机会，2009 年末的日元走强加快了日本企业的海外并购速度，主要是汽车制造商和制药厂。据不完全统计，2009 年日本企业在日元升值期间，海外并购金额超过 900 亿美元。从 IMF 的统计来看，日本国民生产总值（GDP）在“失去的十年”中可能一直保持增长，日本 GDP 畏缩不前是日本经济的错觉。

日元有可能在强大的日本海外经济的支持下继续保持强势。

澳大利亚经济：出口疲弱——澳元可能走跌

2001 年 2 月 2 日，澳大利亚央行意外维持基准利率不变。自 2009 年 10 月开始，澳大利亚央行曾连续 3 次升息。在此次会议之前，市场对加息概率的预期达到近 80%，这一决策的确让市场始料未及，澳元随之贬值，一度下跌至 0.8780 低位。

此次货币政策的出台是澳在判断通胀可控基础之上对外部环境变化做

出的反应，主要体现为以下三方面：

近期全球避险需求上升。自2009年12月以来，迪拜事件、希腊政府信用危机，西班牙、葡萄牙、意大利等一些国家也由于政府赤字过高引人瞩目，日本评级展望亦遭调降，主权风险上扬；奥巴马政府接着提出一系列措施限制大型银行的经营范围及规模，几家大型美国金融机构第四季度季报表现不佳。澳央行面对选择观望的成本要远远小于继续加息。

商品市场出现疲弱迹象。澳大利亚出口商品约85%由铁矿石、煤和铜组成，因此，大宗商品价格如果逆转涨势，对澳大利亚经济和澳元的打击将会十分明显。从包含了22种基础商品的CRM指数的分析来看，2010年1月澳大利亚几乎全部的出口商品出现了大幅回落，受到铁矿石需求影响，波罗的海干散货指数也出现明显下滑，进一步确认商品市场近期的疲态，为澳大利亚刚刚开始收窄的贸易逆差蒙上阴影。

中国因素的影响。中国是澳大利亚最大的贸易伙伴，商品交易进口和出口都居榜首。在2009年7月至11月期间，中国吸收了澳大利亚逾1/5的出口，其中铁矿石的影响力十分突出。危机以来，澳大利亚央行多次在货币政策报告中提到中国的重要性，本次利率决策公布后发表的声明中表示："中国政府目前正寻求减弱对本国经济的刺激力度……"可见，澳大利亚对中国的依赖程度日益上升，并形成一把"双刃剑"——一方面，在中国需求的拉动下，澳大利亚成为受危机影响最小的国家之一，经济没有衰退，仅在2008年第四季度负增长一个季度后即出现反弹；另一方面，如果中国进口需求出现下降，澳大利亚将受到影响。

澳大利亚央行是2009年唯一实行连续3次加息的银行，尽管眼下促成利率不变的理由很多，但并不表明澳大利亚在2010年不会加息。2010年的升息前景及澳元走势主要取决于以下两大因素：一是澳大利亚自身通胀情况；二是外部对基础商品的需求状况。

对于澳元汇率而言，由于市场仍押注澳大利亚利率在2010年年底之前将升至4.5%，若3月份澳央行未能如期升息，则澳元可能会再次急剧走跌。在此之前，澳元/美元汇率很难重上90价位。

韩国经济：前景明朗

2009 年 3 月，在韩国经常账户持续盈余、外国证券类投资基金大量涌入以及国际金融市场总体形势向好的共同作用下，韩元快速升值，韩元兑美元由 2008 年 3 月初 1570 比 1 的高点迅速回落，4 月初已降至 1350 比 1 的水平，其后进入相对平稳的升值通道，12 月 30 日以 1164 比 1 收盘，2009 年全年韩元兑美元升值 8.2%。进入 2010 年，韩元连续 7 个交易日加速升值，并在 2009 年 1 月 11 日，韩元兑美元汇率升至 1119.80 比 1 这一 16 个月来的最高水平，这已经接近韩国开发研究院认为的 1100 比 1 的最佳汇率水平。

韩国出口企业对韩元的快速升值产生忧虑，并促使韩国央行在 1 月中旬干预汇市，以减缓韩元过快升值的压力。由于韩元兑美元开始走低，2 月初，维持在 1160 比 1 的水平。韩元近期的走低只是短期因素，纵观 2010 年全年，受到以下几个因素的影响，韩元仍将处于升值通道。

一是韩国经济增长前景乐观。

韩国政府将继续保持宽松的货币政策确保经济增长，并在 2009 年 1 月 8 日决定继续将基准利率维持在 2% 的水平。2009 年韩国出口自第二季度开始触底反弹，其中，中国经济的率先复苏对韩国出口起到很大的拉动作用。2010 年韩国出口有望继续增长；出口的增长有利于改善就业，并最终带动韩国国内需求的增长，韩国经济实现内外需共同促进增长的局面会进一步扩大。韩国政府和韩国央行预测 2010 年韩国经济的增长率分别为 5% 和 4.6%。

二是韩国经常账户持续盈余，外国证券投资基金的大量流入。

国际经济调查机构的《世界经济展望》报告称，韩元兑美元汇率有望回落至 1054 比 1。作为出口导向的国家，出口对于韩国经济增长起到重要的拉动作用，韩元升值一旦超过 1100 韩元/美元的水平，对出口将造成负面影响。在以上因素的共同影响下，韩元在 2010 年将继续升值走势，但升值幅度不会过大。

金融学点睛

短期金融工具的存在和发展，是货币市场发展的基础，面对金融危机、世界各国的货币政策和经济走向将受货币市场影响。

2010 资本市场三大期待
——股指期货、国际板、融资融券

市场一直热议的股指期货、融资融券、国际板成为 2010 年资本市场三大期待，股指期货，融资融券日趋成熟，相比其他金融工具，引起市场的关注。

1993 年，海南证券交易中心曾推出深圳的股指期货，因条件不成熟很快被关闭，但针对股指期货的研究和探索一直没有中断。

早在 2007 年，业内人士就表示，股指期货的推出需要从制度上、技术上和投资者教育 3 个方面进行准备。

从制度层面上，一段时间以来，经过多方筹备，股指期货的制度准备已经成熟。以《期货交易管理条例》为核心，证监会部门规章、规范性文件为主体，期货交易所、期货保证金监控中心和期货业协会自律规则为补充的期货市场法规体系已初步形成。2010 年出台的《证券登记结算办法》已修改完成，中金所可以依法查询证券登记结算资料，全国正常经营的 164 家期货公司全部完成上线统一开户系统，这些都为股指期货的推出创造了条件。

在技术准备上，中金所早已对外正式发布了《金融期货业务系统技术指引》，并进行长期的仿真交易，技术准备早已成熟。

考虑到金融期货产品的风险特征，监管机构让参与交易的投资者知晓风险，中金所筹划为投资者设立高门槛，先行只让有资金、有知识、有经验者进入市场交易，并在多个渠道“把风险讲够，把规则讲透”。作为一项长期性工作，股指期货的投资者对产品的认识绝非短期可以形成。时至今日，股指期货在制度、技术及投资者教育方面酝酿成熟，适时推出股指期货有着充分的后盾。

股指期货为国际市场上较为成熟的避险金融衍生产品，在其他市场的运行经验表明，推出股指期货将有利于中国资本市场的进一步完善，在金融危机尚未过去的情况下，股指期货更是市场所需。

股指期货除了套期保值、对冲、避险的作用外，其重要功能还在于建立和形成做空机制，从而改变我国股票市场单边市场的情况。我国目前，证券市场仍是单边市场，没有金融避险工具和做空机制，推出股指期货对健全资本市场的内在稳定机制、加强证券市场的基础性制度建设，都是一项可行的举措。

股指期货的推出，将更加有利于基金投资，除了一般的套期保值外，还可以在现金管理、战术性资产配置、满足基金法规约束、提高保本基金参与率、合成指数基金等方面有所体现，增强基金操作的灵活性和策略执行的效率，使得基金持有者获得投资回报。

面对经济危机的形势，全球股指期货市场运行稳定，交易量、持仓量显著增加，功能有效发挥，与场外市场有着鲜明差异。广发期货对比了1997年金融危机和2007年以来次贷危机中香港恒指期货的表现，结果发现，恒指期货在过往的金融危机中仍然发挥着避险等市场功能，10年来避险交易的比例还在显著增加。缺乏避险机制的股票市场比股指期货市场更容易出现剧烈波动。

一年前，上海证券交易所开设国际板，引入国际大企业来A股市场上市，还不被人看好。但到了2009年年底，开设国际板已无法律障碍，市场充满潜力。

2010年年初，国务院发布关于上海“两个中心”建设的意见，明确提出要适时启动符合条件的境外企业发行人民币股票，在政策上为开设国际板定了调子。

修订后的《证券法》已没有对上市公司注册地的限制性要求，境外公司A股上市已不存在法律障碍。目前，在制度上尚存的困难主要是一些技术性问题，特别是A股监管法规较为严格、上市门槛高，对境外企业特别是大型蓝筹企业不一定合适，需要作一定的调整。

目前，大量境外的大型优质蓝筹企业、成长性良好的新兴行业企业，都对来A股市场上市表现出了极大的兴趣，国际板并不缺乏上市资源。

一些专家认为，国际板不宜久拖不决。一是那些业务和利润来源都在国内的红筹股企业迫切需要回归A股，让国人更多地分享中国经济发展的红利。二是国际板可为庞大的中国资金提供更多的保值增值、平衡风险的渠道和选择。三是国际金融危机为我们开设国际板，为中国资本市场进一步国际化提供了机会。

也有人认为，目前人民币尚不能自由兑换，国际板不可能成功推出。对此，有专家称，这种观点太拘泥于教条。一个简单的事实是，QFII、QDII同样面临人民币不能自由兑换的障碍，成功推出并且运转顺利。这个问题可以通过出台一个针对国际板上市公司资金运用的特别规定，辅之以一定的监管程序来解决。人民币自由兑换是既定的目标，同时又是一个较长的过程，需要一步一步地走过来。QFII、QDII是一步，已经推出的人民币跨境贸易结算是又一步，国际板的推出将是新的一步。这样的步子积累到一定程度后，人民币自由兑换也就水到渠成了。

创业板2009年呱呱坠地，无疑是当年中国资本市场的一大亮点。而市场一直热议的股指期货、融资融券、国际板自然成为2010年资本市场的三大期待。国际板建设在积极准备中，而从制度层面、技术层面的准备上说，股指期货、融资融券都历经多年准备，日趋成熟，推出只是时机问题。

融资融券业务作为一种新型的金融工具，似乎引起了更多的市场争论——有时被投资者夸大成“救市稻草”，有时又成了加剧市场下跌的“魔鬼”。不管争议如何，随着市场完善和投资者的成熟，融资融券正渐行渐近。

从2006年6月30日证监会发布《证券公司融资融券试点管理办法》之日算起，融资融券业务已经准备了三年时间。虽然新业务没有很快开展，但制度建设从未停止：管理办法及其后交易所、协会等推出的文件，明确了该业务的实施模式和路径。

2008年10月，11家证券公司启动试点工作全网测试。接着，证监会放宽券商业务范围审批，铺路融资融券。

融资融券尚未正式落地，但相应制度建设已经成熟。作为有风险的金融工具，已公布的业务试点规则中包括了一些有效的风险防范措施。规定了融资融券交易的初始保证金比例不得低于50%，并要求投资者以保证金、融资买入的全部证券和融券债务之间的比例不得低于130%。与此同时，在交易价格和金额方面，规定融券卖出的申报价格不得低于该股票的最新成交价、单只股票融资融券的交易额不得超过该股票上市可流通量的25%，以限制投资者利用杠杆操纵股票价格。

融资融券交易是世界上多数证券市场常用的交易方式，也是中国证券市场的一项基础设施制度建设。但相对于目前证券公司从事的普通证券业务，融资融券业务风险较高，必须严格防范。

融资融券放开后给市场带来的好处显而易见。融资融券能够发挥价格稳定器的作用，有效缓解市场的资金压力，能够刺激A股市场活跃，改善券商生存环境，能够为建立多层次证券市场打下良好的基础。

融资融券交易在世界上大多数证券市场都是常见的交易方式，可以将更多信息融入证券价格，为市场提供方向相反的交易活动，当投资者认为股票价格过高和过低时，可以通过融资的买入和融券的卖出促使股票价格趋于合理，有助于市场内在价格稳定机制的形成。

融资融券交易可以在一定程度上放大资金和证券供求，增加市场的交易量，从而活跃证券市场，增加证券市场的流动性。这一业务还有助于拓宽证券公司业务范围，增加证券公司自有资金和自有证券的应用渠道。

融资融券业务的展开可为市场带来1500亿元左右的资金。国泰君安研究所则认为，创业板成功推出之后，融资融券和股指期货成了市场关注的焦点。一旦业务推出，对证券行业增量收入的贡献将达到15%－20%，更为重要的是，这对证券公司盈利模式、竞争格局的影响将更为深远。

金融学点睛

融资融券交易可以放大资金和证券供求活跃证券市场。在管理层与市场建设者的探索和努力下，融资融券的准备工作已基本就绪。它将为投资者提供新的交易方式，对改变证券市场“单边市场”状况有益，并为投资者提供避险工具。

对经济贡献率大大提升

——中国期货市场

金融期货交易市场包括金融期货合约、保证金制度，期货交易所期货价格的决定等方面。

2009年，在全球经济、金融形势的风云变幻中，中国期货市场却保持了持续稳步健康发展的态势，期货市场服务国民经济发展和企业管理风险的作用不断显现，对经济的贡献率大大提升。

截至12月15日，CRB指数（全球商品指数）从233.92点上涨至273.94点，涨幅仅为17.1%，并且运行中上下波动不已。而同期，我国期货市场则别有洞天，据文华商品指数显示，我国大宗商品综合指数从2010年开市的117.62点升至166.98点，上涨幅度竟然达到41.96%！虽然CRB指数涵盖面更为宽泛，但是也可从中看出我国期货市场保持着稳健运行的单边上扬趋势。

市场交易量显示，中国期货市场的良好发展局面，得益于我国经济的率先企稳崛起和稳定增长，得益于实体经济领域实际需求的不断提高。

2009年，由于我国建设投资需求旺盛，有色金属价格量价齐升。各品种的交易量均较2009年有了非常大的增加。从当前有色金属未来的趋势看，受美元疲软和国内CPI指数的转正，有色金属中长期上涨的态势尚未改变，市场仍将保持活跃繁荣。由于国内产能和需求的差异，有色金属定价上也有着较明显的区别，比如由于铜对进口依赖较强，而铝的国内产能基本饱和甚至出现了过剩，因此各自的涨幅也有着不同的制约度。

农产品市场主要在大商所和郑商所。大商所的豆类品种大豆、豆粕、豆油的价格在过去一年里也有相当大的涨幅。传统大宗粮食中的玉米因东北主产区受旱灾影响涨幅较大，而麦类价格的涨幅不大则反映出其进口依赖性下降和市场供给的充足。

在全球性白糖供求偏紧和库存长期下降的背景下，糖期货走出一波强势行情。农产品期货行情的牛市，最根本的原因在于国家相关的惠农政策，而可控、平稳运行的市场反过来又对维护农业健康可持续发展作出很大贡献。

2009年期货市场最鲜明的特点之一是创新。最突出的就是品种创新。2010年期货市场形势创新的是，一些新品种的成功上市成为保持市场活力的一个重要来源，标志着我国期货市场体系建设进入了一个新阶段。

2009年3月27日，螺纹钢和线材在上期所上市；4月20日，郑州商品交易所的早籼稻期货上市；7月31日，聚乙烯在大商所上市。这些工业品和农产品成功上市，对完善市场结构和增强市场活力有着非常重要的意义。早籼稻期货填补了我国大宗粮食品种没有稻谷期货交易的空白，使我国成为世界上第5个上市稻谷类期货的国家，标志着我国粮食期货品种结构的进一步完善。螺纹钢和线材期货的上市，有助于逐步优化钢材价格形成机制，有助于钢铁生产、贸易和消费企业规避市场风险，提高我国钢铁工业的国际竞争力。

聚乙烯的上市交易，将为相关企业提供有效的价格指导及避险工具。同时，对于提高我国聚乙烯企业在国际贸易中的主动性，增强国际竞争力也具有重要的战略意义。这些期货品种上市后交易活跃，整体运行平稳，虽然有的品种因为产能过剩而产生波动，但却真实反映了市场的选择。12

月18日，国内首家股份制交易所——渤海商品交易所正式开业运营。原油和焦炭两个品种正式上市交易，原油4350元/吨、焦炭1550元/吨的开盘指导价，标志着国际原油的“中国价格”和中国焦炭的“世界价格”就此诞生。

创业板顺利推出后，我国资本市场尚有两大任务尚待解决。一个是股指期货，一个是国际板，而股指期货的推出显得更为要紧。

股指期货具有套期保值、价格发现、资产配置等功能，是国际资本市场重要的风险管理工具。它有着回避股市系统风险，牵引股价合理波动，充分发挥经济晴雨表的作用；可以改善国企大盘股的股性，增强我国资本市场的国际竞争力。从交易所系统建设和法规建设上看，我国推出股指期货的条件确实已经具备。我国的仿真股指期货系统已经在各大券商和期货营业部内进行了两年多的模拟操作，交易系统进行对接已经不存在技术障碍。

目前，已有20家左右的证券公司获得了股指期货相关的IB（中间介绍）业务资格。虽然目前股指期货推出的日期尚无定日，但是其上市的脚步声已经越来越近了。

金融学点睛

期货市场的上市交易提高了我国企业在国际贸易中心的主动性，增强国际影响力都有重要的战略意义。期货市场建设也是一个逐步完善的过程。从当前制度建设上看，发展壮大机构投资者，加强期货咨询业建设等方面问题的着手解决已经迫在眉睫。从期货品种上看也还有待丰富。

第六章 金融服务中的热点问题

——关注金融服务要学的金融学

2010年，预计债券市场将迎来高速发展期。同时，网上银行、消费信贷将会出现高涨的势头。投资和消费是经济增长的两个轮子，发展食用消费是扩大消费需求的一种重要的途径，将为经济增长提供推动力。

井喷从“债”开始

——2010 金融热点

如何发展债券市场是一项非常复杂的工作，首先是债券多头监管，行政化审批等制度因素预计 2010 年企业债券发行量将翻番增长。

稳步发展股票市场，加快发展债券市场，积极稳妥地发展期货市场。

国务院总理温家宝在政府工作报告中指出，积极扩大直接融资，扩大股权和债券融资规模，更好地满足多样化投融资需求。这是促进债券市场发展的内容连续第 5 年出现在政府工作报告中，从中不难看出政府对债券市场的高度重视。有关人士认为，在阻碍债券市场发展的几大难题逐步解决后，债券短板现象有望破解并迎来快速发展期。

2010 年并不是温家宝总理第一次关心债券的发展。自从他担任国务院总理以来，“债券”二字就成了政府工作报告的常客。

温总理在 2004 年 3 月所作的政府工作报告中说：“推进资本市场改革开放和稳定发展，扩大企业债券发行规模，逐步提高企业直接融资比重。”

到了 2006 年，他在政府工作报告中再次提到债券，指出要“积极稳妥地发展债券市场和期货市场”。

2007 年 3 月，温总理在两会上继续关注债券市场的发展，他表示，“稳步发展股票市场，加快发展债券市场，积极稳妥地发展期货市场”。

一年之后，他在政府工作报告中说：“优化资本市场结构，促进股票市场稳定健康发展，着力提高上市公司质量，维护公开公平公正的市场秩序，建立创业板市场，加快发展债券市场，稳步发展期货市场”。

2009年的政府工作报告同样没有落下“债券”，提出要“推进资本市场改革，维护股票市场稳定，发展和规范债券市场，稳步发展期货市场”。

相对银行信贷的间接融资和股权融资，规模依然相对较小，当前仍需大力发展公司债券市场。

统计数据显示，2009年上市公司通过境内市场累计筹资4466亿元，其中，首次公开发行A股99只，筹资2062亿元，增加995亿元；A股再筹资（包括配股、公开增发、非公开增发、认股权证）1591亿元，增加259亿元；上市公司通过发行可转债、可分离债、公司债筹资813亿元，减少185亿元。

从数据中可以看出，我国债券融资仅占资本市场融资额的18.2%，债券短板现象严重。

有关数据表明，2009年我国直接和间接融资总量是11.6万亿元左右，其中9.6万亿元是间接融资，2万亿元左右是直接融资，占比17%，和发达国家直接融资和间接融资各占50%相比差别很远，银行的风险过大。

如何发展债券市场是一项非常复杂的工作。首先是债券的评级问题，基于不同信用给债券定价和判断风险，这套机制如何建立和完善需要进一步考虑；其次，利率体系需要进一步完善。目前，利率体系不是很健全，没有很透明和稳定的基准市场。只有先把基准利率确定下来，其他不同级别的金融产品才能在这个基础上定价和确定收益率。

我国债市发展缓慢的重要原因，还在于多头监管、行政化审批等制度因素。

对债券市场的发行监管呈现“五龙治水”的局面：财政部负责管理国债的发行，并会同中国人民银行、中国证监会管理国债的交易流通机制；国家发改委单独管理企业债的发行，企业债的上市交易则需与人民银行和证监会进行协调；证监会管理可转债、可分离公司债、公司债的发行和交易；人民银行管理短期融资券、金融债的发行；银监会管理商业银行的次级债、混合次级债发行。此外，保监会决定保险公司可以投资哪些类型的债券。

经过20年的成长，资本市场走到今天，债券市场的“突围”已经在所难免。2010年两会上，有识之士纷纷呼吁，为债券市场发展献计献策。

将以上市银行回归交易所债券市场为契机，积极发展交易所债券市场的机构投资者。上交所一直积极推进债券市场建设，下一步将研究主要针对机构投资者的一对一的债权现券和回购交易，并和相关部门协调，实行全额非担保结算，这样可以为一些等级相对低一点的债券，开辟风险可控的交易和结算方式。

业内人士建议，为了吸引更多个人投资者进入交易所债券市场，减免个人持有公司债券的利息所得税。目前个人投资公司债券利息所得税税率较高（为20%），这使得个人投资公司债券实际收益率大打折扣，难以满足居民财产保值增值的要求，这也是我国个人较少购买高资信公司债券的主要原因之一。公司债券利息所得税对个人投资公司债券的积极性已产生不利影响，不利于调整目前以金融机构为主的投资者结构，也不利于加快扩大公司债券的发行规模。

鼓励外国企业在我国发行熊猫债券，促进人民币国际化和资本项的国际收支平衡。截至2008年底，外国在美国发行的债权存量达1.4万亿美元。而我国至今只允许外国金融机构在华发行熊猫债券，2009年全年才发行了10亿元人民币，发行主体单一，发行规模尚小，有进一步开放、发展的必要。

2009年企业债券发行量同比几乎翻了一番，预计2010年还将翻番增长，债券市场将迎来高速发展期。

金融学点睛

交易所债券市场要逐步加强和银行间市场的沟通和协调，加强两个后台之间的联系，取长补短，优势互补，争取早日实现两个后台之间的互通互联，建设统一互联的债券市场。

银行是怎样进行内部结算的
——支付清算体系

银行与银行之间如何进行结算呢？是通过中央银行来进行的，通过票据交换所支付。

支付清算体验经济金融体系中居于基础性的地位。建立上海清算所是继续深化我国金融市场，应对国际金融危机的举措。

金融中心是金融机构、金融市场和金融交易的聚集地，它集中表现为一定范围内金融资源和金融功能在特定地理区域的高度集聚。从地区角度划分，金融中心可以分为国内金融中心、区域性国际金融中心和全球性国际金融中心。伦敦和纽约是普遍公认的两个最具影响力的全球性国际金融中心，香港、新加坡、芝加哥、法兰克福等则是区域性国际金融中心的代表。上海国际金融中心建设的最终目标，是全球性国际金融中心。

全球性的国际金融中心都具有综合性的突出特点，即不仅金融体系规模庞大、结构完备，掌握着全球金融资源配置和金融功能发挥的话语权，而且与本国整体经济金融实力的国际地位相辅相成。伦敦、纽约这两个城市的全球性国际金融中心地位，都是在市场力量的推动下，经历一两百年的不断积累而逐步确立的。

支付清算体系是国际金融中心建设的关键环节

金融中心作为金融机构、金融市场和金融交易的聚集地，必然也是国际支付清算的中心，是支付清算体系极为发达的城市。建立和完善支付清算体系，对国际金融中心的形成、维护和发展具有非常重要的意义。

例如：伦敦不仅拥有全球最大的外汇交易市场，而且是全球最大的多币种支付系统———持续连接结算系统的业务处理所在地，提供着17种货币的跨境支付结算服务；伦敦还拥有国际上著名的服务于金融市场交易的独立运作清算所———伦敦清算所，提供中央对手清算服务的领域包括证券、衍生品等各类交易，服务对象既包括卢森堡股票交易所、伦敦股票交易所、伦敦国际金融期货交易所、伦敦金属交易所、香港联交所、新加坡交易所等数十家交易所，也包括全球的场外交易市场。

支付清算体系在经济金融体系中居于基础性的地位，通过提供必要的资金转移机制和风险管理机制，促进各类经济金融活动的稳定运行、效率提升以及持续创新。

一般而言，支付清算体系主要包括中央银行的实时全额支付系统、以商业银行为主体的社会零售支付系统以及为特定市场提供清算服务的清算所系统。

其中，为特定市场提供清算服务的清算所，对于国际金融中心的建设和维护具有特殊的意义。首先，清算所是金融市场高效运行的前提和基础。金融交易达成后，必须经过债权债务的清算，才能最终实现资金的支付和金融产品的交割。

清算所提供安全、高效的清算服务，直接关系到外汇、证券、黄金、衍生品等金融市场的正常运转，直接关系到国际金融中心配置国际金融资源功能的有效发挥。其次，清算所本身具有的集聚作用，能够将国际资金、人才、产品、创新吸引至国际金融中心。清算所采取清算保证金制度，因此可以积聚大量沉淀资金；清算所业务具有较高的专业性和技术性，因此清算所的运营必然要求大量的专业人才；清算所业务具有较高的复杂性并且与金融产品存在较大的关联，因此清算所的建立必然推动金融创新。再次，清算所作为企业，它的建立和运营必然带动就业同时增加税收和创造财富。从全球范围来看，国际金融中心必然也是清算所总部所在地。例如，伦敦不仅是伦敦清算所的所在地，也是欧洲清算银行的数据库所在地。

基于对支付清算体系在经济金融体系中基础性地位的深刻认识，伦敦、纽约等全球性国际金融中心均高度重视通过不同层次的支付清算体系建设，不断巩固并有效提升自身在国际金融服务产业、尤其是在各主要国际金融中心竞争合作“价值链条”上的主导地位和先发优势。

2008 年末，我国股票资产、债券资产和银行资产为 12.1 万亿人民币、15.1 万亿人民币和 62.4 万亿人民币，占比分别为 14%、17%和 69%，金融资产总量约为同期 GDP 的 300%。此外，我国外汇和衍生品的交易规模在全球占比均较低。因此，与英美等经济发达国家相比，我国金融资产在总量上需要进一步扩大，同时在结构上应加快债券、外汇、衍生品等各类金融市场发展。

建立金融中心除了完善法律环境、深化金融创新，必须高度重视支付清算体系的建设。借鉴伦敦金融城的经验，尤其要特别重视中央对清算所的建设。

英国的金融资产总量中，股票资产和债券资产占比约为 40%，远低于美国的 82%。但是，英国金融市场的国际化程度很高，2007 年英国跨境资本流动总量达到 4.2 万亿美元，排名全球第一；英国最主要的中央对手清算所——伦敦清算所以其投资者友好型的金融法律制度，专业化和系统化的风险管理技术，跨市场清算业务集中带来的流动性管理便利，以及独立运行为国内外各类金融市场交易提供广泛服务，有效地规避国际范围内特别是欧洲各国托管结算环节的监管分割障碍，创造了中央对手清算服务跨境拓展与整合的成功模式，克服了在本国金融市场规模以及本国货币国际地位等方面与纽约的相对劣势，使自身有效集聚起金融人才、资金和机构，从而成为国际金融市场的核心枢纽。

我国的支付清算体系建设取得重大进展。目前，已经建立了一个以中央银行实时全额支付系统为核心、以商业银行等社会零售支付系统为基础的支付清算体系。当前，人民银行正在采取措施，继续大力推进我国支付清算体系建设。上海清算所的建立，有利于进一步完善支付清算体系、服务金融市场发展，同时也有利于更好地推进上海国际金融中心建设。

建立上海清算所，是继续深化我国金融市场改革开放，主动应对国际金融危机的一项重要举措。国际金融市场体系中，场外市场是场内市场的基础，市场规模也远远大于场内市场，是多层次金融市场体系的主体。

金融危机以来，美国、欧洲等发达地区以及巴西、印度等新兴市场国家，先后建立了服务于场外市场的集中清算制度。本次国际金融危机发生后，在场外市场逐步引入集中清算制度，降低对手方风险并实施有效监管，已经成为国际社会的一个共识。

建设多层次金融市场体系特别是场外市场建设中，清算所至关重要。作为独立的专业清算机构，上海清算所通过向场外市场提供全面的、以中央对手为主的集中清算服务，在风险可控、监管到位的前提下不断活跃和发展场外市场，目的在于有利于我国继续深化金融市场改革、主动应对国际金融危机。上海清算所的建立，也有利于场外市场的国际合作，特别是支持国内机构面对海外市场，安全有序地参与境外场外市场。

建立上海清算所，是提高金融市场运行效率、促进金融市场积极创新，推动我国金融市场加快发展的一项重要举措。与市场参与者之间的双边清算相比，清算所通过推广中央对手等集中清算服务，能够节约市场参与者的资金成本，从而活跃市场交易，释放市场流动性，拓展市场的信息反映功能以及价格发现功能。

此外，市场参与者在运用外汇、利率衍生品等各类创新的避险和投资工具过程中，也对清算所提供安全高效的资金清算服务和风险管理服务提供了更高的要求。

上海清算所的建立，有利于完善交易、清算、结算等环节分工协作的市场架构，防范并隔离清算风险的市场传递。上海清算所专职管理对手方风险并为市场参与者提供清算便利，同时与交易前台和结算后台密切配合，将更好地满足市场参与者多元化的需求，促进业务和产品创新，共同推动我国金融市场的加快发展。

建立上海清算所，是切实加强金融市场风险管理，不断完善我国金融市场宏观审慎监管的一项重要举措。清算所集中、科学管理对手方风险，一方面，可以切实防范在某一主要市场参与者发生违约事件时，市场产生过度恐慌以及由此引发系统性风险；另一方面，可以完整统计和监测市场总体风险信息、重点业务或机构风险信息等，为监管机构科学制订并及时采取应对措施提供支持。

作为独立的专业清算机构，上海清算所将为多个金融市场提供统一、规范的风险管理服务。上海清算所建立和完善清算会员、保证金、逐日盯市、风险准备金等各项风险管理制度，既能督促市场参与者积极改进自身风险管理，也将推动法律环境等的相应完善。

上海清算所建立后，人民银行将通过建立现场检查和非现场监督制度、开展清算所监管的国际交流与合作等，把清算所监管作为加强金融体系宏观审慎监管的重要内容，以此促进金融市场系统性风险管理水平的全面提升。

同时，进一步发挥上海国际金融中心集聚资金、吸引高端金融人才等作用的。清算所普遍设计有包括收取交易保证金和抵押品、成立共同清算基金、扩充资本金规模等在内的多层次风险防范机制，确保有足够雄厚的财务资源抵御对手方违约风险以及其他各类清算风险。作为独立运行的专业清算机构，上海清算所由于保证金管理等的规模和范围经济，在资金集聚方面发挥着更为显著的作用。

高端金融人才的集聚与高端金融业务的集聚互为条件。清算所通过提供集中清算服务，连通起中央银行实时全额支付系统、外汇跨境支付系统、证券托管结算系统等，通过提供中央对手服务，建立起交易报告机制、风险暴露盯市机制、自动证券借贷机制等，使自身成为金融业务开展的核心枢纽和重要平台。高端金融业务在清算所的大量集聚，必然能够直接和间接地为上海集聚大批高端金融人才。

进一步增强上海国际金融中心集聚金融机构、拓展税收收入等能力。国际上，清算所均采取“机构分层”的参与模式，只与实力雄厚的清算会员直接开展业务。大型的金融机构为获取在规则制订、业务运营、产品创新等方面的话语权，必然要采取高管人员紧密参与、同时部门或者机构前移的方式，与清算所建立密切合作关系，在清算所采取独立运行模式为多个金融市场提供统一服务时更是这样。从长期看，市场化条件下，贴近上海清算所将是我国大型的金融机构选址决策必须要考虑的一个重要方面。

金融学点睛

建立我国的上海清算所，填补了我国金融市场基础设施建设的一项空白，有利于完善交易、清算、结算等环节分工协作的市场架构。放眼全球，我们应当从战略高度看待上海清算所的建设，努力将上海清算所建设成为与上海国际金融中心地位相适应的具有国际一流水平的清算所，为加快推进上海国际金融中心的建设做出应有的贡献。

支持在网络上进行交易

——网上银行

网上银行也叫网络银行，它的最大标志是在互联网上开展实质性的银行业务，以互联网为基础，提供转账，支付结算等服务。

网络银行是支持在网络上进行交易的虚拟银行。

新手在上网赚钱之前，首先要做好一项准备工作：这就是免费申请注册必要的网络银行账户，用来接收网赚公司支付给你的报酬（即网络货币）。

如果你是一个新手的话，在正式开始赚钱之前，仍有一项准备工作要做。这就是了解网络货币。否则赚了钱不知道怎样拿，岂不是空欢喜一场？如果你熟知这些情况，请对这一段视而不见。目前最流行的网络支付形式主要有 6 种：Paypal、支付宝、AlterPay、Moneybookers、LibertyReserve、E－Gold 和开联支付。

网上银行利用 Internet 和 Intranet 技术，为客户提供综合、统一、安全、实时的银行服务，包括提供对私、对公的各种零售和批发的全方位银行业务，还可以为客户提供跨国的支付与清算等其他的贸易、非贸易的银行业务服务。

网上银行的特征：

1. 依托迅猛发展的计算机和计算机网络与通讯技术，利用渗透到全球每个角落的互联网。

2. 突破了银行传统的业务操作模式，摒弃了银行有店堂前台接柜开始的传统服务流程，把银行的业务直接在互联网上推出。

3. 个人用户不仅可以通过网上银行查询存折账户、信用卡账户中的余额以及交易情况，还可以通过网络自动定期交纳各种社会服务项目的费用，进行网络购物。

4. 企业集团用户不仅可以查询本公司和集团子公司账户的余额、汇款、交易信息，并且能够在网上进行电子交易。

5. 网上银行还提供网上支票报失、查询服务，维护金融秩序，最大限度减少国家、企业的经济损失。

6. 网上银行服务采用多种先进技术来保证交易的安全，不仅用户、商户和银行三者的利益能够得到保障，而且随着银行业务的网络化，商业犯罪将更难找到可乘之机。

网上银行，包含两个层次的含义，一个是机构概念，指通过信息网络开办业务的银行；另一个是业务概念，指银行通过信息网络提供的金融服务，包括传统银行业务和因信息技术应用带来的新兴业务。在日常生活和工作中，我们提及网上银行，更多是第二层次的概念，即网上银行服务的概念。网上银行业务不仅仅是传统银行产品简单从网上的转移，其他服务方式和内涵发生了一定的变化，而且由于信息技术的应用，又产生了一全新的业务品种。

网上银行又称网络银行、在线银行，是指银行利用 Internet 技术，通过 Internet 向客户提供开户、销户、查询、对账、行内转账、跨行转账、信贷、网上证券、投资理财等传统服务项目，使客户可以足不出户就能够安全便捷地管理活期和定期存款、支票、信用卡及个人投资等。可以说，网上银行是在 Internet 上的虚拟银行柜台。

网上银行又被称为“3A 银行”，因为它不受时间、空间限制，能够在任何时间（Anytime）、任何地点（Anywhere）、以任何方式（Anyhow）为客户提供金融服务。

网上银行的分类：网上银行发展的模式有两种，一是完全依赖于互联网的无形的电子银行，也叫“虚拟银行”；所谓虚拟银行就是指没有实际的物理柜台作为支持的网上银行，这种网上银行一般只有一个办公地址，没有分支机构，也没有营业网点，采用国际互联网等高科技服务手段与客户建立密切的联系，提供全方位的金融服务。以美国安全第一网上银行为例，它成立于1995年10月，是在美国成立的第一家无营业网点的虚拟网上银行，它的营业厅就是网页画面，当时银行的员工接近20人，主要的工作就是对网络的维护和管理。

另一种是在现有的传统银行的基础上，利用互联网开展传统的银行业务交易服务。即传统银行利用互联网作为新的服务手段为客户提供在线服务，实际上是传统银行服务在互联网上的延伸，这是目前网上银行存在的主要形式，也是绝大多数商业银行采取的网上银行发展模式。因此，事实上，我国还没有出现真正意义上的网上银行，也就是“虚拟银行”，国内现在的网上银行基本都属于第二种模式。

一般说来，网上银行的业务品种主要包括基本业务、网上投资、网上购物、个人理财、企业银行及其他金融服务。

网上银行业务介绍：

1. 基本网上银行业务

商业银行提供的基本网上银行服务包括：在线查询账户余额、交易记录，下载数据，转账和网上支付等。

2. 网上投资

由于金融服务市场发达，可以投资的金融产品种类众多，国外的网上银行一般提供包括股票、期权、共同基金投资买卖等多种金融产品服务。

3. 网上购物

商业银行的网上银行设立的网上购物协助服务，大大方便了客户网上购物，为客户在相同的服务品种上提供了优质的金融服务或相关的信息服务，加强了商业银行在传统竞争领域的竞争优势。

4. 个人理财助理

个人理财助理是国外网上银行重点发展的一个服务品种。各大银行将传统银行业务中的理财助理转移到网上进行，通过网络为客户提供理财的各种解决方案，提供咨询建议，或者提供金融服务技术的援助，从而极大地扩大了商业银行的服务范围，并降低了相关的服务成本。

5. 企业银行

企业银行服务是网上银行服务中最重要的部分之一。其服务品种比个人客户的服务品种更多，也更为复杂，对相关技术的要求也更高，所以能够为企业提供网上银行服务是商业银行实力的象征之一，一般中小网上银行或纯网上银行只能部分提供，甚至完全不提供这方面的服务。

企业银行服务一般提供账户余额查询、交易记录查询、总账户与分账户管理、转账、在线支付各种费用、透支保护、储蓄账户与支票账户资金自动划拨、商业信用卡等服务。此外，还包括投资服务等。部分网上银行还为企业提供网上贷款业务。

6. 其他金融服务

除了银行服务外，大商业银行的网上银行均通过自身或与其他金融服务网站联合的方式，为客户提供多种金融服务产品，如保险、抵押和按揭等，以扩大网上银行的服务范围。

银行交易系统的安全性。"网上银行"系统是银行业务服务的延伸，客户可以通过互联网方便地使用商业银行核心业务服务，完成各种非现金交易。

金融学点睛

互联网是一个开放的网络，银行交易服务器是网上的公开站点，网上银行系统也使银行内部网向互联网敞开了大门。

因此，如何保证网上银行交易系统的安全，关系到银行内部整个金融网的安全，这是网上银行建设中至关重要的问题，也是银行保证客户资金安全的最根本的考虑。

电脑网络带来的新技术革命
——信用卡

信用卡由银行或信用卡公司依照用户的信用度与财力发给持卡人，持卡人持信用卡消费时无须支付现金，待结账日时再行还款。除部分与金融卡结合的信用卡外，一般的信用卡与借记卡、提款卡不同，信用卡不会由用户的账户直接扣除资金。

信用卡于1915年起源于美国。

最早发行信用卡的机构并不是银行，而是一些百货商店、饮食业、超市、娱乐业和汽油公司。美国的一些商店、饮食店为招徕顾客，推销商品，扩大营业额，有选择地在一定范围内发给顾客一种类似金属徽章的信用筹码，后来演变成为用塑料制成的卡片，作为客户购货消费的凭证，开展了凭信用筹码在本商号或公司或汽油站购货的赊销服务业务，顾客可以在这些发行筹码的商店及其分号赊购商品，约期付款。信用卡就是这样诞生的。

信用卡使用注意事项：

申请。多数情况下，具有完全民事行为能力（中国大陆地区为年满18周岁的公民）的、有一定直接经济来源的公民，或没有直接经济来源的在校大学生，可以向发卡行申请信用卡。有时，法人也可以作为申请人。

申请方式一般是通过填写信用卡申请表，并提交一定的证件复印件与证明等给发卡行。申请表都附带有使用信用卡的合同，申请人授权发卡行或相关部门调查其相关信息，以及提交信息真实性的声明，发卡行的隐私保护政策等，并要有申请人的亲笔签名。

开卡。由于信用卡申请通过后是通过邮寄将卡片寄出等方式，所以并不能保证领取人就是申请人。为了使申请人和银行免遭盗刷损失，信用卡在正式启用前设置了开卡程序。开卡主要是通过电话或者网络等，核对申请时提供的相关个人信息，符合后即完成开卡程序。此时申请人变为卡片持有人，在卡片背后签名后可以正式开始使用。

核发。通常，银行会根据申请资料，考察申请人多方面的资料与经济情况，来判断是否发信用卡给申请人。考虑的因素有，申请人过去的信用记录、申请人已知的资产、职业特性等。发卡行审核的具体因素与过程属于商业机密，外界一般很难了解。各个发卡行的标准也不尽相同，因此，同样的材料在不同的银行可能会出现核发的信用额度不同，信用卡的种类不同，甚至会出现有的银行审核通过，而有的银行拒发的情况。

信用卡卡面上至少有如下信息：正面，发卡行名称及标识、信用卡别（组织标识）及全息防伪标记、卡号、英文或拼音姓名、启用日期（一般计算到月）、有效日期（一般计算到月），最新发行的卡片正面附有芯片。

背面，卡片磁条、持卡人签名栏（启用后必须签名）、服务热线电话、卡号末四位号码或全部卡号（防止被冒用）、信用卡安全码（在信用卡背面的签名栏上，紧跟在卡号末四位号码的后面的3位数字，用于电视、电话及网络交易等）。

使用。信用卡通常仅限于持卡人本人使用，外借给他人使用一般是违反使用合同的。

POS 机刷卡。在 POS 机上刷卡是目前最常见的信用卡使用方式，是一种联网刷卡的方式。刷卡时，操作员应首先查看信用卡的有效期和持卡人姓氏等信息。

然后，根据发卡行以及需要支付的货币种类选择相应的 POS 机，将磁条式信用卡的磁条在 POS 机上划过，或者将芯片式信用卡插入卡槽，连通银行等支付网关，输入相应的金额。远程支付网关接受信息后，POS 机会打出刷卡支付的收据（至少是两联），持卡人检查支付收据上的信息无误后应在此收据上签字。操作员核对收据上的签名和信用卡背后的签名后（包括姓名完全相符和笔迹基本相符），将信用卡及刷卡支付收据的一联给持卡人，至此，POS 机上的刷卡程序完成。

手工压单通常在没有 POS 机或不能联网的情况下使用。压单操作必须有压敏复写式的“直接签购单”（至少是两联）和电话。压单前的检查工作与 POS 机相同。然后，操作员将信用卡用压单设备将信用卡上凸起的卡号、姓名等印到签购单上，并书写金额、日期等资讯，然后拨打收单银行授权专线电话，报出卡片资讯申请授权，并将获得的授权码书写在签购单上，然后持卡人确认无误后签字。

操作员核对签名后，将信用卡及签购单的一联交给持卡人，至此，手工压单程序完成。授权电话通常会被即时拨打。在某些通信不畅或信用风纪良好的地区，会遇到商户压卡客户签字后便交付商品完成交易的情况。授权会在日后完成，惟商户有风险遇到信用卡诈骗（如若客户使用无效卡支付，不立即申请授权码便无法马上发现）。

网络支付。从持卡人角度来讲，网络支付被认为是信用卡的几种支付方式中风险最大的一种，因为不怀好意的人可能使用网络钓鱼、窃听网络信息、假冒支付网关等手段窃取用户资料。网络支付时，需要输入卡号，信用卡有效期，卡背面签名栏旁的数字 CVV2 码/万事达卡 CVC2、网上交易密码，有时需要输入姓名、网页随机生成的验证码等。输入完成后，点提交即可完成网络支付。

电视、电话交易。同网络支付类似，需要卡号、有效期，威士 CVV2 码/万事达卡 CVC2 等信息。

预授权。预授权一般用于支付押金，即冻结一部分信用卡的可用额度，当作押金。预授权和手工压单的过程类似，但是电话内容是要求预授权相应的金额，不是要求支付，也不需要压单，只需要出具收到押金的凭证即可。一般预授权会在结账时候由商家取消预授权。如果商家忘记取消，可以打电话给商家要求取消，自己打电话给授权机构无法取消。或者，等待银行自动取消预授权（一般为 7～30 天不等）。

因为信用卡使用起来方便快捷，又加上科技发展的日新月异，信用卡因先消费后付款的机制，所面临的安全问题日趋严重，有关信用卡的犯罪日趋增多，各大国际级信用卡集团与全球发卡金融机构所都面临严峻的挑战。

信用卡销户是在不打算继续使用情况下必须要做的，如果没有销户，银行会按年收取信用卡的年费。

在卡没有透支的情况下，随时可以申请销户，销户费用各个银行各不相同，特别是卡遗失后，费用比较多，如中国银行销户需要销户费用60元，交通银行要收50元挂失费。

如果卡片没有到期，需要先提出申请，隔一定天后再到银行办理销户；

如果卡片已经过了有效期，且账户余额为零，那么可以直接到指定银行网点办理销户手续。

销户时，应该携带有效身份证件原件、卡片，如果本人不方便办理销户手续，可以由他人代办。代办人需持委托人（本人）书写的委托书，携带有效身份证件原件代办销户业务。

信用卡销户时如果卡没有到期，有的银行规定，需要到指定网点办理收卡业务，隔一定时间后（最长为30天）再来办理正式销户手续。这主要是因为持卡人在销户前如果做过手工压卡交易，在销户时商户还未将压卡单交至银行入账，持卡人就已经销户了，这样银行就无法正常清算；另一方面如果持卡人在境外消费或取现，有可能几天以后才能清算，如果立即做销户，也会影响银行的正常清算。

销户时，应该携带有效身份证件原件、卡片，如果本人不方便办理销户手续，可以由他人代办。代办人需持委托人（本人）书写的委托书，携带有效身份证件原件代办销户业务。

交易日——持卡人实际用卡交易的日期。

记账日——又称入账日，是指持卡人用卡交易后，发卡银行将交易款项记入其信用卡账户的日期，或发卡银行根据相关约定将有关费用记入其信用卡账户的日期。

账单日——账单日是指发卡银行每月定期对持卡人的信用卡账户当其发生的各项交易、费用等进行汇总，并结计利息、计算持卡人当期应还款项的日期。

还款日——持卡人实际向银行偿还信用卡账款的日期。

免息还款期——对非现金交易，从银行记账日起至到期还款日之间的日期为免息还款期。免息还款期最短20天，最长50天。在此期间，只要全额还清当期对账单上的本期应还金额，便不用支付任何非现金交易由银行代垫给商店资金的利息（预借现金则不享受免息优惠）。

到期还款日——发卡银行规定的持卡人应该偿还其全部应还款或最低还款额的最后日期。

信用额度。信用额度是指银行在批准信用卡的时候给予你信用卡的一个最高透支的限额，你只能在这个额度内刷卡消费，超过了这个额度就无法正常刷卡消费。信用额度是依据申请信用卡时所填写的资料和提供的相关证明文件综合评定核定的，主卡、附属卡共享同一额度。一般情况下，双币信用卡的额度中人民币额度和美元额度是可以互相换算的，例如：您的额度是30000人民币，当在境外用卡时，您的信用额度就大约等值于3600美元。

以隐藏资产来源为目的
——洗钱

“洗钱”是指将毒品犯罪、黑社会性质的组织犯罪、恐怖活动犯罪、走私犯罪或者其他犯罪的违法所得及其产生的收益，通过各种手段掩饰、隐瞒其来源和性质，使其在形式上合法化的行为。

现代各国法律对洗钱的解释不完全相同，金融机构反洗钱比较权威的机构巴塞尔银行法规及监管实践委员会，从金融交易角度对洗钱进行了描述：犯罪分子及其同伙利用金融系统将资金从一个账户向另一个账户转移，以掩盖款项的真实来源和受益所有权关系；或者利用金融系统提供的资金保管服务存放款项。即常言之“洗钱”。

洗钱通常以隐藏资产来源为目的。

典型的交易分三个过程：一、入账，即通过存款、电汇或其他途径把不法钱财放入一个金融机构；二、分账，也就是通过多层次复杂的转账交易，使犯罪活动得来的钱财脱离其来源；三、融合，以一项显示合法的转账交易为掩护，隐瞒不法钱财。通过这些过程，罪犯就可把非法所得转移并融合到有合法来源的资金中。

洗钱造成了极其严重的经济、安全和社会后果。洗钱为贩毒者、恐怖主义分子、非法武器交易商、腐败的政府官员以及其他罪犯的运作和发展提供了动力。洗钱已经变得越来越国际化，而与犯罪活动有关的金融问题也由于科技的日新月异以及金融服务业的全球化而变得日益复杂化。

据国际货币基金组织统计，全球每年非法洗钱的数额约占世界国内生产总值的2%至5%，介于6000亿至1.8万亿美元之间，且每年以1000亿美元的数额不断增加。特别是在当前经济全球化、资本流动国际化的情况下，洗钱活动对国际金融体系的安全、对国际政治经济秩序的危害极大。

商务印书馆《英汉证券投资词典》解释：洗钱 launder。将非法资金放入合法经营过程或银行账户内，以掩盖其原始来源，使之合法化。

现代意义上的洗钱是指将毒品犯罪、黑社会性质的组织犯罪、恐怖活动犯罪、走私犯罪或者其他犯罪的违法所得及其产生的收益，通过金融机构以各种手段掩饰、隐瞒资金的来源和性质，使其在形式上合法化的行为。

洗钱的特征

洗钱行为一般具有方式多样、过程复杂、对象特定及国际化等特征。

第一，洗钱方式的多样性。为了逃避监管和追查，洗钱犯罪分子往往通过不同的方式和渠道对犯罪所得进行处理。长期的洗钱活动发展出了多种多样的洗钱工具，例如，利用金融机构提供的金融服务，利用空壳公司，伪造商业票据等。经济方式的创新也使洗钱方式不断花样翻新，更为隐蔽，如网上交易。专业的洗钱组织更是越来越熟练地对各种洗钱手段和方式加以组合运用。

第二，洗钱过程的复杂性。要实现洗钱的目的，主要方式之一就是改变犯罪所得的原有形式，消除可能成为证据的痕迹，为犯罪所得及其收益设置伪装，使其与合法收益融为一体。这就迫使洗钱者采取复杂的手法，经过种种中间形态，采取多种运作方式来洗钱。

第三，洗钱对象的特定性。洗钱对象是资金和财产，这些资金和财产无一例外地与犯罪活动紧密相连，例如，来源于毒品、走私、诈骗、贪污贿赂、偷税逃税等犯罪。一般说来，只有非法所得才有清洗的必要。

第四，洗钱活动的国际性。随着经济、科技的飞速发展，世界上人员往来、商品运送、资金流动、信息传播、服务的提供日益国际化，导致了犯罪活动的国际化。在追逐非法经济利益的跨国犯罪活动中，犯罪所得的转移成为一个关键问题，直接导致洗钱活动日益具有跨境、跨国的性质。

洗钱罪的主体是金融机构或个人，有五种行为：

（一）提供资金账户的；

（二）协助将财产转换为现金或者金融票据的；

（三）通过转账或者其他结算方式协助资金转移的；

（四）协助将资金汇往境外的；

（五）以其他方法掩饰、隐瞒犯罪的违法所得及其收益的来源和性质的。

目前洗钱的主要手段

1. 古董买卖

买 40 只明代的花瓶，每个 5000 美元。把它们都拿出来拍卖，把这些藏品分别存放在 12 家拍卖行内，最好分布在 12 个不同的城市。当一只花瓶被拿出来拍卖时，或是把它卖给出价最高的人，或是派最亲近的叔叔去拍卖行把它买回来。

人们买每件东西一般都是用支票付款，所以，当这位叔叔为买其中的一个花瓶付给拍卖行 5500 美元现金时（即 5000 美元的拍卖价加上向买主收取的 10% 的手续费，这 5500 美元就是被洗的钱），他们会给卖方一张 4500 美元的支票，即拍卖价减去向卖主收取的 10% 的手续费，由卖方成功的洗干净了 4500 美元，额外的 1000 美元作为洗钱成本消耗掉了。

这些费用作为洗钱的开支完全可以被一笔勾销，而且还可以把这个花瓶再次拍卖。当然，做这档生意的前提是，多少得有点没落贵族的做派。

2. 寿险交易

保险“洗钱”主要集中在寿险领域，尤其是在团体寿险中。通过长险短做、团险个做等不正常的投保、退保方式，达到将集体的、国家的公款转入单位“小金库”、化为个人私款或逃避纳税中饱私囊的目的。

投保时别忘了“为职工谋福利”、“合理避税”这些名目———将一部分通过正常财务途径无法转化为个人收入，或直接发放须缴纳高额个人所得税的资金，通过为其职工投保寿险，然后退保，取得退保金这种途径，化公为私或逃避纳税。

而有的保险公司也明知其投保目的不纯，却积极地促成这类“保单”，有些业务员甚至以此为诱饵，为业务对象出谋划策，主动提供“洗钱”方便。他们多拉了业务，多拿了费用；而追求业绩的保险公司，则在短期内完成了任务指标，还能从“退保”中扣下一笔手续费。因此，保险“洗钱”就是一种见不得阳光的交易。

3. 海外投资

经典做法是：进口时，高报进口设备和原材料的价格，以高比例佣金、折扣等形式支付给国外供货商，然后从其手中拿回扣、分赃款，并将非法所得留存在国外；出口时，则大肆压低出口商品的价格，或采用发票金额远远低于实际交易额的方式，将货款差额由国外进口商存入出口商在国外的账户。胆子足够大的则在境外银行直接建有个人账户。

如此一来，这样的情景可以让我们清醒地看到：某些国有企业的海外分支机构已经演变为专业的洗钱中心。另外，还有通过代理人或移民海外的子女、亲属，用办皮包公司的办法把黑钱洗白。如果主管部门派人去查，将会得到一些令人神伤的亏损理由。接下来的后果更为传奇：一些所谓亏损公司的负责人及其亲属在几年内成了富翁，当上了幸福的美国“投资移民”；与此同时，这些中资公司在海外账户里非法持有的外汇，远远地超于国家外汇管理部门所掌握的数额。

4. 地下钱庄

2002 年汕头许鹏展地下钱庄案至今令人记忆犹新。许鹏展的主要“资产”，是许鹏展以汕头市金园区新兴鸿展农副产品商行等 20 多个空壳公司名义在几个银行开设的20多个账户。在一个设施再普通不过的写字间，许的日常业务为造假财务报表、虚报营业额和利润，却在没有任何营业活动和收入的情况下，不断缴纳各种税收和保险。由于钱庄资金往来量巨大，许鹏展需要频繁地更换账户。每换几个新账户，他就逐步从老账户里把资金转到新账户上来。

目前，广东、福建、浙江一带的地下钱庄一般与香港的找换店连为一体，采用在境内用人民币交割，境外用外汇交割的形式，不发生资金外逃的物理过程。地下钱庄之间也经常互相拆借，组成一个相互勾连的体系。

用地下钱庄洗钱的“好处”有两个，一是成本非常低，以港币为例，假如银行的兑换牌价是1∶8，地下钱庄的牌价基本上只有1∶10；第二，黑钱到了境外可以经常以亲友馈赠的方式流回来。

中国内地每年通过地下钱庄“洗”出去的黑钱至少高达2000亿元人民币，相当于国内生产总值的2%，数字惊心动魄。

5. 各类赌场

厦门市原副市长蓝甫在远华案中被绳之以法。当调查人员问起蓝甫的不明财产和他在境外违纪参赌的情况时，他大言不惭地称，几年之内，他通过赌博赚到的钱多达65万美元外加33万元港币。蓝甫的谎言被一些已经到案、曾经陪同他参赌的人一一戳穿，因为所有证词均证明蓝参赌每次都几乎铩羽而归。

如果是高手，他拿着一千万的筹码进场，输掉100万后离场，要求赌场把剩下的900万打进他的账户，他已经为将来可能的追查设置了障碍。因此，人们只注意到这些人在不停地输钱，但相对于标准洗钱模式中的大量损耗，赌场洗钱的风险常常会被认为是可以接受的。

实际上，赌场是最传统的洗钱场所。早期黑手党的毒品买卖大都是现金交易，钱上通常沾有白粉，一旦被警察抓住难以脱罪。黑手党成员便携带现金去赌场换成筹码，一旦输掉差不多30%的钱，就把剩下的筹码换回现金，顺理成章地把赃钱变成“干净”的收入。

在经济危机四起的今天，来自亚洲的赌客是唯一呈增长趋势的客户群。与现实生活中的赌场相比，网上赌场已经成为洗钱的安全天堂。赌博网站总部大多设在有“逃税天堂”之称的加勒比地区。许多网站根本没有受到政府部门的监管，也不遵守国际赌场的游戏规则，它们甚至不会查问客户的身份资料。许多犯罪集团把钱款打进在这些赌博网站开设的账户后，一般先象征性地赌上一两次，然后就马上通知网站说“我不想再玩了”，要求网站把自己户头里的钱以网站的名义开出一张支票退回来。于是，一笔笔数额巨大的“黑钱”便轻而易举地“洗白”了！初步估算，每年通过数百个赌博网站清洗的“黑钱”数额大约在6000亿至15000亿美元之间。

6. 证券洗钱

2002年12月16日，裕丰国际和富昌国际及金禾国际在香港被勒令停牌，停牌原因涉及洗钱。这三家公司，多为朋友之间相互帮衬持股，圈子外的小股东非常少，这种公司在香港市场人称“干”，而被称做“干”的一类公司往往被某些国际组织视为洗黑钱的“最佳拍档”。

洗钱只指“通过合法的活动或建设将违法获得的收入隐藏、伪装或投资的过程”。

狭义的洗钱是指为了掩盖犯罪收入的真实来源和存在，通过各种手段使其合法化的过程。这些犯罪活动主要包括贩毒、走私、诈骗、贪污、贿赂、逃税等。

广义的洗钱除了狭义的洗钱含义外，还包括：（1）把合法资金洗成黑钱用于非法用途，即把白钱洗黑，如把银行贷款通过洗钱而用于走私。（2）把一种合法的资金洗成另一种表面也合法的资金，以达到占用的目的，即把白钱洗白，如把国有资产通过洗钱转移到个人账户。（3）把合法收入通过洗钱逃避监管，如外资企业把合法收入通过洗钱转移到境外。

洗钱成为犯罪集团生存发展的一个非常关键的环节。一方面，通过洗钱，有组织犯罪掩盖了其犯罪活动踪迹，得以“正当地享受”犯罪所得；另一方面，洗钱为犯罪集团介入合法企业提供了资金，使其能够以“合法掩护非法”，不断扩大犯罪势力。

洗钱的客体即黑钱，包括贩毒、走私、贩卖军火、诈骗、盗窃、抢劫、贪污、偷税漏税等犯罪所产生的收入，洗钱通常分三步：（1）存款，即将非法所得的现金存入银行；(2) 通过一系列复杂而繁琐的交易，如银行转账、现金与证券的交易、跨国资金的转移等，掩盖金钱的真实来源，使其合法化；(3) 将资金以合法形式回到罪犯手中。另外，洗钱还有其他多种途径，购买地产、珠宝、古玩等，过后再变换成现金或其他金融资产。

进入2000年以来，出现了一种新的洗钱活动，即腐败。公职人员洗钱在世界范围内日益频繁。他们通过各种途径给自己贪污、受贿的黑钱披上合法收入的外衣。之后，不仅可以公开挥霍和享受这些非法所得，还可用来投资和进行再增值，其发展速度，已超过了传统的洗钱。这一新的洗钱现象在我国亦日趋严重。

其洗钱方式有这样几种：一是先捞钱后洗钱，即公职人员大量贪污、受贿后，辞职下海办公司或炒股，用新身份来解释他不正常的暴富；二是边捞钱边洗钱，即搞“一家两制”，自己在台上利用权力捞钱，亲属则利用“下海”身份掩盖黑钱来源；三是连捞钱带洗钱，即政府官员或国企老总创办私人企业、代理人企业（企业表面上是别人的，但大权由自己控制），既可通过经济往来把黑钱转移到这些企业的账户上，又可通过正常的纳税经营再赚一笔。

随着出国热的兴起，跨国洗钱也成了热门，即利用国内外市场日益密切的联系，设法把黑钱转移出去，或者在境外收取赃款并洗白。虽然国内腐败分子的国际洗钱活动还未形成规模，但在国际洗钱中已占有越来越大的比重。

某些领导干部已开始在国外打基础，把子女、资金都弄出去。现在的国外中国留学生中出现了一种“留学贵族”。他们大多不是国内“大款”的子弟，但刚到海外，银行存款户头上就有大笔进项。当发达国家的中产阶级还要分期付款买房时，这些留学生已在当地富人区购买住宅，而且几十万甚至上百万美元一次付清。

转移非法所得。如贪污、受贿、寻租等所获得的资金，侵吞的国有资产，从事走私、贩私、诈骗、偷漏税所攫取的巨额财富，实现化公为私。由于我国处于体制转轨时期，国有和集体企业激励、约束和内部监控机制不健全，境内母公司通过各种方式向境外子公司或外商转移资产、利润，使少数人在境外获得了更大的公有资产支配权，或者直接化公为私。

洗黑钱与国外勾结的主要有三种方式：第一种是与境外签订合同购货汇钱出去，这时通常得境内外互相配合做假单证；第二种是通过地下钱庄把钱汇出；第三种是分散投资化整为零。现时潮汕地区走私积蓄的黑钱多数通过地下钱庄来洗，原因有两个，第一是通过地下钱庄洗黑钱成本非常低，以港币为例，假如银行的兑换牌价是1:8，地下钱庄的牌价基本上只有1:10。第二是潮汕地区海外华侨多，黑钱到了境外经常以亲友馈赠的方式流回来。

事实上，地下钱庄为走私犯罪分子洗黑钱已经成为公开的秘密，不单是潮汕地区，福建、浙江一带同样如此。有关材料显示，在厦门远华走私案中，赖昌星的收入大量通过地下钱庄流入境外。1996至1998年，远华走私收入中的120亿元人民币，就是由财务主管庄建群派人开车押运到广州一个化名“黄河”的人家中的地下钱庄，再由“黄河”通知香港合伙人支付外汇给远华公司在香港的机构。据估计，国内每年通过地下钱庄“洗白”的黑钱金额高达2000亿之巨。

洗钱手法升级“洗黑钱”的黑道术语称作“打数”：当境内“客户”有人要用大量人民币现金或汇票换取港币或美金在香港提取时，就将人民币现金和汇票直接交给地下钱庄或存入其指定账户，地下钱庄按当日外汇黑市价算出应支付的港币或美金数量并通知其在香港的合伙人，香港合伙人则从香港的银行账户中支付外汇到客户指定的账号。反之亦然。

当境内收入的人民币大大超过支出时，地下钱庄再通过“专业户”换汇汇给香港合伙人，这些“专业户”的外汇来源主要是用假进口合同、报关单进行骗汇获取。不过这种手法已经明显落后。现在潮汕的地下钱庄通常拥有自己的公司，他们通过与境外公司反复对敲业务，完全可以平衡收支。一批手表在汕头和香港之间转了27次，1万只手表就变成了27万只。

有需求就有市场，汕头地下钱庄几年前与骗税分子“协同作案”就是一个明显的例子。地下钱庄在骗税案的疯狂进行中得到了急剧的膨胀发展，在接二连三为骗税分子洗黑钱的过程中，某钱庄的办事员甚至遍布潮汕各个乡镇。

汕头第一批被判处死刑的骗税分子黄某亲口讲述了他骗取出口退税的"发财经"：我先是设立大兴公司获得进出口权，接着成立8家供货企业，专门虚开增值税发票。我又找到一个叫许樵理的人买到报关单，再让住在香港的同乡陈某汇来外汇，最后向税务机关预缴部分税款取得'专用税票'。此后，我就可以去领取出口退税的款项。在取得退税款后，将现钞通过地下钱庄购买外汇，支付给陈某做下一次的'出口收汇'，开始另一个循环。"就是用这种手法，黄文龙在一年时间里骗取出口退税款2100多万元。

据了解，潮阳、普宁两地从事骗取出口退税的100多个犯罪团伙，仅从1999年至2000年6月，就虚开增值税发票323亿元，涉嫌偷骗税近42亿元。

防洗黑钱的方法。通常透过官方法规的规定，支付大额现金支票之前，必须记录收款人的个人资料，并且上报各地的相关主管单位等。

香港廉政公署破获"洗钱"大案的有关资料显示，"洗黑钱"集团为了避免在银行的转换金额受到香港法例监管，设法贿赂了其开户行——宝生银行尖沙咀分行的一名高级经理，让他把所有黑钱以一般转账而非汇兑的形式处理。在该经理的协助下，这些"黑钱"被分别转到不同的银行户口，再转汇给香港和海外的有关银行账户。

宝生银行所属的中银集团发现该行内部有人涉嫌贪污后，主动向廉署举报。廉署在调查中发现，"远华"走私案主犯赖昌星就是其中一名主要客户，另外，一些在内地投资的港商也都利用这个犯罪集团"洗黑钱"，实现资本外逃。据悉，这个集团运作已至少五年，每天与广东及福建等地的现金往来高达5000万元。

有关资料显示，国内每年通过地下钱庄洗出去的黑钱至少高达2000亿人民币，其中走私收入洗黑钱约为700亿人民币，官员腐败收入洗黑钱超过300亿人民币，其余皆为一些合法收入洗黑钱，说白了就是外资企业把合法收入通过地下钱庄转移到境外，以逃避国家监管和税收。

按国际上通行的计算方式，资本外逃额即中国贸易顺差加资本净流入与中国外汇储备总额增加部分的差值。有报道称，每年我国国际收支统计中这一"误差与遗漏"有一两百亿美元，多年累计下来，数额已逾千亿。一些经济学家估计，由于"误差与遗漏"仅仅是被政府所统计的那一部分，更多的资金流出没有记录在案，因此这一数字可能更为惊人。

洗钱犯罪可以和绝大多数的犯罪共生，是这些犯罪的下游犯罪。从司法角度看，洗钱成为一种“犯罪屏障”，既妨害了司法活动，也助长了犯罪分子有恃无恐的气焰，促使他们不断实施犯罪。从金融管理秩序角度来看，洗钱活动往往借助于合法的金融网络清洗大笔黑钱，这不仅侵害了金融管理秩序而且也严重破坏了公平竞争规则，破坏了市场经济主体之间的自由竞争，从而对正常、稳定的经济秩序带来很大的负面影响。

金融学点睛

洗钱造成了极其严重的经济、安全和社会后果。洗钱为贩毒者、恐怖主义分子、非法武器交易商、腐败的政府官员以及其他罪犯的运作和发展提供了动力。洗钱已经变得越来越国际化，而与犯罪活动有关的金融问题也由于科技的日新月异以及金融服务业的全球化而变得日益复杂化。

最高的货币金融管理机构
——中央银行

一个由政府组建的机构，负责控制国家货币供给、信贷条件，监管金融体系，特别是商业银行和其他储蓄机构。

中央银行是一国最高的货币金融管理机构，在各国金融体系中居于主导地位。中央银行的职能是宏观调控、保障金融安全与稳定、提供金融服务。

中央银行是“发币的银行”，对调节货币供应量、稳定币值有重要作用。中央银行是“银行的银行”，它集中保管银行的准备金，并对它们发放贷款，充当“最后贷款者”。

中央银行是“国家的银行”，它是国家货币政策的制订者和执行者，也是政府干预经济的工具；同时为国家提供金融服务，代理国库，代理发行政府债券，为政府筹集资金；代表政府参加国际金融组织和各种国际金融活动。

中央银行所从事的业务与其他金融机构所从事的业务的根本区别有，中央银行所从事的业务不是为了营利，而是为实现国家宏观经济目标服务，这是由中央银行所处的地位和性质决定的。

中央银行的主要业务有：货币发行、集中存款准备金、贷款、再贴现、证券、黄金占款和外汇占款、为商业银行和其他金融机构办理资金的划拨清算和资金转移的业务等。

中央银行的货币政策影响股市行情。

2008 年 6 月 10 日，沪深股市双双大跌 8%。在 3 年前的 6 月 6 日，上海综合指数创出了 998 点的新低，但随后走出了大牛市行情。但如今，在一系列不利因素的影响下，股市信心再次受到考验。在考验股市投资者信心的诸多因素中，中央银行的货币政策就是最重要的因素之一，银行将存款准备金率提高是一种积极的调控措施。

货币政策不仅应该关注消费物价指数，也应该关注资产价格，这是几十年前金融理论早有定论的事情了。但在金融实践中却并非如此，货币政策与股市价格一直是个敏感的话题，各国中央银行的决策者们总是有意无意地回避资产价格这个话题。在股价大涨的过程中货币政策总是作壁上观。

20 年前的台湾犯过这样的错误，10 年前的美国又重蹈覆辙。中央银行的决策者们一再犯同样的错误，势必有相同的因素在起作用，总结其中的经验和教训对我国的金融决策可能会有所启发。

回顾我国台湾 20 年前发生的事情。

上个世纪 80 年代中后期，由于新台币的升值预期，海外热钱大量涌入岛内，在外汇盈余和居民财富增长的共同作用下，造成当时台湾流动性过剩，其结果是各种资产价格的飙升，土地和房地产价格在短时间内翻了两番。

台湾自有股票市场后，用了25年时间（到1986年）台湾加权指数才越过1000点，但从此开始，股指便出现了全球罕见的加速上涨的牛市行情。在不到9个月里，指数跃上2000点，随后的两个月内，指数接连突破3000点和4000点。1990年初股指冲上了12000点以上。到股市崩盘前的1989年最后一个季度，台股平均市盈率达到100倍，而同期全球包括新兴市场在内的其他市场市盈率都在20倍以下。

股市不是一直在政策真空中发展的，台湾的政策决策层也出台过资本利得税的政策试图阻止股价泡沫的进一步蔓延。当股市开始失控之后，台湾当局于1988年9月推出了开征股票投资利得税这一政策，但此举引起了投资者的极大反感。股民开始上街抗议，围攻“财政部”和“财政部部长”，要求政府为股市下跌负责。

从学术角度讲，利用税收政策为股市降温并没有什么错，但该政策遭到了市场广泛的围攻，开始演变为政治问题了。对于决策者而言，当个人利益（取悦于投资者）与国家利益（打击股市投机）发生矛盾时，他会本能地做出选择。遗憾的是，当时的台湾政府为避免失去选民，保住官位，开始转到了力挺股市的立场，让股市疯狂进一步演化。

当时的财政部部长表示1万点已经不低了，但也不高。这短短的两句话真实地反映了当时该“财政部长”内心深处“国家”利益与“个人”利益的矛盾与困惑。

许多台湾政客与股票市场有公开或私下的利益纠葛，这是决策者回避股市价格的又一重要原因。在1989年“选举”后，台湾至少有20位“立法委员”担任不同证券公司的主席职位，力挺股市派在台“立法院”拥有强大势力，包括“财政部”和证监会等“内阁”机构的政策制定者亦无力对抗。

同样的事情也发生在10年前的美国。

2001年之后，欧美各国持续多年的资金宽松，在世界各地缔造了股市、房市之繁荣。美联储对资产市场过热所潜藏的泡沫破灭危机也并非全无意识，可惜都在“明哲保身”心态下，不愿意主动去碰触、处理资产市场的过热问题。

格林斯潘原本认为股价过高可能造成通货膨胀，并在1996年12月对当时大涨的股市指出“非理性繁荣”的警示，并在1997年3月试图通过加息为股市降温。

但格老的努力就仅限如此，因为他不仅是金融家，他还是具有远见的政治家。格老深知大幅升息戳破泡沫后的政治后果，于是，他自1997年起，即不再尝试介入股市。格老针对股市的态度由积极转为消极，所提出的辩解主要有三：一是法令并未赋予联储稳定股价之权责；二是股市是否存在泡沫，难以认定；三是即使认定泡沫存在，联储未必有能力消弭股市热潮或泡沫，而不导致经济硬着陆。

当时的情况是：美联储出台的数次紧缩政策都是针对股市价格的，但在公开表述中都有意隐瞒此事。1998年后，他对股票、房地产等资产价格之飙涨，虽然仍然关心，但不再主动采取预防性的降温措施，而只准备在一旦股市或房地产泡沫破灭时，妥为善后，将经济所受到的伤害降至最低。

两次股市的变化都是个人利益与国家利益发生冲突的结果。对于政治家而言，在除股市之外领域的决策一般都不会发生这样的矛盾与冲突，但股市是一个例外，只要有人出台政策让股市下跌，他便成为所有投资者的“敌人”，当“敌人”队伍越来越大时，政治家的敬畏之情也越来越重。

这恐怕是决策者回避股市价格的真正原因，也是股市泡沫事件在历史上一再上演的重要原因。

在我国的股市发展过程中，上述矛盾并不鲜见。2007年5月30号，财政部出台政策提高股市交易印花税，股民提出异议。

金融学点睛

随着股市泡沫的破灭，未来中央银行将会遇到如何在物价上涨与股市下跌中寻找平衡的难题。对于人民银行来说，控制物价是义不容辞的责任，随着物价的不断上涨，提高利率也是首选的政策工具。但如果在物价加速上涨的过程中遇到股价不断下跌，货币政策的操作将面临来自股市的巨大压力。

有利于为经济增长提供推动力
——发展消费信贷

所谓消费者信贷，就是消费者凭信用先取得商品使用权，然后按期归还货款以购买商品。消费者信贷的历史由来已久。我国解放前有些商店平时赊销，逢年过节收账，这也是消费者信贷。

战后以来，由于生产迅速发展，许多商品供过于求，西方各国盛行消费者信贷。以美国为例，1980 年消费者信贷达到 14000 亿美元，平均每人为 6298 美元。消费信贷的消费模式有下列几种：

1. 短期赊销

例如，消费者在某家零售商店购买商品，这家商店规定无需立即付清货款，有一定的赊销期限，如果顾客在期限内付清货款，不付利息；如果超过期限，要计利息。

2. 购买住宅，分期付款

消费者购买住宅时，仅需支付一部分房款，但须以所购买的住宅作为抵押，向银行借款购买；以后按照借款合同规定在若干年内分期偿还银行贷款和利息（每月还款数额和每月租别人的房屋的租金数额差不多）。买主用这种方式购买的房屋，有装修、改造和出售权，而且房屋的价值不受货币贬值的影响。分期付款购买住宅，实质上是一种长期储蓄。

3. 购买昂贵的消费品

分期付款。消费者在某商店购买电冰箱、昂贵家具等耐用消费品时，通常签订一个分期付款合同，先支付一部分货款，其余货款按计划逐月加利息分期偿还。如果顾客连续几个月不按合同付款，商店有权将原售货物收回。

4. 信用卡信贷

美国是信用卡的发源地。美国信用卡有两大类:

一类是由大百货公司、超级市场发给顾客的，顾客可凭卡在公司所属商店赊账购买商品;

另一类是由金融机构印发的信用卡，在全世界都可使用。

发展消费者信贷的好处:

首先，发展消费信贷有利于提高消费，扩大内需。开拓国内市场，扩大国内需求是我国经济发展的基本立足点和长期战略选择，所以有效刺激消费是我国经济保持长期稳定增长的重要保证。

当前我国经济运行呈现供给相对过剩和通货紧缩的特征，消费品市场从卖方市场格局向买方市场格局转化;同时，居民储蓄率日趋高升，边际消费倾向递减，在此情况下，国家近年先后出台了一系列扩张投资需求的财政政策与货币政策，但从消费领域看，消费市场依然偏淡，扩张投资需求刺激消费作用有限，进一步扩大内需、刺激消费还有赖于发展消费信贷进而扩张有效需求。

投资和消费是经济增长的两个轮子，要使投资拉动经济增长的态势得以持续，消费需求必须及时跟上，发展信用消费正是扩大消费需求的一种重要途径。从全社会看，由于消费与生产不可能完全同步，消费总是滞后于生产，两者之间存在着一定的滞差，消费信贷的实施有助于增加即期消费，保持生产与消费的良性循环。随着经济的发展，消费信贷尤其具有以下特殊重要的现实意义。

消费信贷是调节当前宏观经济的有效措施。消费需求不足可以说是当前我国经济增长中的一个突出问题，积极开展消费信贷，通过消费信用支持需求扩张，可以达到启动消费品市场带动经济增长的目的。政府通过消费信用引导消费者的支出投向，有意识地加速或延缓某类消费的社会实现，还可以有效促进产业结构调整和升级，实现经济结构的优化，使经济增长步入良性循环。

其次，发展消费信贷有利于为经济增长提供推动力。

消费的增长始终是经济活动的出发点与归宿点，以消费为导向也正是市场经济发展的真谛。居民消费的增长与消费需求结构的升级正是经济规模扩展与经济向更高层次进化的根本推动力。据测算，居民消费对国民经济增长的贡献率，韩国为64.8%，日本为66.4%，美国为68%，而我国该项指标约为50%。

在发达国家，信用消费占其整个消费的比重达30%。按此计算，在我国可增加消费1300亿元左右，将带动消费增长约4.5个百分点，若消费对经济增长贡献率为50%，则最终可拉动经济增长2.3个百分点。

目前我们的消费水平在达到小康之后，面临消费升级，一次性大额支付是其中一个重要特征，也会是一个经常遇到的问题。通过消费信贷，使部分急需改善生活条件并有一定经济实力的居民提前实现对住房、汽车等高价值消费品的需求，也有利于提高生活水平的质量，促进社会消费升级的顺利实现。

消费信贷是一个人乃至一个民族有没有信心的标志——敢不敢于花未来挣的钱。因此，通过发展消费信贷，可以从根本上改变传统的制约消费的政策和观念，把消费和劳动生产有机结合起来，激发劳动者的劳动热情，提高劳动生产率，最终提高人民的消费生活水平。

最后，发展消费信贷可以优化社会信用结构，使债权和债务有机地结合起来，从而提高信用内在约束机制和全社会的信用水平。

在目前我国畸形的社会信用结构中，居民高债权，政府和企业高债务，银行高风险。风险和收益是绝对分离的。发展消费信贷可以优化居民的资产结构，使居民的收益和风险通过信用消费的方式相结合。消费信贷和储蓄对于货币流通的作用恰恰是相反的，前者是未来的收入现在使用，而后者是现在的收入未来再用。发展消费信贷也是构建市场储蓄向投资转化机制的重要措施。

此外，发展消费信贷可以延伸货币政策和信贷政策的作用范围，是调整银行资产负债结构的有力工具之一。

到目前为止，货币、信贷政策都是在短缺经济中发挥促进生产作用的，而通过消费信贷可以使货币、信贷政策延伸到消费领域，建立消费主导型的经济增长方式。更进一步，通过政策作用范围的延伸，可以帮助银行调整资产负债结构，提高银行的效率和效益。

金融学认为，信贷是体现一定经济关系的不同所有者之间的借贷行为，广义的信贷即银行信用，是债权人贷出货币，债务人按期偿还并支付一定利息的信用活动，它包括商业银行存、放款、结算等各项资产负债业务。狭义的信贷仅指银行贷款。

这一定义显然过于狭窄。《简明大不列颠百科全书》则认为，信贷是一方（债权人或放贷人）向另一方提供商品、货币、服务和有价证券，另一方（债务人或借款人）依约定偿还的交易行为。这一定义比较全面地概括了“信贷消费”之“信贷”。

从时间上来看，包括不定期付款和分期付款。就信贷消费的法律关系而言，主体一方是经营者，包括商业银行、零售商、服务提供者、其他商业性金融机构等，另一方是消费者；其客体是货币。信贷消费具有信贷性、债性、信用性、国家干预性、宏观调控性等特性。

信贷消费作为启动消费，拉动经济增长的重要举措，至今并未产生预想的效果，究其原因是我国信贷消费存在诸多问题，消费者不敢、不能或没有机会信贷消费，因此，加强信贷消费立法，从法律上消除信贷消费的障碍，是当前亟待解决的问题。

信贷消费在我国刚刚产生，无论是经营者还是消费者，对信贷消费都知之甚少，几乎毫无经验，因而出现了诸多问题，表现在以下几方面：

消费者对信贷消费缺乏安全感。消费者在消费商品或服务时，面临着多种风险，如生理风险、金融风险、功能风险、心理风险。消费者自然想让风险最小化。

其次，提供信贷消费的经营者比较复杂，除对诸如国有商业银行外，消费者对其他经营者（如零售商等）的资信知之甚少，甚至一无所知，因而，对经营者存在不信任感。

再次，随着经济转型和改革的深入，人们原有的一些福利在调整，而且医疗改革、教育改革等多种涉及人们切身利益的改革未来发展形势不明朗，预期消费中不可知因素太多。加之职业的不稳定性加剧，一旦收入减少，发生支付不能，消费者的基本权益如生存权能否得到保护？多大程度的保护？这些问题对中国消费者来说都不明朗。

最后，信贷消费合同一般是由在经济方面具有绝对优势地位的经营者事先拟定的格式合同，其可能将预定的合同条款强加于消费者，从而排除双方就合同条款进行协商的可能性。经营者完全可能利用格式合同处心积虑地保护自己的权利，因此损害消费者的利益。诸多因素使消费者对信贷消费产生不安全感，感到风险太高，毕竟消费安全是消费者关心的首要问题，消费者自然不会购买。

信贷消费条件太苛刻。对于消费者来说，我国目前信贷消费条件太苛刻，一是信贷消费付款期限较短，小汽车一般为一年，住房按揭一般是10~20年，最长的也仅30年。这要求消费者必须有高收入，以北京市为例，目前能够享受信贷消费的人员大多是公司拿高薪的白领，其家庭月收入多在5000元以上，对于一般消费者而言，每月近2000元的还贷费让他们有心无力。以成都市为例，目前一般家庭的月收入1200~1500元，要支付上千元甚至数千元的信贷款是不可能的。仅此条件就将绝大多数消费者排除在信贷消费之外，无怪乎信贷消费难形成规模拉动经济发展，另外还有诸如职业、年龄，甚至户籍等条件限制。

矛盾的焦点在于我国至今并未建立起完善的个人信用评价和监控制度，经营者对消费者的信用存在担心。

经营者惧怕提供周期更长的信贷，总希望能尽快地收回债权。以住房按揭为例，我国目前最长的也仅30年，而发达国家在15年前就推出了长达140年之久的住房按揭。有人认为是因为我国消费者收入太低，实质上，收入高低只是相对于信贷付款而言，如果周期更长，相应的定期支付的还贷款也就越少。

信贷消费机会不均等。信贷消费机会均等是指消费者在同一信贷消费条件下，享有同等的获得信贷消费的机会。这是法律平等、公平价值在信贷消费问题上的体现。

信贷消费条件根据信贷消费的特征，只能以消费者信用、偿债能力为依据。我国信贷消费存在的机会不均等，主要是全国性或地方性的信用监控制度未建立起来，对不同户籍、职业、年龄等的消费者的信用难以长期持续监控，经营者为保护自己的利益，常常还将职业、年龄、户籍等作为信贷消费条件，从而造成不同职业、年龄、户籍的消费者享有的信贷消费机会不同。

金融学点睛

因此，信贷消费是经营者一方向消费者提供为生活目的之需的货币、商品、服务或有价证券，消费者依约定时间、方式迟延偿还货币的消费交易行为。因此其既包括金融机构向消费者发放的消费信贷，也包括其他经营者的赊销。

第七章 资金管理是经济管理的命脉
——关注公司理财要学的金融学

现金流是一段时间企业现金流入和流出的数量。作为企业的资金管理者应当充分、正确地界定现金与利润之间的差异，提升企业整体资金的利用效率，从而不断加快企业自身的发展。

企业资金管理
——现金为王

"现金为王"一直以来都被视为企业资金管理的中心理念。企业现金流量管理水平往往是决定企业存亡的关键所在。在面对日益激烈的市场竞争，企业面临的生存环境复杂多变，通过提升企业现金流的管理水平，才可以合理地控制营运风险，提升企业整体资金的利用效率，从而不断加快企业自身的发展。

"现金为王"一直以来都被视为企业资金管理的中心理念。企业现金流量管理水平往往是决定企业存亡的关键所在。

在面对日益激烈的市场竞争，企业面临的生存环境复杂多变，通过提升企业现金流的管理水平，才可以合理地控制营运风险，提升企业整体资金的利用效率，从而不断加快企业自身的发展。

企业是以盈利为目的的，这是尽人皆知的。当前，不乏有一些企业一意地追求高收益、高利润。因此往往造成一种错误的思想，认为企业利润显示的数值高就是经营有成效的表现。从而很大一定程度上忽略了利润中所应该体现出来的流动性。

作为企业的资金管理者，应当要能够充分、正确地界定现金与利润之间的差异。利润并不代表企业自身有充裕的流动资金。流动资金也就是我们俗称的现金流，对于企业的健康发展有着重要的作用。

现金流是指一段时间内企业现金流入和流出的数量。形成的现金循环模式是：企业在销售商品、提供劳务、或是出售固定资产、向银行借款的时候都会取得现金，形成现金的流入。而企业为了生存、发展、扩大，需要购买原材料、支付工资、构建固定资产、对外投资、偿还债务等，这些活动都会导致企业现金流的流出。

如果企业手头上没有足够的现金流来面对这些业务的支出，其结果是可想而知的。从企业整体发展来看，现金流比利润更为重要，它贯穿于企业的每个环节。

现实的企业现状是：有些企业虽然账面盈利颇丰，却因为现金流量不充沛而倒闭；有的企业虽然长期处于亏损当中，但其却可以依赖着自身拥有的现金流得以长期生存。所以，企业的持续性发展经营，靠的不是高利润而是良好、充足的现金流。

传统意义上的现金管理主要涉及企业资金的流入流出。广义上的现金管理，其所涉及的范围就要广得多，通常包括企业账户及交易管理、流动性管理、投资管理、融资管理和风险管理等。企业现金管理主要可以从规划现金流、控制现金流出发。

规划现金流主要是通过运用现金预算的手段，并结合企业以往的经验，来确定一个合理的现金预算额度和最佳现金持有量。如果企业能够精确地预测现金流，就可以保证充足的流动性。企业的现金流预测可以根据时间的长短分为短期、中期和长期预测。

通常期限越长，预测的准确性就越差。选择何种现金流的预测方式就要根据企业的整体的发展战略和实际要求来决策。同时，企业的现金流预测还可以从现金的流入和流出两方面出发，来推断一个合理的现金存量。

金融学点睛

控制现金流量是对企业现金流的内部控制。控制企业的现金流是在正确规划的基础上展开的，主要包括企业现金流的集中控制、收付款的控制等。现金的集中管理将更有利于企业资金管理者了解企业资金的整体情况，在更广的范围内迅速而有效地控制好这部分现金流，从而使这些现金的保存和运用达到最佳状态。

金融行业里涌动的不是金钱，是挣钱的冲动
——金融市场

金融本来就是虚拟经济，其本身不会创造财富，只是财富在彼此之间转来转去的游戏，是一场雪球游戏。金融业也并不是像人们平时传言的那样处处都是金子。

一个教授甲和另一个教授乙心血来潮，用100万的诱惑来赌博吃屎，甲教授与乙教授协议，如果他敢吃屎，那么乙教授必须把100万美金给他。乙教授同意了，甲教授联想到当年勾践为活命，敢在夫差面前吃屎，英雄尚且敢吃屎，何况自己一个区区教授。今天有100万的美金在这里，也不妨效法古人一番，于是狠下心来，捂住鼻子，大嘴一张。100万美金到手了。乙很不情愿地签了支票。

乙一路郁郁寡欢心里很不舒服。不但想把100万美金赚回来。而且还想多赚，于是跟甲说，我敢吃两次，你给我150万美金，可以打折。原价是两百万美金。甲觉得实惠。就同意了。结果甲输给了乙150万美金。甲又想赚回来。如果他们继续这样赌下去，每次都想比上次赚得更多，那么最终结果只有两个，每次交易都要交税，而且自己都不断在吃屎。

如果甲和乙的交易是通过金融机构的平台进行的，那么必须给金融机构缴纳佣金。金融机构眼看着甲和乙吃屎的乐趣，还大把大把地收着钞票，甲和乙是费力不讨好。

金融里的博弈就是这样子，每个游戏的参与者，都不会产生任何价值，只是把钱从甲手里转到乙手里，再从乙手里转到丙手里，如此循环往复，每一次，每个人都希望从别人那里赚到更多的钱。所以对金融市场的

一个确切评价就是合法的赌局。

就像一个赌局里，金融交易机构就是看台子的，而消费者是进入里面的赌徒，你赔得倾家荡产，还是赚的盆钵满贯，与它没关系，反正它只收取抽成。坐庄的永远掌握着游戏规则。你来之必须适之。你的钱被金融玩家玩来玩去，很可能发觉自己什么都没得到，不仅耽误精力，还被人无形中把手头的钱弄走了。

金融行业风云诡诈，平时听这个说某基金经理多么挣钱，听那个说某分析师可以拿到年薪几十万，似乎金融行业处处是钱。就是找工作很多人也抱定决心非金融行业不进。金融行业似乎是一片光明的坦途，一个普通的分析师，进入投资公司后可以拿到每月4000元人民币的薪资，签上三年约，违约金比较高，所以一般都老老实实在里面干上三年，然后再跳槽薪资可以涨到一万多，然后逐渐成了几十万，很多人去金融行业冲的不是这个。而是将来可以做到基金经理，基金经理加上分红可以拿到上千万。但金融行业是不是真的那么有钱呢？电视里那么多分析师，这样的公司也是每年海量招聘，难道一进入金融行业，就会有那么多钱了吗？如果一个分析师，真的可以得到年薪几十万，那么他用这几十万年薪去炒股早就资产上亿了，中国资产上亿的有几个人？但如果他没那样的把握，又怎么能被基金公司开到几十万的年薪呢？

金融行业里涌动的不是金钱，是挣钱的冲动。

一个散户林某曾经被称为中国的股神，说他8000元入市，16年炒成了4亿。不管真假，林某的神话，的确也让一大部分人心动。

很多股民到处去请教高招，以为股市投资有什么诀窍，至于黄金和期货，就更让人向往了，黄金在中国的炒作还是新生事物，期货可以用杠杆资金，使一些想赚钱却没有钱的人心向往之。但是唐骏说过一句话，他从不投资金融市场，包括股票和期货，以及其他的金融衍生品，因为总是赚得少，赔得多。以唐骏对财富的驾驭能力，他的话对广大股民来说应该很有参考价值，就是不要相信金融市场有什么奇丹妙药可以让你屡战屡胜，因为达摩克利斯之剑永远悬挂在上空，你随时可能会中招。你今天不中，也无非就是把屎卖给了教授甲，你充当了教授乙，明天你中了，你就充当了吃屎的人。如果想在金融行业玩下去，那就得有勇气永远尝试吃屎的乐趣，很多人在金融游戏里把血本搭进去，赚的时候，皆大欢喜，一旦赔钱了，一哭二闹三上吊，有的就直接跳楼了。

当股票暴跌的时候，随着股市暴跌的是财富、身价。甚至是面对生活的信心。

2008 年股市大跌的时候，就有报道称很多人眺楼。玩不起，就不要羡慕人家玩的挣钱，金融行业本身就是零和博弈，要有充分的准备，你拿了别人的钱，总有一天要还回去，股市上有句老话：“出来混总是要还的”。

金融玩家必须要有良好的心态，金融业并不是像人们平时传言的那样，处处都是金子，就像沙漠里有金子，当人们疯狂涌进去的时候，未必你就能淘到，这个时候换个思路卖水给他们，你还可能发财。哪个行业都会诞生财富，看你怎么去想了，金融行业的真理就是永远是赚得少，赔得多，必须保持一个好心态，赚了就撤，赔了就止，设立好止损点和止赢点，是玩金融的真理。

美国有个总统，他小时候很木讷，人们都说他傻。因为每次人们投钱在地上，有 5 角的，有 1 元的，而这个孩子每次只拣 5 角的。于是人们就认为这个孩子真的傻，见人就推荐实验一下，果然只要人们一投钱，他就拣少的，而伙伴们却全都拣多的。一个老太太善意地劝告孩子，别再做冤大头了，要拣多的，别拣少的，孩子嘿嘿一笑，诡秘道：“如果我拣多的，他们还会给我投钱吗?”

一个消费者总有不断赚钱的欲望，他相信钱必须要通过钱来赚，笃信着金融业暴利的神话，看到某某忽然暴富了，通过玩资本，玩金融赚的，于是疯狂投资，追捧。但金融市场博弈的结果却是几家欢乐几家愁。别人赚了自己未必赚，往往是盲目跟进的时候，自己做了冤大头。就像上面故事中的那个孩子。虽然表面看起来他是冤大头，但他却得到了实实在在的收益，那些给他投钱的人最终才是真正的冤大头。

在金融市场上，心态是最重要的，人们都讲散户是不会赚钱的，这句话也有道理。因为你在金融市场中如果是以赚钱为目的，很容易出现急功近利的心态，从而使自己陷入自己设计的魔圈。多数人在金融市场中没有理性的头脑分析，他们一看到别人炒作什么赚钱了便也想跟着去做，结果就赔掉了。

金融本来就是虚拟经济，本身不会创造财富。只是财富在彼此之间转来转去的游戏，是一场零和游戏，赢和赔也无非就是甲的钱到乙那，乙的钱到甲那。在这个游戏中，金融机构既是平台提供者又是参与者。

证券交易所就是专门为人们进行证券交易、股权交易而提供的交易平台。证券交易所不是赢利机构，是一个管理机构，每笔交易都会收一定的佣金，证券交易所的工作人员称为证券经纪人。从某种意义上说，证券交易所更像一个中介机构。

但基金公司却是市场的参与者，银行出资或国家直接出资成立的基金公司称为公募基金，这里面的基金主要是来源于国家计划必须要保值增值的财产。如养老金、基础建设基金等。这样的基金公司对风险控制比较严，一般购买国家中长期债券，或其他固定资产收益，有的也炒股票。当年诺贝尔奖金设立的时候，就是为了规避风险，只买国家中长期债券，结果最后，差点入不敷出，在高利润的股票操作下，才使诺贝尔基金迅速增值。

有一种私募基金的建立方式。私募基金是几个合伙人成立的，以信托和委托理财的形式替大众管理资金的一种金融机构，主要以高利润的股票操作为主。巴菲特是私募基金的开创人。现在市场上除了正规的私募机构外，还有一些股票操作高手，由于没有实力注册基金公司，与股民协议，用股民的钱炒股，赔了还给股民，赚了一起分成，分成利润多以三七开。对方占三，股民占七。

金融机构都由实力强大，经验丰富的专家组成。他们在炒作股票的时候，往往提前有好几个方案，先行策划，并且要通过一些手段，包括拉高、震仓等来操纵某只股票。尽管国家严格规定不允许操作股市，但是股票市场没有坐庄者是不可能的。机构也会赔钱，但它赔了钱，顶多换个基金经理继续操作。但散户要是赔了，由于没有那么多的实力，很可能把自己的养老钱赔进去。金融市场上永远没有真正的赢家，由于本身就是一场金钱游戏，所以总有制定规则的人，有的人跟风赚了，有的人跟风赔了。

在金融市场上，你不是冤大头，他就是，只有心态良好的入，才能稳坐钓鱼台。所以金融市场有时候玩的只是一种心态。心态好的入，看着别人赚钱，他不眼红，看着自己赔钱，他不着急割肉，因为他有自己的思路，不管是黄金、期货、股票，还是股指期货，只要是金融产品或衍生品，就都是一样的道理。

金融学点睛

如果要投资金融市场，不管是股票、黄金，还是期货、期权，一定要做好理财规划，而且遵守有节、有度的原则，这样才不会做冤大头，才会在金融市场里处变不惊、孤注一掷。带有赌博心理，希望一下子赚多少钱的，还是少涉足虚拟的金融市场，因为很可能你就做了冤大头。

挑美女的心理
——彩票、赌博与投资

投资和赌博有不同的地方，投资要求期望收益一定是大于0的，而赌博不要求，每笔投资都是希望可以赚钱的，但买彩票和赌博不是这样。有人把投资和赌博相提并论，因为结果都是赚钱的少赔钱的多。

从100张美女照片中选择出你认为最漂亮的脸蛋，选中有奖，选不中要处以罚金。而最漂亮的标准是由大多数人投票选择，你应该怎样选呢？你也不知道怎么样去选，但是你会选择一个自己认为大多数人都会认可的漂亮脸蛋。你选择的标准不是照片上的美女多么漂亮，而是大多数人的心理预期。

学习经济学，它并不会教你如何赚钱，但它可以教会你如何做出选择；选对了，你就能赚到大钱。投资就是寻找大多数人都认为的价格区间，找准了，你就投中了。在投资中赚钱的是少数人，赔钱的是多数人，所以找对众人心理尤其重要。在社会中有人把投资和彩票赌博相提并论，以为它们都一样，因为结果都是赚钱的少赔钱的多，因此有人把购买彩票也看成投资。彩票和赌博有一定的相通性。就是都希望小成本获得大收益的期望心理。

通过彩票赚钱的概率非常渺茫，从数学角度来看，买彩票中奖的概率要小于去买彩票的道路上被汽车撞死的概率。每年全世界出车祸而死的人数以万计，但是中了大奖的却没有几个。通常，赌场的赔率是80%甚至更高，但依然吸引着太多的人去赌博，这些都是因为人们希望小成本换取大收益的期望太大了，太多的人希望一夜暴富。

投资也是这样，人们购买股票或期货，就是希望看好的这只股票或期货可以猛涨。但多数情况下，还是猛涨的少，投资和赌博、彩票都有一个最大的共同点：人在操作的时候无法控制自己的贪欲，即使再科学的计算，也不能阻止心灵的冲动。举个例子，从心理学角度来讲，大多数情况下，人们对所损失价值的估计高出得到相同东西价值的两倍。

比如，一个赌徒带了几千元钱去赌场，他希望赚回100元，当他赚了100元的时候，他肯定会很高兴，但在下一次赌博的时候，他输掉了100元，尽管没有赔没有赚，但他还是觉得自己亏了，因为人们一般对损失所感受到的痛苦要远远大于拥有所带来的快乐。类似这样的心理特征，在投资、赌博和彩票上表现得都是一致的。所以有时候，越输越赌，希望把输掉的钱赢回来，投资也是这样，越赔越想多赚，买彩票已经买了几张了，钱不能白花，于是就还想继续买。

投资和赌博还是有明显不同的地方：投资要求期望收益一定是大于0的，而赌博不要求，每笔投资人们都是希望可以赚钱的，但买彩票和赌博不是这样，人们买彩票虽然希望中奖，但不是每一个彩票都有这样的预期收益，还有赌大小，不是每一笔都希望会赢钱，因为参与者本身知道这是随机的。所以买彩票和赌博主要是侥幸心理在起作用，但是投资却不是这样的，投资需要对市场里参与的众人进行分析和预测，投资需要规避风险，赌博买彩票是要寻找风险，赌博是与随机性博弈，而投资却是与很多人进行博弈，也就是把大家伙的钱拿到我们腰包里来，这与如何分析众人的投资心理关系很重要，但还是有很多人带着赌博的心理去投资，就像一开篇我们提到的，100张照片，哪个是最美的呢？因为无法猜测众人的心理，所以只好凭直觉，选择一个最美的，押下宝，等众人的投票结果出来了，再看是押对了，还是压错了。

所以有人讲用赌博的办法来操作期货，首先下1%或1元的赌注，如果输了，赌注加倍，如果赢了，从头开始再下1%或1元的赌注，理由是不管输多少次，只要有一次赢了，就可以扳回前面全部的损失，反过来成为赢家，赢1%或1元。比如，第一次你赌输了，输了2元，因为赌注是1元；第二次你又输了，就输了4元，因为赌注是2元；如果连续输，赌注每次都加倍，赌注逐渐上涨到4元，8元，16元……在这个过程中只要你赢一次就全赢回了，然后再从头开始以1元起步。这样的方法是赌博的一种不错的方法，但是操作期货就没太多必要了，因为期货一开始可以操作一个100万的单子。如果赔了20万（期货不会全赔，与赌博不同），下次接着再操作两百万的单子，这样一直下去，希望一次赢了可以都赚回来，这样没有太多意义，因为期货的随机性不大，它主要依靠市场价格的预测。赌博对下次出现的机会是一点也拿不准的，而期货却是自己根据信息的判断有一定的把握的，与其一点点的投资，还不如一下子就投资进去。

赌博的心态在投资中经常出现，有时候人们觉得投资本身就是赌博，有的人投资能赚钱，有的人投资总赔钱，以为是运气的因素。其实不是，理智的分析能力还是占第一位的，当然无论怎样分析也不可能把市场全部看清楚，但科学的分析在投资中会有助于减少损失。

金融学点睛

投资和赌博、彩票的心理特征是相通的，但是各自的决策依据却不一样。投资并不是赌博，如果带着赌徒的心理去投资，那是在与随机性博弈。外表来看，好像都差不多，那是因为在投资的时候，没有理智地分析。比如，有的人炒股票赔钱了，就决定以后再也不炒了，以为那是赌博，但有的人却在股市里如鱼得水，几乎从来不输，像巴菲特，所以投资不是赌博，也不能带有赌徒的心理去投资。很多人投资赔钱就是因为赚钱欲望太强烈而形成赌徒心态造成的。

索罗斯的智慧
——对冲基金

20世纪90年代以来，对冲基金行业获得了极大的发展，其表现引人瞩目。从1992年欧洲货币危机，1994年债券市场危机，到1997年的亚洲金融危机，世界似乎越来越不得安宁。许多人指责对冲基金是金融风险之源，特别是导致了亚洲金融危机。

对冲基金（也称避险基金或套利基金）意为“风险对冲过的基金”，起源于20世纪50年代初的美国。早期的对冲为的是真正的保值，曾用于农产品市场和外汇市场。

就在美国发生金融危机、人们陷入债务泥潭、经济全面萧条的时刻，一则消息引起了人们的关注：国际著名对冲基金投资者索罗斯自2007年美国陷入经济危机至今，总共大赚了27.5亿英镑，并居年度赚钱最多的对冲基金经理排名榜第4名。报道称，索罗斯等对冲基金经理的沽空投机活动，被指是引发金融海啸的原因之一，消息令不少在经济危机中损失惨重的商人和家庭愤慨。

对冲基金怎么会在经济全面萧条的背景下赚那么多钱呢？到底什么是对冲基金呢？

当时对冲基金的操作宗旨在于利用期货、期权等金融衍生产品，以及对相关联的不同股票进行买空卖空、风险对冲的操作，在一定程度上可规避和化解投资风险。套期保值者一般都是实际生产者和消费者、拥有商品将来准备出售者、将来需要购进商品者、拥有债权将来要收款者、欠人债务将来要偿还者，等等。这些人都面临着因商品价格和货币价格变动而遭受损失的风险，对冲是为规避风险而做的一种金融操作，目的是把暴露的风险用期货或期权等形式规避掉（转嫁出去），从而使自己的资产组合中没有敞口风险。举个例子，一家法国出口商知道自己在三个月后要出口一批汽车到美国，将收到100万美元，但他不知道三个月以后美元兑法郎的汇率是多少，如果美元大跌，他将蒙受损失。为避免风险，可以采取在期货市场上卖空同等数额的美元（三个月以后交款），即锁定汇率，从而避免汇率不确定带来的风险。对冲既可以卖空，又可以买空。如果你已经拥有一种资产并准备将来把它卖掉，你就可以用卖空这种资产来锁定价格。

经过几十年的变化，对冲基金从初始的风险对冲的内涵，演变为一种新的投资模式的代名词，利用最新的投资理论和极其复杂的金融市场操作技巧，充分借鉴各种金融衍生产品的杠杆效用，承担高风险，追求高收益的投资模式。

这种金融游戏的好处是它可以给基金投资者非常高的回报。原因是对冲基金可以操控比自有资本大得多的交易，因为它可以用“卖空”过程中获得的现金去“买空”。有时对冲基金可以控制比自有资本大100倍的交易，这意味着如果它控制的资本上升1%或者它的负债下降1%，它的资本就会翻一番。

这种金融游戏的坏处在于对冲基金亏损起来也非常快。如果市场变化与对冲基金的估计相反，很容易就会耗尽对冲基金的资本或者至少可以损失到使它丧失卖空的能力。也就是说，那些借给对冲基金股票或者其他资产的债权人会要求还债。

对冲基金的组织结构一般是合伙人制。基金投资者以资金入伙，提供大部分资金但不参与投资活动；基金管理者以资金和技能人伙，负责基金的投资决策。由于对冲基金在操作上要求高度的隐蔽性和灵活性，因而在美国对冲基金的合伙人一般控制在100人以下，而每个合伙人的出资额在100万美元以上（不同的国家，对于对冲基金的规定也有所差异，如日本对冲基金的合伙人要求控制在50人以下）。由于对冲基金多为私募性质，从而规避了美国法律对公募基金信息披露的严格要求。

对冲基金中最著名的莫过于乔治·索罗斯的量子基金及朱里安·罗伯逊的老虎基金，它们都曾创造过高达40%～50%的复合年度收益率。乔治·索罗斯，一个匈牙利难民出身的美国企业家，在1969年成立了他的量子基金。索罗斯一向擅长在经济危机中逆市赚钱，他的“代表作”是在1992年“黑色星期三”中，疯狂沽空英镑，击溃英伦银行，并在这一役中获利多达 15 亿美元。

此事源于 1990 年英国加入了欧洲货币体系的汇率机制，这是一套向统一欧洲货币体系过渡的固定汇率机制。然而英国不喜欢这套被迫加入的制度。虽然法律上各个国家都是平等的，但实际上，每个国家都要向德国中央银行的货币制度看齐。同时，以较高的汇价基础进入欧洲汇率机制的英国，处在比较严重的经济衰退之中，其政府的支持率越来越低。尽管官员们坚决否认英国会退出欧洲汇率机制，但总是存在烦人的疑问，如这些官员是否真的这么想。

1992 年 9 月，德国中央银行行长在《华尔街日报》上发表了一篇文章，文章中提到，欧洲货币体制的不稳定只有通过货币贬值才能解决。索罗斯机敏地意识到英国日益高涨的泡沫经济必然令当局将英镑贬值，德国马克将不再支持英镑，于是他旗下的量子基金以 5% 的保证金方式大笔借贷英镑，购买马克。他的策略是：当英镑汇率未跌之前用英镑买马克，当英镑汇率暴跌后卖出一部分马克即可还掉当初借贷的英镑，剩下的就是净赚。这次行动的结果，索罗斯的量子基金卖空了相当于 70 亿美元的英镑，买进了相当于 60 亿美元的马克，在一个多月时间内净赚 15 亿美元。而欧洲各国中央银行共计损失了 60 亿美元，此次事件以英镑在 1 个月内汇率下挫 200 名而告终。

毫无疑问，对冲基金已经蹂躏了世界市场。考虑到对冲基金这条金融大鳄的巨大危害性，在伦敦金融峰会上各国达成共同打击国际金融市场上容易兴风作浪的对冲基金以及避税天堂等投机势力的共识，将对冲击基金纳入监管范围。看来这条金融大鳄的前景不那么乐观了。

金融学点睛

对冲基金是众多投资工具之一，其投资目的仍然是以资本增值为主，这方面它与传统的基金分别不大。不过，自从金融风暴之后，经过索罗斯的量子基金“狙击”多个经济体系之后，大多数投资者皆闻之色变。对冲基金的特点是没有一定的投资目标，并不像主题基金或地区基金般有明确的投资路线。因为这个原因，使基金经理可全权处理投资策略，令基金的动向难以捉摸。

摸不着但看得见

——虚拟经济

虚拟经济是市场经济高度发达的产物，以服务于实体经济为最终目的。随着虚拟经济迅速发展，其规模已超过实体经济，成为与实体经济相对独立的经济范畴。

举个例子：假设一个市场，有两个人在卖烧饼，有且只有两个入，我们称之为烧饼甲、烧饼乙。他们每个烧饼卖 1 元钱就可以保本。

一个游戏开始了：甲花 1 元钱买乙一个烧饼，乙也花 1 元钱买甲一个烧饼。甲再花 2 元钱买乙一个烧饼，乙也花 2 元钱买甲一个烧饼，现金交付。甲再花 3 元钱买乙一个烧饼，乙也花 3 元钱买甲一个烧饼，现金交付。于是在整个市场的人看来，烧饼的价格飞涨，不一会儿就涨到了每个烧饼 60 元。但只要甲和乙手上的烧饼数一样，那么谁都没有赚钱，谁也没有亏钱。但是他们重估以后的资产“增值”了。甲乙都拥有高出过去很多倍的“财富”，他们的身价提高了很多，“市值”增加了很多。

这个时候有路人丙，一个小时前路过的时候知道烧饼是 1 元一个，现在发现是 60 元一个，他很惊讶。他毫不犹豫地买了一个，他确信烧饼价格还会涨，还有上升空间，并且有人给出了超过 200 元的“目标价”。

在烧饼甲、烧饼乙赚钱的示范效应下，甚至路人丙赚钱的示范效应下，接下来买烧饼的路人越来越多，参与买卖的人也越来越多，烧饼价格节节攀升。所有的人都非常高兴，但是很奇怪，所有人都没有亏钱。

有人问了：“买烧饼永远不会亏钱吗？”看样子是的。但是突然有一天市场上来了一个人，说了句：“一个烧饼的成本价就是 1 元。”一语惊醒梦中人。人们也在突然间发现烧饼确实没有那么高的价值。于是，人们争相抛售。烧饼的价格急剧下降。

这时，谁赚了钱？就是占有烧饼最少的人！

还有一个故事。几个白天黑夜都梦想着发财的人，使用了很多手段，如办厂、养牛羊、挖矿山，但这些行动的最终结果都以失败告终。发财无门的他们，便想出一个妙招。

他们拿着一些写着面值1元的纸片对一群同样也渴望发财的傻瓜说，你们看，我们这里有一一些神奇的纸片，它们不是货币但它们比货币还值钱。它们代表一座不断长高的金山，你们可以通过它神奇的升值来获得很多货币。你们看，现在这些纸片就已经升值了，我们可以把它们一张卖5元钱。于是傻瓜们一拥而上，抢购为先，他们花5元买一张纸片。

后来没有买到的傻瓜就以10元、20元甚至100多元的价格从前面的傻瓜手里买那些纸片，并且还给那些骗子交手续费。因为每个傻瓜从前面一个傻瓜的经历中获知这张纸片还会升值，并且有更大的傻瓜以更高的价格买下它们，这样他们就可以赚更多的钱。然而直到有一天，傻瓜们发现那些纸片其实连1元钱也不值，于是最后以最高价格买到那些纸片的傻瓜就成了最大的傻瓜。

赚了钱的傻瓜乐呵呵去卖另一种纸片，希望发更大的财。而那些成了最大傻瓜的人，赔了夫人又折兵，拿着那些曾经风光过的纸片哭爹喊娘无济于事。

虚拟经济的起源可以追溯到私人间的商务借贷行为。例如，甲某急需购买某种货物，但他本人没有足够的资金，而乙某手头正好有一笔钱闲置未用，于是甲某便向乙某借一定数额的钱，许诺在一定时期内还本付息。乙某手中的借据就是虚拟资本的一种雏形，它通过借款与还款的循环活动而获得增值。这时乙某并未从事实际的经济活动，只是通过一种虚拟的经济活动来赚钱。

虚拟经济具有如下四个基本特征：

1. 高流动性。实体经济活动从生产到实现需求均需要耗费一定的时间。但虚拟经济是虚拟资本的持有与交易活动，只是价值符号的转移，相对于实体经济而言，其流动性很大。随着信息技术的快速发展，股票、有价证券等虚拟资本已无纸化、电子化，其交易过程在瞬间即可完成。

2. 不稳定性。各种虚拟资本在市场买卖过程中，价格更多地取决于虚拟资本持有者和参与交易者对未来虚拟资本所代表的权益的主观预期，而这种主观预期又取决于宏观经济环境、行业前景、政治及周边环境等许多非经济因素，因此增加了虚拟经济的不稳定性。

3. 高风险性。由于影响虚拟资本价格的因素众多，这些因素自身变化频繁、无常，并不遵循一定的规律，且随着虚拟经济的快速发展，其交易规模和交易品种不断扩大，使虚拟经济的存在和发展变得更为复杂和难以驾驭，再加上非专业人士受专业知识、信息采集、信息分析能力、资金和时间精力等多方面限制，虚拟资本投资成为一项风险较高的投资领域。

4. 高投机性。有价证券、期货、期权等虚拟资本的交易虽然可以作为投资目的，但也离不开投机行为，这是市场流动性的需要决定的。随着电子技术和网络高科技的迅猛发展，巨额资金划转、清算和虚拟资本交易均可在瞬间完成，这为虚拟资本的高度投机创造了技术条件，提供了技术支持。

我国虚拟经济初级阶段发展过程中，既面临机遇，又面临严峻挑战。为了推进我国虚拟经济的发展，要从我国实体经济的情况出发，按照实体经济的要求和条件，采取有力措施，积极创新，逐步推进虚拟经济的发展。发展虚拟经济的目的是要促进实体经济的发展，实现实体经济有效的延伸，为实体经济提高效率提供有效的空间。

金融学点睛

虚拟经济是相对实体经济而言的，是经济虚拟化的必然产物。这是近年来出现的一个新词语，最为普遍的解释，是指与虚拟资本以金融系统为主要依托的循环运动有关的经济活动，简单地说，就是直接以钱生钱的活动。

上帝欲使其灭亡，必先使其疯狂
——金融泡沫

金融泡沫是指经济过热所造成的不正常膨胀，主要表现在房地产和股票方面。两者价格往往先是反常地急剧上涨，到了最后，当其价格已经严重背离其实际价值时，必然导致价格突然暴跌，资产猛然收缩，从而带来严重的经济危机。

凡是吹过肥皂泡泡的人都会被它的七彩绚烂吸引，而孩子们更是乐此不疲。不过，我们也都明白，泡泡越大越圆越光鲜，离它的破灭往往就越接近，而且，这种破灭是瞬时完成的。

炒股炒成股东，炒房炒成房东。这是在金融泡沫破灭后，对投资者的形象描述。金融泡沫在膨胀的时候，看起来做什么都赚钱，股市一天可以有几百只股票上涨，涨停者也特别多。基金销售达到疯狂的境地，即使对基金没有概念的人也愿意去投资赌上一把。退休的人纷纷拿出退休金，看到邻居买，自己也忍不住买上几只。大量的资金涌进股市，致使股市一片飘红。加上金属价格也不断上涨，期货随之上涨。人们纷纷囤积居奇，直到高位抛售。在价格疯狂的背后，是价格与价值的严重背离。

上帝欲使其灭亡，必先使其疯狂。当数只股票已经连续拉上几个涨停的时候，当一只只股票的市值已经有几十倍的市盈率的时候，当可以投机的商品价格已经被投机商炒到一个非常高的位置的时候，金融泡沫破灭的危险已经悄悄降临了。

金融泡沫400年前就已不是一个新鲜事物，西欧第一次出现了“泡沫经济”，不过它的主体有些特殊，不是现在常见的房地产和股票，而是美丽的郁金香。

当时郁金香从土耳其传入了西欧，善于开发的荷兰人很快就栽培出了更具观赏性的变种郁金香。物以稀为贵，这些郁金香球茎的价格也随之迅速上涨。在利益的驱动下，鲜艳的花朵成了投机的对象，以至于后来许多与培植郁金香没有什么直接关系的人也参与进来，并且许多人还真的一夜暴富。长此以往，渐渐地现货交易已经难以满足需要，于是期货交易又开始产生。投资者们不分男女老少，个个满面红光、满怀期待，希望借助郁金香的华丽让自己成为百万富翁，为此，不知有多少人高息货款购买郁金香，放手一搏。

然而，此时泡沫经济突然显现了它的可怕。1637 年 2 月 4 日，价格已经严重脱离其实际价值的郁金香一夜之间变得像魔鬼一样恐怖。这一天，希望郁金香出手而获得暴利的人们震惊地发现，郁金香的价格急剧下跌，市场几乎在转眼之间就迅速崩溃。那些欠着高额债务进行买卖的人，一下子变得一文不名，许多人自杀，社会动荡不安。事态的混乱使得荷兰整个国家陷入了经济危机，郁金香上演了一次著名的“泡沫事件”。

“郁金香事件”之后，人类经济史上的泡沫事件便频频发生。迄今为止，规模最大的一个“肥皂泡沫”发生在日本，而这要从 20 世纪 80 年代后期说起。

当时，日本这个巨大的经济体曾红极一时。这里仅举两个例子就可以看出当时的世道是多么景气。在东京街头，动辄就有人甩出大把钞票，要打的到 300 公里外的名古屋，而东京的出租车司机一年收入可以达到一千万日元。第二个例子就是大学生就业，当时流行一种“割青麦”的做法，即公司在学生临近毕业时就与之签约，但是还不会让这个学生来公司参加实习，而是将他送到风光旖旎的夏威夷去度假——当然，是以“进修”的名义。公司为什么这样做？原因只有一个，就是怕人才被其他企业抢走。

但是在这种繁华的背景下面，却隐藏着巨大的经济泡沫。前面我们已经提到，现代泡沫经济的主角基本上是房地产和股票，日本也概莫能外。全球最繁华的商业街之一——东京银座，在 1989 年泡沫经济的最高峰时，其地价曾达到每坪（合 3.3 平方米）1.2 亿日元，而一个东京的地价就相当于整个美国的土地价格。造成这种现象的原因便是在 20 世纪 80 年代中期，大量投资者将资金砸向房地产行业，从而使得日本地价疯狂飙升。自 1985 年起，东京、大阪、名古屋、京都、横滨和神户六大城市的土地价格每年都以两位数的百分比上升，东京在1990年最高峰时期的地价竟然是1983年的2.5倍之多。“把东京的地皮全部卖掉就可以买下美国”。这样的言论让大部分日本人引以为傲。在那个年代，一向务实，对投机、股票没有好感的日本人，竟然有超过一半的国民购买了股票。因为当时的情况，一年的股票投资就会有100%的回报。

在这样的形势下，银行拿出大把金钱来劝人买地，利息几近于零，地价却在不断上涨。如果贷款购买土地，肯定会因土地升值而大赚一笔。除了房地产，老百姓还纷纷把银行存款拿到股市。日本股市的市盈率曾高达80倍（当时美国、英国、香港的市盈率仅为25~30倍）。在“地市不倒”和“股市不倒”的神话里，日本举国欢腾。

然而，泡沫经济的特点就在于它必然会突然破灭。日本房产和股票的价格早已远远超过了它的实际价值，人们的买卖已经变成了纯粹的投机和炒作。从1990年市场交易的第一天起，股价便迅猛地跌入了地狱，其跌势之快令人瞠目结舌，随后，日本股票市场陷入了10多年的熊市。在泡沫经济之前，花5亿日元购买的一套房子到了1990年中期一下子降到了1亿日元，贬值80%。尽管这样，大批的土地和房屋还是根本卖不出去，竣工的住宅空空如也，没有住户。

日本经济“泡沫”的破灭带来了严重的后遗症，股价、地价大幅下跌。不动产业萧条，股市长期低迷，欠息欠账等不良债务大幅增加，企业对风险产业的投资热情下降。而股价飞速的下降直接损害了一般的中小企业，以及广大的家庭。当这个人类经济有史以来最大的泡沫破裂后，整整15年，日本都在为之还债：经济萧条、政局动荡、犯罪率上升。以东京地铁的IR中央线为例，在泡沫破裂后，一度成为破产者自杀的热门地点，为此，东京的地铁不得不都安装了屏蔽门加以防范。直到现在，日本经济还处在恢复期。

除此之外，泡沫经济的案例还有很多。在美国，金融危机之所以严重，是因为美国信用透支很严重。它的金融风暴是先从房地产的次级贷款开始的，先允许消费者贷款买房，再用贷款做抵押进行二次贷款。已经是负债了，负债居然还可以做资产进行抵押，这样严重的信用透支必然会出现问题，美国不是不知道这情况，但是长期以来，美国的信用没有出现任何问题，这种习惯性的错觉，使美国把金融泡沫越吹越大，直到最终破灭。

金融泡沫的原因说来也简单，就是没有做风险控制造成的，一个国家是这样，个人投资也是这样，如果你贷了款去投资，也不管投资将来是否能够回收，只是对未来有个美好的预期，这样的话你的投资打水漂的危险肯定比较大。有很多企业靠借的钱，靠拖欠别人的账款运营，表面虽然很风光，但是这只是表面的繁荣，一旦某个环节出问题，这个企业就可能倒闭。一个家庭，投资的资金都没有风险控制，表面看起来，似乎很有钱，投资了不少项目。平时消费看着大手大脚，没有提前的理财预备，假如生个病，做个手术，就可能让一个家庭破产。

古往今来，任何过度繁华的社会往往都潜藏着深刻的危机。泡沫经济也同样如此。到了现代社会，房地产泡沫和股票泡沫在经济全球化的背景下，危害更加严重，波及更加广泛，迫使各个国家高度重视，大力预防。

金融学点睛

在金融泡沫的时候，要擦亮自己的眼睛，尽量不要去跟风投资、盲目追捧项目。任何一项投资都要做好必要的风险控制，以免出现危机。对于个人而言，投资的资金要和消费的资金分开，并且要为预防突发事情准备好必要的准备金。对于企业来说，企业负债率不应过高，而且要控制好应收账款和经销商的管理，保证稳定的现金流。

让你一夜暴富，或者一夜身无分文
——财务杠杆率

财务杠杆率是指金融机构的资产对其自有资本金的倍数。财务杠杆可以把回报放大，也可以把损失放大。

在古代埃及，公元前一千五百年左右就有人用杠杆来抬起重物，不过当时的人们不知道其中的理论。后来，阿基米德潜心研究了这个现象并发现了杠杆原理。

阿基米德发现了杠杆原理后，曾经说过这样的豪言壮语："给我一个合适的支点和一个足够长的杠杆，我能撬动地球"。

在我们的日常生活中，杠杆原理应用非常广。例如，你每天开车用的方向盘，就运用了杠杆原理。高杠杆率是当今资本市场金融交易的重要特点。

所谓杠杆率是指金融机构的资产对其自有资本金的倍数。例如，如果杠杆率是10，则对应于1美元的资本金，银行将能提供10美元的贷款。对于给定资本金，杠杆率越高，金融机构所能运作的资产越多，金融机构的盈利就越高。

商业银行、投资银行等金融机构均采用了杠杆经营模式，即金融机构资产规模远高于自有资本规模。风险和收益是成正比的，杠杆率越高，风险也越大。我们接触到杠杆率最简单的例子就是房屋按褐贷款。

绝大多数进行房产投资的人，都不是一笔付清的，他们都是负债投资。

如果你买一幢100万元的房子，首付是20%，你就用了5倍的财务杠杆。如果房价增值10%，你的投资回报就是50%。如果你的首付是10%，财务杠杆就变成10倍。如果房价上涨10%，你的投资回报就是一倍！你高兴了吧！慢着，凡事有一利就有一弊，甘蔗没有两头甜，财务杠杆也不例外。财务杠杆可以把回报放大。它也可以把损失放大。同样以那100万元的房子为例子，如果房价跌了10%，那么5倍的财务杠杆损失就是50%，10倍的财务杠杆损失就是你的本钱尽失，全军覆没……现在美国很多房子被强行拍卖，其主要原因就是以前使用的财务杠杆的倍数太大。

什么是财务杠杆呢？从西方的理财学到我国目前的财会界对财务杠杆的理解。大体有以下几种观点：

其一，将财务杠杆定义为"企业在制定资本结构决策时对债务筹资的利用"。因而财务杠杆又可称为融资杠杆、资本杠杆或者负债经营。这种定义强调财务杠杆是对负债的一种利用。

其二，认为财务杠杆是指在筹资中适当举债，调整资本结构给企业带来额外收益。如果负债经营使得企业每股利润上升，便称为正财务杠杆；如果使得企业每股利润下降，便称为负财务杠杆。显而易见，在这种定义中，财务杠杆强调的是通过负债经营而引起的结果。

另外，有些经济学家认为财务杠杆是指在企业的资金总额中，由于使用利率固定的债务资金而对企业主权资金收益产生的重大影响。与第二种观点对比，这种定义也侧重于负债经营的结果，但其将负债经营的客体局限于利率固定的债务资金，其定义的客体范围是狭隘的。企业在事实上是可以选择一部分利率可浮动的债务资金，从而达到转移财务风险的目的的。

期权期货通过一种 Margin（保证金）账户具体操作，这种账户用的也是杠杆原理。保证金账户是指在购买股票时，只需花股票总值的 25% ~ 30% 即可。在“买长”时 25%，在“卖短”时 30%。比如，你把 1 万元放入保证金账户，就可以买总值 4 万元的股票，也就是说有 4 倍的杠杆作用。当然，那 75% 的钱是向证券商借来的，利率一般比银行高一些，但比信用卡低。另外，你的账户还必须维持你所拥有股票市值的 25%（买长）到 30%（卖短）的资金。

外汇交易的保证金账户，一般都会用到 15 倍以上的财务杠杆；对冲基金的财务杠杆一股用到 20 倍；“两房”的财务杠杆大约是 30 倍，雷曼兄弟整个公司的财务杠杆高达 33 倍……现在你就会理解它们为何说破产就破产了。

在投资过程中，股票、房子疯涨的时候，许多人恨不得财务杠杆能用到 100 倍以上，这样才能回报快，一本万利；但若股市、房市下跌，很多人也会在一夜之间由百万富翁变成穷光蛋。这次美国及世界的财务杠杆减少的过程，将会是很多投资者非常漫长而痛苦的过程。

金融学点睛

期货的保证金比一般股票要低。所以期货获利或亏损的幅度，可以高达本金的数千倍！想当年英国的老牌银行巴林银行，就是被一个交易员玩“日经期指”给玩“残”的。

谁在为资金盈余和短缺者牵线搭桥
——金融中介

金融中介就是将资金从那些由于支出少于收入而有多余的人手中转移到由于支出大于收入而短缺资金的人手中，一般是商业银行、证券公司、保险公司。这些良好的金融市场和金融中介机构对于提高经济效益，以及经济的健康运行都是非常关键的。

我们肯定对《西厢记》中的红娘印象深刻，红娘聪明伶俐、妙语连珠、活泼爽朗。在崔莺莺、张生的婚姻中，她是成全这桩美满婚姻的关键人物。所以在社会上从事婚姻介绍工作的人或者偶尔为青年男女牵线搭桥者，人们都愿称之为“红娘”。可是你知道吗，在金融市场也有“红娘”。

在经济生活中，银行、证券公司等金融机构为资金盈余者和资金短缺者牵线搭桥，实质上也在扮演着“红娘”的角色。举个例子，发明家凯特发明了一种机器人，它能清扫房屋、洗车、割草等。可惜的是这位发明家没有足够的资金把他的发明投入生产。老人杰克有大笔存款，这是他和妻子多年的积蓄，但是目前并没有可用的地方。如果我们让凯特和杰克合作。让杰克把资金提供给凯特，凯特的机器人就能研制成功并推入市场。

我们会有更干净的房子、更鲜亮的汽车和更漂亮的草坪，经济社会的福利也会得到改善。金融市场（股票和债券市场）和金融中介机构（银行、保险公司、基金）最基本的功能就是使像凯特和杰克这样的人相互合作。将资金从那些由于支出少于收入而有多余资金的人手中转移到由于支出大于收入而短缺资金的人手中，以产生更大的经济和社会效益。

金融中介使筛选企业经营者的机制社会化。在小商品经济即高利贷时代，企业经营者一般是企业的直接所有者，通常来说，社会对企业经营者的筛选功能基本上谈不上。货币银行金融机制产生后，社会对企业经营者的筛选功能开始加强，即缺乏专门知识和管理经验的人一般难以取得银行贷款。证券、证券市场、投资银行等新型金融中介的活动，把对企业经营者的监督机制从单一银行体系扩展到了社会的方方面面，使企业的经营机制获得了极大改善，使企业的行为和决策更加合理化。

金融中介一般由银行金融中介及非银行金融中介几个部门构成，具体包括商业银行、保险公司、证券公司及信息咨询服务机构等中介机构。资金沿着两条路从资金盈余者手中转入资金短缺者手中。一条是资金盈余者把钱存入银行，然后由银行作为中介把吸收到的存款整合起来贷放给资金短缺者。并把从资金短缺者那里收到的资金使用费，即贷款利息的一部分，用于支付资金盈余者把钱存入银行的储蓄利息。存贷款利差就是银行作为中介人的手续费。这是一种间接融资的形式。另一条形式是资金盈余者在金融市场上直接购买资金短缺者发行的借款凭证，如债券、股票等。资金短缺者可以用收集到的资金投入生产，并定期支付利息或股息。

为什么这种将资金从储蓄者手中引导到支出者手中的融通对经济如此重要呢？因为储蓄者常常并不是拥有有利投资机会的人。举个例子，假设2010年你储蓄了10000元，由于没有金融市场，你可能既不借款也不贷款，只能把钱压在箱底等待消费了。

一年过去了，如果你没有把这些钱花掉，那你仍然只有10000元而得不到利息。然而，如果联想公司把你的10000元用于开发新产品，由此每年赚取额外的2000元；如果你与可口可乐公司取得联系。那么，你可以把10000元以购买公司债券的形式贷放给它，每年获取1000元的利息，这样，你们双方都能获利。一年后你的资产不是原封不动，而是生出来2000元或1000元，这就是所谓的“钱生钱”。

从这个事例可以看出，如果没有金融市场，你与可口可乐公司可能永远都不会有机会合作。如果没有金融市场，没有投资机会的人便很难把资金转移给有投资机会的人。双方都只能维持现状，企业得不到发展资金，经济也将失去活力。

金融市场的存在不仅对提高企业生产有益，而且对于个人也是有益的。比如，你新婚燕尔，有一份称心如意的职业，还想购置一套住宅。尽管你的薪水丰厚，但是因为你刚刚参加工作，所以积蓄甚微。如果没有金融市场。你只能继续住在狭小的公寓里直到某一天攒了足够的钱。可那时你也许已经步入中年或晚年，已在狭小的公寓里度过了大半生，可能已经没有那么大的购房欲望了。

如果你把钱存在银行这样的金融中介，你就可以贷款买房，即使要支付一些利息，你还会为在青年时光就能享有一套属于自己的住宅而感到十分高兴。这样，当你积蓄了足够多的资金时，就可以偿还贷款。总的结果是，你的境况得到改善，向你贷款的人们也得到了益处，他们赚了一笔利息。金融中介连接起资金盈余者和短缺者，促成他们的美事，从而使资金的流动畅通无阻。运行良好的金融市场和金融中介机构对于提高经济运行效率，以及经济的健康运行是非常关键的。

金融学点睛

在现代市场经济中，金融活动与经济运行关系密切。金融活动的范围、质量直接影响到经济活动的绩效，所有金融活动都是以金融中介机构为中心展开的。金融中介在经济活动中占据着十分重要的位置。随着经济金融化程度的不断加深和经济全球化的迅速推进，金融中介本身已成为一个组织结构非常复杂的体系，并且这个体系的运作状况对于经济和社会的健康发展具有极为重要的作用。

第八章 资金管理是公司运行的命脉

——关注公司经营要学的金融学

信贷投放过度集中，犹如“鸡蛋放在同一个篮子里”，一旦经济金融条件变化或客户经营异动，过于集中的银行信贷，容易形成风险的集聚点，同时还会影响整个社会的资金使用效率。因为贷款过度集中，资金有可能通过企业集团间接或直接流入资本市场或房地产市场等高风险领域。

聪明的人总是能够很好地解决问题，而愚昧的人总是被问题解决

——资金管理

当前，随着市场经济的进一步发展，我国经济环境发生了根本性的变化，企业经济增长方式由粗放型逐步转向集约型。在这种大的经济环境中，如何提高经济效益已成为企业的一项迫在眉睫的任务。在企业的财务活动中，资金始终是一项值得高度重视的、高流动性的资产，因此资金管理是企业财务管理的核心内容这是不容置疑的。

目前，企业财务资金管理中的问题在财务预算管理“虚”，资金结算管理“散”，监督考核环节“弱”和管理方式、手段落后、效率低下等方面表现突出。

（一）信息失真。众所周知，现代企业管理的根本是信息管理，企业必须及时掌握真实、准确的信息来控制资金流动。但是，目前我国还有相当多企业的信息不透明、不对称和不集成。企业的高层决策者难以获取准确的财务信息，对公司的财务状况犹如雾里看花，与真实的情形相距甚远。尤为严重的是，企业各层面都在截留信息，甚至提供虚假信息，使得汇总起来的信息普遍失真，会计核算不准，报表不真实，全国80%以上的企业会计信息存在不同程度的失真。信息的不真实，不但直接影响了企业的科学决策，也影响了政府宏观管理的效果，对国民经济产生了严重影响。

（二）监控流于形式，缺乏事前、事中的严格监督。目前，国有企业中，所有者对企业、母公司对子公司、公司管理层对各资金运行环节普遍存在着监控不力甚至内部人为控制现象，擅自挪用转移资金甚至侵吞国有资产等问题突出。尽管设置了一些监督职能，也制定了多种监督制度，但由于特殊的国情等种种原因难以及时、有效地发挥作用，这些制度几乎是形同虚设。很多企业领导对自身家底财务状况说不清，而财务人员对经营

情况又不甚了解，且处于从属地位，常常只能按领导的意图处理账务，唯领导马首是瞻，造成“财务管理跟着会计核算走，会计核算跟着领导意志走”，财务监督形同一张废纸。

（三）资金散乱，使用效率低下。目前，国有企业资金集中管理的需要和内部资金分散的现实矛盾已成为现阶段企业财务资金管理中最突出的问题。一是企业多头开户的现象司空见惯，资金管理严重失控。二是投资决策随意性大，有的领导瞎指挥，随意决策，有些企业不顾自身的能力和发展目标，盲目投资，热衷于铺新摊子，投资失误多，损失严重，甚至血本无归，使本来就十分紧张的资金状况雪上加霜。三是资金沉淀严重，库存堆积如山，资金占用比例过高，欠款居高不下，流动资金占用与日俱增，周转酷似老牛推车，企业信用和营利能力下降，随时可能关门大吉。

为了加速资金周转，提高资金使用效益，企业应当从以下三个方面加强企业资金管理和控制：

1. 建立健全结算中心制度。建立结算中心制度，杜绝多头开户和资金账外循环，保证资金管理的集中统一。下属单位除保留日常必备的费用账户外，统一在结算中心开设结算账户，充分发挥结算中心汇集内部资金的“蓄水池”作用，并使下属单位资金的出入处于集团的严密监管之下，减少银行风险，营造新型的银企关系。

2. 加强现金流量分析预测，严把现金流出关，保证支付能力和偿债能力。有的企业树立了“钱流到哪里，管理就紧跟到哪里”的观念，将现金流量管理贯穿于企业管理的各个环节，高度重视企业的支付风险和资产流动性风险；严把现金流量的出入关口，对经营活动、投资活动和筹资活动产生的现金流量进行严格管理。

3. 推行全面预算管理，严格控制事前、事中资金支出，减少支出的随意性，保证资金的有序流动。建立预算编制、审批、监督的全面预算控制系统。预算范围由过去单一的经营资金计划扩大到生产经营、基建、投资等全面资金预算，由主业的资金预算扩大到包括多种经营、二级核算单位在内的全方位资金预算。计算机网络技术的广泛运用，也为资金的全面预算和及时结算提供了可能，从而使资金的集中管理成为可能。

企业的启动和发展必须靠足够的资金来解决，而不是项目。如果是一个小商贩，可能感觉不到资金对于企业竞争和企业发展来说会产生多么巨大的作用。但是如果你是一位企业决策者，我想你一定深有感触：如果一个企业没有资金、或者是资金不足，那么再好的计划、再好的项目，都是空想，再好的投资活动都有可能半途而废。因为充足的资金是企业经营活动顺利进行的重要保障之一，起着根本性的作用。企业之所以在运转，完全是因为资金在不停地流动。

同样道理，如果你是一位初涉商海的创业者，那你肯定经历过这样的事情，因为资金不足或缺乏资金而错过一些明明可以赚大钱的机会，眼睁睁地看着白花花的票子进了别人的腰包，吃着“肥肉”，自己却在一旁无可奈何的搓着手。这让人何等惋惜？是因为你没有经营能力吗？不是，而是因为你缺乏资金这个起着决定性作用的首要条件。

当然，假如有一个正常经营的企业交给你接管，那么我相信你一定也会管理得有条不紊，可是如果让你自己创业，管理一个新企业，这就要难很多了，因为创立一家新企业，远比管理一家现成的企业困难多得多。所以，那些成功的企业家不但是经营管理的能手，同时更是融资的能手。

没有融资能力的计划者，与其说是思想家，倒不如说是空想家，幻想家。因为任何性质的投资都是用金钱来落实自己的计划，没有资金一切都是痴人说梦。这就是为什么在现实当中那些拥有优秀项目或发展方案的管理者或创业者到最后仍然两手空空的主要原因之一。

充足的资金是企业竞争的最大的优势，它不但代表企业实力的雄厚，还代表企业随时有可能完成一个大的动作，何况现实中，企业的竞争在很多同等情况下往往是资金实力决定胜负，而不是管理能力决定胜负，更有甚者，有时候这种情况会直接演变到看哪一方的资金充足而不是哪一方的管理更好，事实难道不是这样吗？

比如家乐福超市以及其他终端销售企业之间的角逐在很多情况下就是这个样子，有时候竞争的是某一商业旺地，因为谁得到了这样的商业位置，谁就在这个市场中有了最大的影响力和庞大的顾客群，所以，为了得到这样的商业旺地，很多企业往往就会不惜血本；有时候为了建立成本优势，就不得不加大商品供应量，进货量大自然成本就会降低；还有的时候，为了防止畅销的产品出现供求脱节的现象，就必须建立足够的仓储优势；这一切说明，资金在竞争中起着举足轻重的作用，无论哪一方面缺少资金，都将会大大地降低竞争的成功率。

可以这样说，竞争面前，资金为本。这是由市场规律的本质决定的，而并非可以通过聪明的脑袋转换。不错，聪明的脑袋可以将资金或资源的利用率降到最低或者是最合理的程度，也可以想到很多融资的办法，但是并不代表在竞争中可以空手套白狼。即使有这种可能，那也是在某些特殊环境下、特殊的条件下的偶然事件，如果生等这种机遇降临到你头上，这无异是在等天上掉馅饼。

企业有了充足的资金，干什么都可以得心应手，资金不足就会在机会面前畏首畏尾，不但束缚了管理者的思维方式，还会极大地破坏管理者的投资心态，想做的事情不敢做，可以想的事情却又不敢想。很多竞争的成功都必须通过资金来实现，如果资金不足而求其次，就会变主动为被动，丧失大好的获胜机会。

另外，资金不足还导致大多数的管理者的投资心态趋向于孤注一掷，不是全面地考虑风险，而是盲目乐观、自信，甚至一厢情愿地幻想着事情不会那么糟糕。

资金不足，还会使一些管理者不能根据市场的变化积极应对，无法采用那些行之有效的方法来应对经营中面临的各种问题，这种限制管理者才智发挥的现象，不但使企业的发展受到限制，还会使企业在一种窘迫的环境中苦苦挣扎而又无法自拔，只能在商业机遇中挤来挤去。所以，资金缺乏是企业的最大劣势之一。

金融学点睛

聪明的人总是能够很好地解决问题，而愚昧的人总是被问题解决。智慧的作用就是解决现实中的矛盾，但是如果需要智慧真正地发挥作用，必须要具备一些必须的基本条件，也就是说，智慧的真正作用是如何正确地利用有限的条件、资源以及如何更好地利用有限的条件重新组合成某种竞争优势，这种组合就是再创造，这种再创造是需要一系列有关的基本条件作基础，而并非如何无中生有，或凭空设想。

让资金问题绊倒的企业数不胜数
——资金配备

管理者在现实中常常遇到这样一些问题，在投入之前，也进行过大量的投资预算，但是在实施之中，我们的资金就像投入到一个无底洞中，怎么填都填不满。因为，那些不可预料的费用和支出总是魔术般地出现，让管理者防不胜防。很多企业的倒闭除了是因为管理、人才、技术等问题以外，因为资金问题而倒闭的也不计其数。资金不足，会把一个硕大的企业逼上绝路。

那种边干边找资金的投资方法是不足取的，除非你有充足的把握能够保障在需要的时候及时地找到足够的资金，否则，就会承担很大的风险。这种投资方法少用为佳。

之所以不用“充足的资金配备是圆满完成竞争任务的重要保障”而用“充足的资金配备是充分发挥竞争作用的重要保障”来做这一段叙述的标题，是因为“圆满完成竞争任务”这些字眼具有一定的美化事物本身的因素，不能够全面的、精确地表达要叙述的问题的重要含义。事物被披上一层光环以后，就会阻碍我们对事物本身进行研究，给我们发现事物的本质增加难度和阻力，就会隔靴搔痒。尽管美化是一种智慧，也是一种积极地方式，但在这里，智慧的作用是消除麻烦，而不是制造麻烦。

众所周知，在企业经营中需要钱的地方比比皆知，可以说每个部门每天都在不停地消耗资金，尤其是投入的前期，任何一个部门缺少了资金都会导致效率下降，甚至出现经营危机，如果此时企业只有产出而没有收入，那么相信用不了多久，管理者就会尝到资金危机带来的苦果。

所以，一个管理者或创业者不但要有经营管理能力、决策规划能力，还必须知道如何解决资金问题，因为只有资金充足，你的宏伟蓝图才有可能变成现实。如果你没有足够的资金，所有的投入就很可能会打水漂，比如做饭，本来做一锅饭两捆柴就够了，而你只用了一捆柴或更少的柴，那么不但做不好饭，连先前填进的柴也白费了，你会实实在在地感觉到因为后续资金的不足而拖垮先前的所有投入是轻而易举事情，而充足的资金对于经营者来说显得多么的重要。

在八九十年代，一个创业者只要有聪明的头脑和微薄的资金就可以很好地创业，并且在1－3年之内，就可以回收所有的资金投入转向获利。那些拥有雄厚资金的人甚至靠着胡乱的使用资金也同样可以创造丰厚的利润。但是在目前这个完全经济化的社会中，想要仅凭智慧白手起家或小本创业，这样的机会将会越来越少，甚至逐渐的有些机会将就不复存在，取而代之的是全新的革命性技术、知识与资金的紧密转换，也就是：将能力、技术、知识核算成贡献价值参股到企业中或创业股份。

但是，如果是这样的话，那些缺乏能力、知识、技术的社会成员将有可能成为社会包袱，这股巨大的力量将隐藏着一定的社会危机，影响着社会的安危。

所以，那些针对通过合法的经营手段、运用少量技术、资金和知识就可创业，并获得高额利润的行业进行利润扼制是不可取的，因为引发小资金创业积极性的主要原因是这些行业的高额利润，这种高额利润的产生，有利于这些行业的繁荣。那些通过增加税率或通过强制化办理各种无关证件、试图通过名义上的规范，达到剥取小资本高收益创业者的创业收入的目的、并为了防范这些剥削成果的流失，而对其进行的过度强制化管理的做法，对企业来说简直是雪上加霜，只能增加小资金创业的难度，加速扼杀小资金创业者的积极性，丧失更多的社会就业机会，起着非常消极的社会作用。

在一些发展中国家，支持小资金创业是提高人民平均收入、提高社会就业率、推动社会经济发展的重要力量，很多成熟的大型企业都是由小本创业发展起来的。小资金创业是一个国家、整个社会经济发展的春天，因此，过度的采取强制性管制措施、政策手段对小资金创业的发展极为不利，既抑制了小资金创业者的创造成果，也抑制了社会经济的健康发展，这种将许多未来的大企业扼杀在襁褓之中的做法令人痛惜。

金融学点睛

中国发展的重要方向并非是现行技术领先，而应该重视高端技术接轨。盲目跟风、盲目引进，对中国的自身发展不利。国际上的先进的管理方法，不一定适合中国，中国的经济发展必须要走自治创新之路，而不能完全依赖引进。不错，引进外资的确可以有效地解决中国眼前的一些问题，但是如果没有有效的控制机制，这种引进虽然暂时对中国来说是有利的，但是却无法排除今后仍然落后的局面，因为你把国外的技术引进来了，但同时坏习惯也引进来了，这种引进是让我们跟在别人的后面跑，中国如果没有有效的支持创新的机制，则很难通过迂回的发展战略与发达国家并驾齐驱。

资金结构安排大有讲究
——啄食顺序原则

资金结构安排是资金管理中一项重要又容易忽视的内容。金融学上有一个著名的啄食顺序原则，讲的就是资金结构的安排艺术。比较国内外上市公司在这方面的不同，能够更清晰地看出我国企业中存在的诸多问题。

啄食顺序原则是20世纪60年代初美国哈佛大学教授戈顿·唐纳森最早发现的。他在对企业如何建立资本结构进行的一项广泛调查后，发现企业在安排资本结构时会按照以下次序来进行：

①企业内部产生的资金，如留存收益、折旧基金等。

②如果有剩余留存收益，会用于购买证券或偿还债务；如果没有足够的剩余留存收益来支持不可取消的投资项目，会出售部分有价证券。

③如果需要外部筹资，会首先选择发行债券，然后才是发行股票。

④企业留存收益加上折旧，如果能适应资本性支出，那么就会根据未来的投资机会和预期未来现金流，来确定目标股利的发放率。

⑤企业一般会保持现金股利的刚性，尤其是不愿意削减股利让股东感到不满意。

这说明，企业筹资一般都会遵循先内源融资，后银行贷款，然后发行债券，最后才是发行股票这样一种融资顺序，这就是戈顿·唐纳森教授所称的筹资“啄食顺序”。

金融学点睛

这里的“内源”是指企业内部资金，相应地，外部资金叫“外源”。西方财务学认为，企业在把留存收益的一部分用于分红后，剩余的部分就应该用于企业扩大再生产，这就是内源融资。

信贷投放过度集中，犹如“鸡蛋放在同一个篮子里”

——银行贷款

过于集中的银行信贷，容易形成风险的集聚点。

在“保增长”和适度宽松的货币政策的双重推动下，我国银行业一季度新增人民币贷款呈现过度集中的走势，值得业界高度关注。

新增贷款过度集中的走势体现在四方面：

一是投放时间、投放量过度集中。2010 年的信贷增长集中在一季度，1 月份是创纪录的 1.62 万亿元、2 月继续突破万亿元达 1.07 万亿元，3 月份竟然破 1 月份的纪录达 1.89 万亿元。这样一来，一季度的人民币贷款新增为史无前例。

二是贷款投向过度集中在大客户。据数据显示，目前全国 19 家主要银行中，5000 万元以上的大客户贷款占贷款总额比例约 60%。按市场通行标准看，此高比例意味着银行业贷款进入集中度过高的风险区。

三是单一客户贷款过度集中。监管部门规定，各银行对单一客户的贷款不能超出银行资本金余额10%，但目前有的银行已超过这一监管红线。即便对集团企业贷款也不能超过资本金余额的15%，但有的银行竟达17%。贷款“垒大户”警钟再次向世人敲响。

四是多家银行集中授信同一大客户。为争抢同一大客户，多家银行给予授信，导致重复授信、多头授信、交叉授信，因而埋下风险隐患。某一大型企业集团最多时竟然有60多家银行为其贷款，就是典型例证。

值得注意的是，在新增贷款如此呈强的态势下，中小企业融资难并没有从根本上缓解。这也从一个侧面说明了新增贷款过度集中在大型集团企业，主要投向“铁、公、基”等有政府或国企背景支持的基础设施、交通运输、能源电力等，中长期贷款远远高于短期贷款，“贷大、贷垄断”现象十分突出，影响中小企业融资环境的根本改善。

信贷投放过度集中，犹如“鸡蛋放在同一个篮子里”，一旦经济金融条件变化或客户经营异动，过于集中的银行信贷，容易形成风险的集聚点。同时还会影响整个社会的资金使用效率。因为贷款过度集中，资金有可能通过企业集团间接或直接流入资本市场或房地产市场等高风险领域，而急需资金的领域如新农村建设、中小企业却融资难。这样很可能产生两个后果：传统产能仍然在高速释放，过剩产品对市场价格构成下压型冲击，CPI持续零增长甚至负增长，形成通货紧缩；如果产能无法为市场吸收，必将危及放贷银行的资产质量，造成不良贷款反弹。

当前信贷营运有两大情况必须高度重视：一是国际金融危机还未见底，对实体经济的影响仍在加深；二是央行在公开市场运用短期回笼工具大规模平滑移动到期资金，以及债券集中到期兑付，二季度整个市场的资金比流动性宽松的一季度还将大幅增加。一季度投放的过度集中，中长期贷款占比过高等因素，势必加倍风控，这不仅是商业银行当务之急也是长远的艰巨任务。

针对银行放贷过度集中的实际情况，商业银行要立即开展全面风险排查、随时风险预警、强化风险定价等，同时还必须积极采取刚性控制的手段加强风控，有效遏制银行放贷过度集中在二季度继续蔓延。采取设置银团贷款年增长目标和中小企业贷款年增长率方式进行或为可行。

大家知道，银团贷款是由多家银行或金融机构采用同一贷款协议，向同一大型企业或同一大型项目提供巨额融资的贷款方式。这是一种多边贷款，相对于银行与客户的双边贷款，不仅有利于降低信贷的集中度，还可以避免多头授信引发的信用风险，是国际上通用的分散贷款集中度风险的有效手段。发达国家银团贷款占比约为贷款余额的20%，但我国到2009年底银团贷款余额占比仅为5.1%。今明两年4万亿元的投资力度，有许多特大型项目不是单家银行所能承受，因而大力发展银团贷款正当其时。建议银监部门通过设置银团贷款年增长目标，既推动国内银团贷款业务的发展，使之成为大额信贷的主要方式，以适应保增长下的融资需求，又可以化解贷款过度集中的风险。这是因为银团内的各家银行在评审客户风险、利率、期限时信息共享、互相协调、多边审查、多边监控，能有效克服信息不对称问题，识别并分散贷款风险，规避银行间的不正当竞争等。

另外还有一种刚性控制手段，就是规定各银行中小企业贷款增长率不得低于其他贷款项目增长率，以避免过多信贷资金流入大企业，造成信贷资金风险集中。农行总行早就下达了2010年中小企业贷款增长率的指标，3月10日又宣布重组设立小企业金融部，并且计划投放中小企业贷款1000亿元，以加大对小企业的支持力度。这样在刚性指标上就较好解决了信贷过度集中的问题。

金融学点睛

目前，有些银行设立了专为小企业金融服务的“特色支行”或“小企业金融服务中心”及“信贷工厂”等专业化运行模式，简化业务流程，提升金融服务能力和风险控制水平，也不失为有益的尝试。

亦喜亦忧
——票据贴现

根据商品社会的宗旨，任何行情的到来都离不开利益驱动，票据贴现看涨也是遵循了这一规律。

在2009年开局首月，在刺激经济、保8增长，加速落实宽松信贷政策等诸多措施的推动下，新增贷款创出历史天量记录，当月人民币贷款增加1.62万亿元，同比多增8141亿元。其中，票据融资增加6239亿元，占信贷增量的比重达38.5%。这是继前二个票据贴现大涨后的又一新高。我国第一大行的工商银行，在1月2521亿元新增贷款中，票据贴现新增了1350亿元，占比更是高达53.55%。

为什么票据贴现融资大行其道，成为2010年企业开展融资和银行拓展经营的新亮点呢？

根据调查，利益驱动是拉升这波贴现行情的主因。根据商品社会的宗旨，任何行情的到来都离不开利益驱动，票据贴现看涨也是遵循了这一规律。

对于企业来讲，资金需求、方便快捷、降低成本是开展贴现融资的最大诱因。

票据贴现融资方式的好处之一，是银行不按照企业的资产规模来放款，而是依据市场情况（销售合同）来贷款。企业收到票据至票据到期兑现之日，往往是少则几十天，多则300天，资金在这段时间处于闲置状态。企业如果能充分利用票据贴现融资，远比申请贷款手续简便，而且融资成本很低。票据贴现只需带上相应的票据到银行办理有关手续即可，一般在3个营业日内就能办妥，对于企业来说，这是“用明天的钱赚后天的钱”，这种融资方式在我国目前积极推动行业振兴中值得中小企业广泛、积极地效仿。对当前我国为数众多的中小企业来说，在普通贷款中往往因为资本金规模不够，或无法找到合适的担保人而贷不到钱，因此，票据贴现无需担保、不受资产规模限制的特性对他们来说就更为适用。

票据贴现融资方式的好处之二，是利率低。据了解，企业票据融资利率一度低至1.5%、1.6%附近，而2009年12月23日起三个月期定期存款利率就达到1.71%，一年期定期存款利率是2.25%，票据贴现利率的倒挂给企业带来了套利机会。据一家基层人行的调查，在企业通过票据贴现获得资金的同时，票据融资也降低了资金成本。如TCL公司签发银行承兑汇票5.25亿元，一次性只支付手续费26.26万元，若向银行办理等额同期贷款，应支付利息1611.23万元，贷款成本将是银行承兑汇票方式融资成本的61倍。

票据贴现融资方式的好处之三，可以防止货款拖欠。长期以来，我国企业之间相互拖欠货款、多头占用银行贷款的现象比较严重。开展商业票据结算业务，可以变无约束的一般信用为有约束的票据信用。银行通过票面记载的用途来约束债务人的付款责任，避免延付、拒付，规范了企业之间的购销行为。近期一些公司收到的银行承兑汇票占回笼货款总额的比例不断上升，应收账款占销售收入的比例不断下降，货款被占用减少了。

此外，开展票据结算也提高了企业的资信度。企业签发的银行承兑汇票到期后银行必须保证支付，企业可以借助银行的信誉，一方面证明自己的资信得到了银行的认可，另一方面通过银行对企业的监督，特别是财务资金的监督、审查，提高了企业的经营管理水平。举例说明，一个产品无论经过几个产业部门和多少次交易，通过票据贴现和再贴现，都能把它们连接成一条有序的支付链，用票据形式强化债权债务双方的经济责任。一方面远期的支付手段变成现实的支付手段，使供货方出现的资金短缺能及时得到有致补充；另一方面，由于贴现和再贴现是按照货款回收的时间确定期限，因此保证了贴现和再贴现资金的及时回收。中央银行和商业银行只要发放一笔资金，就可以解决整个再生产过程循环周转所需要的资金，可以避免企业多头占用银行贷款，建立起良好的商业信用和银行信用。

对于银行说来，流动性、效益性、安全性是拉升贴现的直接动力。

商业银行在票据融资过程中，主要从贴现利差和资金调度中套取利差、手续费。据有关统计资料，2010 年 1 月部分期限的银行贴现利率大约为 1.4% 左右，不仅低于半年期存款利率 1.98%，且贴现的手续费只有万分之五，表明当前银行在票据市场的竞争是多么激烈。在中金公司看来，由于低收益的票据贴现、转贴现在近期新增贷款中占比过高，因此银行信贷即使超高速增长，对 2010 年 1 季度的利润贡献也不会太高。同时，2010 年 1 季度发放的贷款生息时间只有 2～3 个月（短期贷款占比高），而期末时需要针对新增贷款税前计提一般性准备，在两相抵扣后，对净利润的影响更多体现在下半年。在短期内看起来不会给银行带来大量收益的情况下，为什么各商业银行还要积极做大做强票据贴现呢？事实上，这样做有着商业银行的内在需求。由于有资格开具承兑汇票的企业信誉一般较高，并且银行在对票据签发时，会要求企业缴纳一定保证金（票据融资的 30%～80%），这样不仅增加了商业银行的存款，提高了商业银行的综合效益，也大大降低了票据贴现的风险。另外，在商业银行的高管看来，相比于“真金白银”的信贷投放，银行做大票据业务恰恰体现了对 2010 年信贷业务的谨慎。由于企业有效信贷需求有限、政府主导型项目尚未大规模开闸，在实体经济风险加大的背景下，很多银行认为票据贴现业务风险相对较低，基本上能保证银行信贷资金的安全性。由此不难看出，票据贴现对于各商业银行来说，是特殊时期的特殊措施。

不过，在票据贴现大肆扩张的今天，我们也应该清醒地看到，在利益的驱使下和博弈中，票据贴现出现一些问题是难免的。

从企业方面看，一些企业按规定并不符合申办银行承兑汇票的条件，但为达到利用票据办理融资的目的，不惜以欺骗手段提供假财会报表、假商业合同、假税收报告、假市场调查，以此提高信用等级，套取办理票据的信用。这些企业瞒天过海一旦成功，到期这款就成了泡影，造成贷款大量逾期使用，到头来银行不得已大量背书垫款，很多银行就是被这样的企业拖得疲惫不堪的。如此看来，票据逾期的风险绝对不能低估。

从银行方面看，有的急功近利，对企业提供的商品交易合同或不良资产，对无力支付到期票据款项的企业，继续签发银行承兑汇票，由企业用贴现资金归还到期银行承兑汇票款；有的随意放大银行信用，超规定限额签发银行承兑汇票。为逃避上级行授额控制，一些经办行或经办部门采取拆分手法，将一笔银行承兑汇票拆成几笔签发；有的擅自放宽保证金收取比例或放松抵押担保条件，为一些资信度不符规定的企业签发汇票，给银行资产带来极大风险。同时，个别银行存在账外经营银行承兑汇票业务问题；有的在办理贴现业务时，只注重汇票本身的真实性，却放松对企业提交的增值税发票、商品交易合同的审查，导致为无真实贸易背景的银行承兑汇票办理了贴现。还有些贴现资金用于非生产经营领域，甚至流入股市，严重扰乱了正常的生产经营和票据市场秩序。

金融学点睛

对于票据贴现中存在的问题，必须加强监管，严格按照《票据法》的规定和要求，坚持依法合规经营，对此，银行和企业都是第一责任人，监管部门更是责无旁贷，双方都要牢牢把握票据贴现业务的正确方向，引导票据贴现业务的健康稳步发展，为企业腾飞做出积极有力的贡献。

和谐社会共同构建
——公益信托

公益信托是指以公共利益为目的，为将来的不特定多数的受益者设立的信托。

在公益事业中引入信托制度对公益事业的发展有着十分独特的优势。

公益信托是指以公共利益为目的，为将来的不特定多数的受益者设立的信托。公益信托包括：救济贫困、救助灾民、扶助残疾人、发展教育、科技、文化、艺术、体育事业、发展医疗卫生事业、发展环境保护事业，维护生态环境、发展其他社会公益事业：在国外信托和资本市场的多元化投资是其保值、增值的主要方式。利用公益信托这种模式来发展我国的公益基金事业。主要优势包括：

1. 具有财产隔离的独特制度优势，还具有规避政策限制、避税等功能。尤其是对财产管理来讲，信托是其目前唯一实现资产隔离的有效途径，只有信托公司可以用“信托合同”的形式受托管理资产，提供信托财产独立性所体现的“隔离”功能。

2. 信托机构是唯一能够综合利用货币市场、资本市场、产业市场的金融百货公司，是连通产业与金融市场的机构。几乎囊括吸收储蓄外的其他金融、投资业务。金融机构中只有信托公司可以为委托人提供包括贷款、拆放、投资等全面组合运用资金的理财服务。

3. 信托机构作为一个金融机构，有更严密的组织架构和监管体系。《信托法》对公益信托的受托人提出了更严格的监管要求，包括每年一次的信托事务处理报告、信托终止后的终止报告和清算报告，从而投资者能够了解其经营状况，透明度比较高。

二、汶川地震：捐助的第三渠道

目前，我国几乎唯一的公益救灾捐助方式是通过向国家的法定救助机构——中国红十字会和向特定的中央以及地方机关、团体的捐赠行为。公益救灾的第二种方式是通过设立民间基金会或私人慈善机构的方式，但我国目前设立民间基金会或慈善机构仍有一些约束瓶颈，渠道不是十分畅通。

公益救灾的第三条渠道就是公益信托的方式。我国《信托法》明确允许设立以救灾为目的的公益信托，通过公益信托的方式实现对灾民的救助至少有以下三点好处：

第一，可以有特定的信托目的，以便实现捐赠人的具体愿望和要求。这次汶川地震许多学校夷为平地了，但有一所刘汉希望小学却独自悄然不动，这是因为捐赠该希望小学的公司对其质量提出了特殊要求，虽然该希望小学的建立不是按公益信托的方式设立的，但公益信托完全可以实现捐赠人的这个特殊愿望和要求。公益信托的委托人完全可以在设立公益信托的文件中指明其目的是在灾区重建一所能抗 8 级以上地震的希望小学、也可以是设立一项灾区中小学的助学金，也可以是修复文物寺庙，也可以是建立一座医院，也可以捐助一座水窖，只要是合法的目的，都是可以的，《信托法》中明确规定："国家鼓励发展公益信托。"

第二，任何法人或自然人都可以成为公益信托中的受托人，这在很大的程度上扩大了实现慈善救助事业中主体的多元化、多样化。委托人可以选择任何一个值得你信赖的法人或自然人来实现你想实现的公益愿望，只要这个受托人愿意作为财产受托人实现你的愿望和要求就可以了。这就能够很大程度上促进动员社会的各种力量来做好事、做善事。委托人可以把一笔钱交给任何地方的学校、医院、乃至信托公司、律师事务所或者任何信得过的单位、个人管理这笔财产用于灾区失去儿女的老人的抚养、灾民今后若干年的医疗费用救济、学生入学的助学金等。

第三，公益信托的批准和监督是避免以公益信托为名而谋私利的重要保障。信托法规定一切公益信托的设立和受托人的确定要经有关公益事业的管理机构批准，只要是正当合法的公益救灾行动，有关管理机构就应当批准，批准的作用是让公权力机关了解民间公益活动的范围和规模并对监督和防止公益行为被滥用有利。信托法明确规定公益信托必须设立信托监察人。监察人可以由委托人在设立公益信托的文件中指定，如果委托人没有规定，则应当由公益事业管理机构指定。即使公益信托由于某些原因被迫终止，这笔财产仍然只能用于与原公益目的相近似的目的，以保证这笔财产的捐赠人（委托人）的愿望得以最大限度的实现。

三、政策鼓励，共同构建和谐社会

2008 年 6 月 2 日，为帮助和支持灾区重建家园，中国银监会迅速发布《中国银监会办公厅关于鼓励信托公司开展公益信托业务支持灾后重建工作的通知》，《通知》鼓励信托公司依法开展以救济贫困、救助灾民、扶助残疾人，发展医疗卫生、环境保护，以及教育、科技、文化、艺术、体育事业等为目的的公益信托业务。

《通知》规定，信托公司管理的公益信托财产及其收益，应当全部用于公益事业，不得用于非公益目的，不得为自己或他人牟取私利，且只能投资于流动性好、变现能力强的国债、政策性金融债及中国银监会允许投资的其他低风险金融产品。通知还规定，公益信托业务的受托人管理费和信托监察人报酬，每年度合计不得高于公益信托财产总额的千分之八；信托公司至少每半年报告一次公益信托的事务处理情况和财产情况，并在经独立的信托监察人认可后，报银监会和公益事业管理机构备案，并予以公告。此外，信托公司设立公益信托并担任受托人，应经有关公益事业管理机构批准；公益信托业务可以争取公益事业、税收等管理部门的支持。信托公司设立公益信托，可以通过媒体等方式公开进行推介宣传。信托公司应当在商业银行开立公益信托财产专户，并可以向社会公布该专户账号。

《通知》下发后，在全社会引起强烈反响，广大信托公司普遍表现出空前热情，公益信托纷纷上马。2008 年 6 月 6 日，由西安国际信托有限公司推出的“灾后重建为目的的公益型信托计划”在西安成立，一千万元的捐助资金，将定向用于陕西地震灾区受损中小学校舍重建或援建新的希望小学等公益项目。随后衡平信托推出了“爱心系列”信托理财产品。该系列产品将拿出每期信托募集资金的 1%，以投资者名义定向捐助灾区支持中小学校园重建，目前第一期产品已经推出，计划募集资金 8000 万元，产品期限 2～5 年。另有多家信托公司表示，将根据规定推出公益信托产品。2008 年 5 月，联华信托表示，积极寻找信托公司为灾区作贡献的有效途径，希望发挥信托功能以及联华信托的房地产管理优势，为灾后重建工作开辟新的融资渠道。此前，宁波金港信托也将发行一款公益信托产品。

金融学点睛

公益信托的普遍兴起，在为信托业创造新的行业形象的同时，也为新形势下我国构建和谐社会增添了一支重要的新生力量。

人民币国际化
——金融新秩序的推动力

人民币国际化——即使只是向前迈进了一小步，也足以让世界瞩目。

当前，人民币国际化进程已进入初级阶段——人民币区域化、跨境计价结算试点期、货币互换、发行人民币债……伴随着金融海啸带来的巨大影响，人民币国际化航船悄然扬帆，逐步向更广阔的领域驶去。

与人民币国际化共同展现的，必将是一个新的国际金融秩序。

一般来讲，人民币国际化必须要有恰当的路径和明确的整体发展战略。通常而言，交易媒介、价值储藏和计价标准是国际货币的三种职能：货币国际化过程，一般发端于国际间日益频繁的交易支付；之后非居民的官方和私人部门开始采用该货币作为计价货币；由于交易和支付中的大量使用，出于应对交易的预防性需求等其他目的持有该货币作为储藏货币。

衡量人民币国际化的标准可以概括为：人民币是否在世界范围内发挥价值尺度的职能，被广泛作为国际经贸往来的计价单位；人民币在国际贸易结算中使用的比重不断增加；人民币是否充当国际清算货币；人民币在国际投资和国际信贷活动中使用的比重不断增加。

此外，人民币是否作为国际干预货币使用，即能否为各国政府中央银行所持有，并作为外汇平准基金来干预外汇市场；人民币能否发挥国际储备资产的职能，以及其在国际储备资产中所占的比重；人民币在世界上的流通数量；人民币在国际金融中心的交易比例。

结合中国现实，人民币国际化可归纳为“三步走”：

先人民币周边化，推进人民币在港澳及越南、老挝、缅甸、尼泊尔、蒙古等周边国家和地区的流通；再区域化，不断提升人民币在其他亚洲国家的地位，使之逐步成为区域性主导货币；最后逐步使人民币实现国际化。即以我国为圆心，不断扩大人民币信任的半径。其次，在货币职能上也采取“三步走”，即逐步实现人民币结算货币、人民币投资货币、人民币储备货币的取向。

纵观人民币国际化现状，会发现人民币在周边地区已基本是硬通货、“第二美元”和储备货币，已经开始承担国际货币的功能。作为国际化的初级阶段，人民币区域化可以部分得到铸币税收益，能够降低结算成本，提升人民币资产的影响力和吸引力，能够促进区域经济一体化进程。

近期，国家出台了一系列促进人民币区域化的措施，使人民币区域化步伐加快，使人民币向成为地区关键货币的目标迈进。如在上海市和广东省内四城市开展跨境贸易人民币结算试点等。据有关资料表明，对出口企业来说，用人民币结算大致可以节约3% –5%左右的成本。

其二，货币互换。近期，中国人民银行相继与韩国、马来西亚、白俄罗斯、印度尼西亚、阿根廷等国的央行以及香港金管局签署了总计6500亿元的六份货币互换协定，互换的有效期延长至3年。我国签署以本币为基础的互换协议，走出了人民币国际化的重要一步，降低了对美元的需求。

其三，发行人民币债券。近日，国家开发银行宣布在香港发行人民币债券。而由国外商业机构发行的人民币债券也即将诞生，在国内市场发行人民币面值的股票也在探讨之中。这就意味着同时在居民在海外以人民币筹资、非居民在国内以人民币筹资两个方面进行了尝试。这是人民币资本项目开放与人民币区域化的又一重人举措，对于人民币投资功能的发挥有着重要的意义。

事实上，中国巨大的市场向来是亚洲国家对外贸易的重要目标市场；中国与亚洲特别是港澳台的经济合作，是人民币货币区域化形成的经济基础；我国拥有巨额的外汇储备，企业的规模和效率不断提高，受资源的约束，开始加快对外投资的步伐。利用这一时机有意识地推动人民币区域化，也将与我国贸易和投资的扩张实现良性互动。

不过，尽管经济金融的发展使人民币成为国际货币的可能性与日俱增，但人民币完全国际化还有相当长的路要走。

从经济层面看，中国经济还存在比较严重的结构性矛盾。比如说消费比例过低，投资比例过高，外贸依存度过高，国民经济运行的效率也需有较大的提高。

就金融层面看，一是人民币国际流通量增长不足；二是国内金融市场深度、广度和国际标准化程度也不够；三是利率市场化、完善人民币汇率机制、资本项目可兑换等都需要进一步推进，我国的金融体系仍然比较脆弱。同时，现有国际货币具有惯性，新的国际货币要想发展甚至取代旧的国际货币不可能一蹴而就。

与此同时，人民币区域化将使我国在一定程度上面临损害货币政策独立性、投机冲击与币值波动等风险。毕竟，现阶段我国资本项目没有完全放开，大规模推进人民币国际化进程的基础并不稳固。

至于人民币国际化的风险，也是我们必须面对的现实困难。这里所说的人民币国际化是指人民币在资本项目完全放开、实现了可兑换后，具备国际货币的功能。届时，人民币国际化的负面影响可能体现在五个方面，诸如“特里芬难题”、影响宏观调控、不利稳定性、国际收支失衡和可能的国际化逆转。

所谓陷入“特里芬两难”，即货币受到世界信任，在国际计价、交易和价值储藏中广为运用，世界对该国货币的相对需求大幅增加，表现为该国货币升值，产生贸易逆差。在逆差积累到一定程度后，可能引起其他国家对该国货币的信任危机，进而削弱了其作为国际货币的基础。

其次是人民币国际化将明显增加宏观调控难度，削弱国家调控物价和GDP增速等经济目标的能力。再者是人民币国际化将不利于和干扰我国经济的稳定性，使金融市场和宏观经济变得容易波动甚至动荡。

此外，中国在本币国际化之后理应承担起平抑世界经济波动的责任，对外供应人民币的责任可能导致中国贸易收支状况趋于恶化，国际收支失衡。

最后，如果人民币币值不稳定，可能遭受国际化逆转风险，即人民币国际化程度出现反复甚至出现被其他国际货币替代的风险。

推进和实施人民币国际化“三步走”中的策略步骤必须是相互衔接、

相互交叉进行的。尤其是各个阶段要与资本项目的开放，也即人民币可兑换相配套、相衔接、相呼应。也就是说，人民币可兑换与国际化可交叉或同步进行，互为促进。当前，国际社会十分关注人民币国际化的详细时间表。

金融学点睛

最近中央支持上海“两个中心”建设的文件中明确提出“到2020年，基本建成与我国经济实力以及人民币国际地位相适应的国际金融中心”。不难看出，上述政策表述中已经暗含了人民币资本项目可兑换乃至人民币国际化的时间表。当务之急是将时间表进一步细化，以及对各个时点、各个路径阶段的利弊进行充分的论证。

第九章 世界金融战争

——关注国际贸易要学的金融学

外汇市场的交易活动给人们提供了这样一种经验，即人们对市场的心理预期力量是决定短期汇率走势的较为重要的因素。近年来，随着我国经济的日益强大，外汇市场上对人民币也产生了升值的预期，这在一定程度上促使我国汇率出现上升的趋势。

人民币汇率影响因素相关性分析及趋势预测

——利率汇率

近年来，随着我国经济的高速增长、贸易顺差的逐年扩大，出口的不断增加，人民币遭受了空前的升值压力，人民币汇率问题再次成为世界关注的焦点。本文首先阐述了人民币汇率的影响因素，包括我国经济发展状况、贸易收支差额、利率、通货膨胀率，并分析了它们之间的相关性。

1994年以来，随着我国汇率管理体制的改革、人民币官方市场汇率和外汇调剂市场汇率并存的汇率制度的废除，影响人民币汇率的因素也越来越复杂化。人民币币值除受我国经济发展状况、通货膨胀率变动的影响外，还随着国内外利差、贸易收支差额等因素变化而变化。

很多分析表明近年来人民币汇率与我国GDP增长率、贸易收支差额具有较强的相关性：利率由于受政策影响，解释能力较弱，但是随着我国经济市场化的进一步加强，人民币汇率将会越来越受到利率的影响。

我国货币的汇率是它所代替的对外价值的反映，它与本国货币币值稳定有着直接关系，而币值稳定程度又是由本国经济状况决定的。70年代以来，日元币值趋于上升，美元币值日趋下跌，主要就是由于日本经济实力增强，而美国经济实力相对下降造成的。

我国国民经济发展状况是决定人民币汇率长期发展趋势的根本原因，而国民经济发展状况主要体现在GDP的增长上。

GDP是一国国内居民在一定时期内所生产的全部最终产品和劳务的社会价值，它反映了我国经济总量水平。我国的GDP如果较高，则说明生产和消费都比较繁荣，社会大众会对其经济的运行状态产生好的预期，会促使生产和消费更加繁荣；企业对经济前景看好会增加投资，商业银行因此敢于发放中长期借款，劳动者随着收入的增加而扩大消费。这些因素都会增加对本币的需求，促使本币汇率的上升。另外 GDP 高的国家在世界上的经济地位上升也快，经济实力的增强提高了该国货币的国际地位，代表强大经济实体的货币币值将趋于坚挺。

在纸币流通的制度下，货币由于大小的不同，且具有不同的含金量，因此货币平价这内在价值不再是货币汇率的主要决定因素，货币汇率因而也失去了其稳定性。那么汇率又受了什么价格因素影响呢？购买力平价理论定义为是纸币制度下最早和肯定最持久的汇率决定理论。购买力评价理论主要内容是：本国人需要外国货币，是因为外国货币在其发行国有购买力。外国人需要本国货币是因为本国货币在本国有购买力。购买力评价有两种形态，绝对购买力评价和相对购买力平价。

绝对购买力平价理论认为：按一定比率用本币购买外币，也就是购进了外币的购买力。所以两国货币之间的兑换率由两国货币的购买力决定。相对购买力平价认为两国货币汇率的变化决定了它们的购买力变化程度之比。购买力平价理论的出现为当时实行浮动汇率制的国家恢复汇率稳定提供了理论基础。

根据购买力平价理论，我们可以看出通货膨胀率和汇率变动相关性。我国通货膨胀率高的时候本国汇率就下跌，当一国通货膨胀率下降的时候，本国汇率就上升。一般来说，通货膨胀通过以下一个方面影响了汇率水平。第一，进口成本推动；第二，出口成本上升；第三，贬值预期的形成。但值得注意的是通货膨胀对汇率的影响一般要经过一段时间才能显现出来，因为它的影响往往要通过这些经济机制体现出来。

但是在我国，人民币汇率变化并没有反映出我国国内物价水平的相应变化，也没有呈现出根据购买力平价理论得出的汇率与物价水平的负相关关系。例如根据购买力平价理论，当我国物价水平高的时候人民币汇率应该下跌。但是在 1994 年人民币汇率改革后，即使在通货膨胀严重的 1995 –1997 年间，人民币汇率也逐渐升值。

出现这种现象的主要原因是因为人民币汇率形成的市场机制还很不完善，人民币汇率水平并不能充分反映出人民币的实际价值；并且人民币汇率的制度安排和中央银行干预的程度与意愿都使人民币汇率水平和国内外物价因素的变化缺乏一定的联系。因此，国内通胀水平与人民币汇率之间并不存在高度的一致性。但是随着人民币完全可兑换进程的发展，我国汇率市场化程度的加强和对外开放的扩大，人民币汇率与国内外物价水平的联系应该会逐步密切起来，通货膨胀因素将成为判断人民币汇率长期走势的一个非常重要的因素。

利率在宏观经济中占有非常重要的地位，它对一国汇率水平也具有重大影响。当前，对利率和汇率关系解释最完善的就是利率平价理论。根据利率平价理论，利率的高低，会影响一国金融资产的吸引力。

一国利率的上升，会使该国的金融资产对本国和外国的投资者来说更有吸引力，从而导致资本内流，汇率升值。当然这里也要考虑一国利率与别国利率的相对差异，如果一国利率上升，但别国也同幅度上升，则汇率一般不会受到影响；如果一国利率虽有上升，但别国利率上升更快，则该国利率相对来说反而下降了，其汇率也会趋向下跌。另外，利率的变化对资本在国际间流动的影响还要考虑到汇率预期变动的因素，只有当外国利率加汇率的预期变动率之和大于本国利率时，把资金移往外国才会有利可图。

一般来讲，利率通过以下几种机制影响汇率。首先，利率会通过短期资本的流动来影响汇率。例如当一国利率上升的时候，会吸引国际资本的流入，增加对本国货币的需求和对外币的供给，从而促使本国汇率上升。反之亦然。一国利率变化对汇率的影响还可通过贸易项目发生作用。当该国利率提高时，意味着国内居民消费的机会成本提高，导致消费需求下降，同时也意味着资金利用成本上升，国内投资需求也下降，这样，国内有效需求总水平下降会使出口扩大，进口缩减，从而增加该国的外汇供给，减少其外汇需求，使其货币汇率升值。

不过，在这里需要重点强调的是，利率因素对汇率的影响是短期的，一国仅仅依靠高利率来维持汇率坚挺，其效果是有限的，因为这很容易引起汇率的高估，而汇率高估一旦被市场投资者（投机者）所认识，就有可能产生更严重的本国货币贬值风潮。例如，20 世纪 80 年代初期，为了缓和通货膨胀，促进经济复苏，美国政府采取了紧缩性的货币政策，大幅度提高利率，其结果使美元在 20 世纪 80 年代上半期持续上扬，但是 1985

年，伴随美国经济的持续低速，美元高估的现象已经非常明显，从而引发了1985年秋天美元开始大幅度贬值的风潮。

但是就人民币汇率而言，上述的传导过程并不完全，其与汇率的相关性并不是那么强。主要原因是由于我国利率市场化程度不高，长期由计划决定，借贷市场和资本市场发展缓慢。但是随着利率市场化改革的逐步深入，利率和人民币汇率的相关性将会大大提高。

汇率和贸易收支状况的关系一直是汇率研究的中心问题。贸易收支差额是国际收支平衡表中经常项目下的重要内容。从理论上看，我国商品、劳务的出口会带动对本国货币的需求，商品、劳务的输入会带动对外币的需求，因此，贸易收支差额会在一定的程度上作用于人民币汇率。

一般来讲，如果其他条件不变，一国的贸易收支较以前改善，或顺差增大，或逆差缩小，外汇收入就会增加，一国货币就较前升值；如果一国国际收支比以前恶化了，一国货币就对外贬值，要以更多的本币换取更多的外币。

因此，一般来讲，贸易收支状况与一国汇率是正相关关系。1978年改革开放以来，我国进出口贸易增长迅速，到2005年进出口总额已达到14221亿美元，比上年增长23.2%。对外贸易规模的扩大，贸易收支顺差的提高也形成了人民币汇率升值的潜在压力，1994年以后这种压力更加明显，逼迫人民币呈现出暗中有升的态势。

目前国际社会中实行的浮动汇率制并不是一种彻底的浮动汇率制，而是一种有管理的浮动汇率制。中央银行不仅通过间接的方法如货币政策进行干预，还经常在外汇市场异常波动时直接干预外汇市场。中央银行影响外汇市场的主要手段是：（1）直接在外汇市场上买进或者卖出外汇。（2）对汇率进行了不同形式的干预，调整国内货币政策或者财政政策，或改变两者之间的搭配；（3）发表影响外汇市场预期声明；（4）与其他国家联合，进行直接干预或者通过政策协调进行间接干预等。

中央银行实行干预，其对外汇市场造成的影响主要有以下两个方面：

（1）如果外汇市场异常波动是因为信息效益差、突发事件、人为投机等因素引起的，这些因素对外汇市场的扭曲是短暂的，那么，中央银行的干预会十分有效，或者说，中央银行的直接干预至少可能使这种短期的扭曲提前结束。

（2）如果一国货币的汇率的长期偏高或偏低是由于该国的宏观经济水平、利率和政府货币政策决定的，那么，中央银行的干预从长期来看是无效的。

金融学点睛

中央银行的干预只能对汇率的短期走势产生一定的影响，并不能从根本上改变汇率的长期走势。从我国外汇市场的发展状况不难看出，由于我国外汇市场规模相对有限，因此中央银行的干预能力对人民币汇率的影响是相当强的，市场影响力也是比较大的。

人的心理状态起着至关重要的作用
——外汇市场

人的心理状态对外汇市场起着举足轻重的作用。当交易者预期某种货币的汇率在今后可能下跌时，他们为了避免损失或获取额外的好处，就会大量地抛出这种利率货币，而当他们预料某种货币今后可能上涨时，则会大量地买进这种货币。

国际间不少外汇专家甚至认为，外汇交易者对某种货币的预期心理现在已是决定这种货币市场汇率变动的最主要因素。因为在这种预期心理的支配下，转瞬之间就会诱发资金的大规模运动。由于外汇交易者预期心理的形成大体上取决于一国的经济增长率、货币供应量、利率、国际收支和外汇储备的状况、政府经济改革、国际政治形势及对此突发事件等很复杂的因素。因此，预期心理不但对汇率的变动有很大影响，而且还带有捉摸不定、不易分辨的特点。1989 年，日本爆发股市丑闻，波及政局，人们对日本经济前景十分忧虑。汇市上，汇率出现了与经济预测完全相反的波动。在日本经济增长强劲、外贸盈余的情况下，却出现抛售日元、收购美元的景观，推动汇率下跌。

外汇市场的交易活动给人们提供了这样一种经验，即人们对市场的心理预期力量是决定短期汇率走势的较为重要的因素。近年来，随着我国经济的强大，外汇市场上对人民币也产生了升值的预期，这在一定程度促使我国汇率呈现上升的趋势。

发现我国人民币汇率与各影响因素之间的相关关系与规律。人民币汇率我们选用直接标价法的年均即期汇率，即1美元兑换的人民币元的数量。

通过这些我们可以看出：

（1）经济增长率变动与人民币汇率的关系：通过对1993－2003年的经济增长数据分析，我国经济增长与人民币汇率呈现显著的正相关性：经济增长率与人民币汇率的相关系数达到1.123，这说明我国经济增长率对人民币汇率有较大影响，即如果其他变量保持不变，增长率每增加1%，我国汇率将会升值1.123%。

（2）通货膨胀率变动与人民币的关系：一般来讲，当我国物价指数上升快于美国，假设其他条件不变，人民币应该贬值。但通过实证发现，1993－2009对年间人民币名义汇率反而上升。即通货膨胀率同人民币汇率是正相关的，相关系数达到0.743，既通货膨胀率每增加1%，我国汇率将会升值0.743%。产生这种现象的主要原因有两个，一是1994年初汇率并轨低估了人民币币值，其汇率向真实币值回归的压力大于由通货膨胀产生的贬值的压力。二是人民币汇率形成机制的不完善。

（3）国际收支差额变动与人民币汇率的关系：汇率决定理论显示，如果一国国际收支持续顺差，该国汇率会呈上升的态势；反之，则汇率呈下降态势。我国人民币汇率实证数据也验证了这点。通过对1993－2009年的经济增长数据分析，我国国际收支与人民币汇率呈现正相关性：国际收支差额与人民币汇率的相关系数达到0.423，即如果其他变量保持不变，国际收支每增加1%，我国汇率将会升值0.423%。

（4）利率变动与人民币汇率的关系：利率政策是一个国家重要的货币

政策工具。利率影响汇率的方式也是五花八门的。首先，利率的相对高低会影响资本流动的方向，较高的利率水平会刺激国际资本流入，并减少本国的流出资金。同时，由利率引起的资本流动还必须考虑未来小利变动后金融资产的所有者仍然有利可图时，才会使国际资本的流动成为现实，利率差异对汇率走势的影响力不断提高。描述利率差异对汇率走势影响的理论主要是利率平价理论。

根据理论，利率决定汇率的前提条件是存在一个均衡的市场利率、货币完全可兑换。从我国的实际经济状况看，这两个前提条件都是不成立的，因此利率平价在目前阶段对于人民币汇率走势的解释能力自然不强（其相关系数只有0.373）。不过，只要两国利差高于套利的交易成本，套利行为就必然存在，随着金融开放进程的推进，利率市场化改革的深化，利率对于人民币汇率走势的解释能力会越来越强。

通过构造计量经济模型分析了人民币影响因素对人民币汇率的相关性，研究结果表明，近年来人民币汇率与我国GDP增长率、贸易收支差额具有较强的相关性。通货膨胀率、利率由于政策影响，解释能力较弱，但是随着我国经济市场化的进一步加强，人民币汇率将会越来越受到通货膨胀率和利率的影响。

这一定量分析结论验证了前述人民币汇率影响因素相关性定性分析的正确性，深化了我们对我国汇率波动和影响因素之间相互关系的理论认识，对相关人民币汇率政策抉择也有重要的参考意义。

根据上面的定性定量分析，我们可以分析并初步判断2006年人民币汇率的走势：

第一，2010年是实施“十五”规划的第一年，我国经济发展面临的国内外宏观经济环境趋好，预计2010年我国GDP的增速仍将达到8.5%左右。根据模型，GDP是近年来人民币汇率的主要决定因素，GDP的增长将有利于保持人民币汇率的坚挺和稳定。

第二，随着前期高投资形成的产能集中释放，2010年后中国经济面临产能过剩的压力将越来越大，粮食连续两年丰收，2011年粮食价格很难回升，因此，2010年我国存在通货紧缩的潜在风险。另外，随着国际石油价格逐步回落，2010 年国际石油价格也不会出现大幅上涨，因此，2010 年物价总水平将保持基本稳定，甚至有所下降，除非发生大的突发事件，出现大幅上升的可能性较小。平稳甚至略有下降的价格总水平都将促使人民币汇率保持稳中略升的趋势。

第三，从国际形势来看，美国经济增势迅猛，美联储连续 13 次提高美国联邦基金利率至 4.25%，加大了美国与欧元区和日本之间的利差水平，增大了美元资金的吸引力，有利于吸引外部资金流入美国，有力地提高了美元汇率。估计美国经济将继续处于平稳增长期，有助于保持人民币汇率稳中有升的发展趋势。

第四，2009 年我国的国际收支状况。与 2008 年相比，2009 年我国对外贸易形势趋紧。据专家预计，2010 年中国对外贸易规模有望超过 1.6 万亿美元，增长 15% 左右，增幅将比 2009 年有所降低，预计 2010 年的贸易顺差将会下降。另一方面，随着我国经济的发展和人民币汇率的升值，我国的对外投资会有所增加，外资流入会有所减少，估计 2010 年贸易资本双顺差额度将有所减轻，但影响有限。因此，2010 年我国国际收支状况仍将是推动人民币汇率上行的力量，但力度将有所减轻。

第五，从预期来看，目前人民币汇率已有一定程度的上升，但是离人们的期望值还有一定差距，因此随着我国经济的持续发展，人民币汇率上升的预期仍普遍存在，而这种预期仍将推动人民币汇率继续上升。另外，目前国内的利率水平相对于国外过低，实际利率甚至为负，因此，利率上调势在必行，但利率上调又会引起热钱流入，加大人民币升值压力。

金融学点睛

人民币汇率在2010 年将保持稳定，但稳定不等于固定不变，总体是稳中趋升的稳定，在上升过程中围绕中心汇率上下波动。当然，不排除会出现下降的可能，例如在以下三种情况下人民币汇率可能会下降：(1) 盯住的一篮子货币汇率下降；(2) 我国贸易出现大量逆差，通货出现严重膨胀；(3) 一些不可预料的意外事件发生等。

国际金融信用危机的实际内幕
——国际信用

2009 年 6、7、8 月以来，美国金融市场动荡不安，形势急转直下，全球股票市场出现了罕见的集体暴跌行情。

“美联储对问题的严重性一清二楚，一场巨大的金融海啸已不可避免，发生的时间段就是 2008 年 6 月到 2009 年夏，但直到目前为止，美联储完全没有向世界投资者发出任何预警。在毫无警觉和预防的情况下，世界范围内的广大投资人势必遭受灭顶之灾。”

7 月 12 日，历经 11 天银行挤兑，美国第二大房贷银行 IndyMac 轰然倒塌，这是美国历史上破产的最大存贷银行及第二大被关闭的金融机构。

9 月 7 日，房利美、房地美被美国政府托管，成为美国有史以来最大的金融拯救行动。9 月 16 日，美国第四大投行，拥有 158 年历史，资产高达 6000 亿美元的雷曼兄弟公司宣布破产，美国股市当日狂泻 504 点，创下美国 2001 年“9·11”以来的最大单日跌幅。同日，已有 94 年历史，资产高达 9000 亿美元的美林公司，周日晚间同意以大约 440 亿美元的价格将自己出售给美国银行。至此，华尔街五大投行高盛、摩根士坦利、美林、雷曼兄弟、贝尔斯登中，三家已经灰飞烟灭，仅剩高盛与摩根士坦利尚在风雨中摇摇欲坠。

2008 年以来，美国已倒闭了 11 家银行，另有 117 家可能破产的银行正被美国联邦储蓄保险公司严密监控，其中最有可能很快破产或被兼并的银行和金融机构有华盛顿互惠银行等。

当美国最大的存贷银行 WaMu 级别的银行再倒闭 2－3 家时，FDIC 自身也将陷入资不抵债的窘境，这个仅有 452 亿美元自有资产的联邦储蓄保险公司竟然为比自身资产总量大 101 倍的全美银行储蓄保着险，当它危机到来时，如果美国财政部不伸出援手，必将导致整个美国银行业的挤兑风潮。很显然，美国的整个金融体系面临着严峻的考验。

实际上，华尔街创造出的高达600万亿美元的金融衍生产品市场可能发生崩盘，这一世界金融史上规模空前的超级“堰塞湖”正在发生危险的溃决，特别是其中62万亿美元的信用违约掉期已构成了对全球金融市场稳定的迫在眉睫的重大威胁。

这正是贝尔斯登在72小时之内被吞并、美林在48小时被收购、两房被政府突然接管的真正原因。这一至关重要的信息被美国的媒体有意地“忽略”了。美林和贝尔斯登都是CDS的超级玩家，其中贝尔斯登就是高达13万亿美元CDS的风险对家，9月8日两房更面临高达1.4万亿美元CDS合约的清算，美国政府接管两房的本质就是以美国政府的国债违约赌博来置换两房无可避免的债券违约所造成的高达1万亿美元的即时违约支付，这样规模的即时偿付金额将彻底地摧毁华尔街几乎全部的金融机构。

如果没有财政部的立刻介入，美国金融体系在9天前就已完全崩溃了。什么是信用违约掉期（CDS）？信用违约掉期是1995年由摩根大通首创的一种金融衍生产品，它可以被看作是一种金融资产的违约保险。长久以来，持有金融资产的机构始终面临一种潜在的威胁，这就是债务方可能出于种种原因不能按期支付债务的利息，如此一来，持有债权的机构就会发现自己所持的金融资产价格贬值。

美国金融界一直在努力“剥离”和“转让”这种违约风险。信用违约掉期的出现满足了这种市场需求。作为一种高度标准化的合约，信用违约掉期使持有金融资产的机构能够找到愿意为这些资产承担违约风险的担保人，其中，购买信用违约保险的一方被称为买家，承担风险的一方被称为卖家。双方约定如果金融资产没有出现违约情况，则买家向卖家定期支付“保险费”，而一旦发生违约，则卖方承担买方的资产损失。

承担损失的方法一般有两种，一是“实物交割”，一旦违约事件发生，卖保险的一方承诺按票面价值全额购买买家的违约金融资产。第二种方式是“现金交割”，违约发生时，卖保险的一方以现金补齐买家的资产损失。

信用违约事件是双方均事先认可的事件，其中包括：金融资产的债务方破产清偿、债务方无法按期支付利息、债务方违规招致的债权方要求召回债务本金和要求提前还款、债务重组。一般来讲，买保险的主要是大量持有金融资产的银行或其他金融机构，而卖信用违约保险的是保险公司、对冲基金，也包括商业银行和投资银行。合约持有双方都可以自由转让这种保险合约。

从表面上看，信用违约掉期这种信用衍生品满足了持有金融资产方对违约风险的担心，同时也为愿意和有能力承担这种风险的保险公司或对冲基金提供了一个新的利润渠道。事实上，信用违约掉期一经问世，就引起了国际金融市场的热烈追捧，其规模从2000年的1万亿美元，暴涨到2010年5月的62万亿美元。

其中，这一数字只包括了商业银行向美联储报告的数据，并未包括投资银行和对冲基金的数据。据统计，仅对冲基金就发行了31%的信用违约掉期合约。致命的缺陷问题是，信用违约掉期市场存在着重大的制度性缺陷，62万亿美元的规模将整个世界金融市场暴露在了一个前所未有和无法估量的系统性风险之下。

其中，最大的风险就是信用违约掉期完全是柜台交易，没有任何政府监管。格林斯潘曾反复称赞信用违约掉期是一项重大的金融创新，在全球范围分散了美国的信用风险，并增加了整个金融系统的抗风险韧性，他认为银行比政府更有动力和能力来自我监管信用违约掉期的风险，从而坚决反对政府对金融衍生品市场的监管。

然而，事实是信用违约掉期已经发展成为一枚正在嘀嗒作响的“金融核弹”，随时威胁着整个世界的金融市场的安全。信用违约掉期的另一个巨大风险是没有中央清算系统，没有集中交易的报价系统，没有准备金保证要求，没有风险对家的监控追踪，一切都是在一个黑暗的匣子里，以一种信息不对称的形式在运作，目的就是为了交易商们获得最高的收益。

与此同时，信用违约掉期早已不再是金融资产持有方为违约风险购买保险的保守范畴，它实际上已经异化为了信用保险合约买卖双方的对赌行为。

双方其实都可以与需要信用保险的金融资产毫无关系，他们赌的就是信用违约事件是否出现。这种对赌的行为和规模早已远远超出信用违约掉期设计的初衷。

2006年夏季以来，美国房地产价格暴跌了25%，4万亿美元的财富已化为泡影。以大约33倍杠杆运作的两房显然无法消化这种规模的损失，两房的资产支持债券（MBS）的违约率急升6－7倍，这是导致两房自有资本金完全损失的直接因素。原本估计两房在9月30日高达2230亿美元的短债滚动（借新债还旧债）时将会失败，从而导致现金流断裂，但美国政府于9月7日提前介入以避免矛盾的表面化，达成了消解CDS危机于无形的目的。

政府的托管行为提前触发了信用违约掉期的“违约事件”条件，那些豪赌两房不会发生违约的超级赌徒们在9月8日将立刻面临高达1万亿美元违约支付金额，这些必然失败的支付将产生庞大的信用违约掉期更大范围的扩散，至9月11日，违约总额将达到10万亿美元，而9月12日违约总额将高达20万亿，9月13日以后，世界几乎所有主要金融机构都将荡然无存了。

当然，事情并未出现如此毁灭性的局面，这是因为政府托管带来了一个巨大的隐性好处。那就是，政府保证两房债券不会出现违约。实际上，美国政府是用国家信用来置换两房债券的信用，其实质就是以美国国债出现违约的可能去替代两房债券出现违约的可能。

金融学点睛

作为美元的发行者，美国永远可以开动印钞机去偿还以本币支付的国债，从而使美国国债出现违约的可能性降至为零。

这样一来，两房的债券违约的可能性大大地降低了。这就是9月8日当两房最大的13家信用违约掉期的风险对家们坐在一起还能够平心静气地喝着咖啡，微笑着探讨关于两房CDS交割方面的细节问题的秘密。我们需要清醒地认识到，是美国政府的直接干预挽救了本来应该已经崩盘的62万亿美元的信用违约掉期市场。全世界的金融市场其实已经浑然不觉地在死神面前逃过一劫了。

利率差异，利率高低，会影响一国金融资产的吸引力

——外汇和汇率

一国外汇供求的变动要受到许多因素的制约。这些因素既有经济的，也有非经济的，而各个因素之间又相互联系，相互制约，甚至相互抵消的关系，因此汇率变动的原因极其错综复杂，下面我们将作具体分析：

1. 国际收支状况。国际收支是一国对外经济活动的综合反映，它对一国货币汇率的变动有着直接的影响；而且，从外汇市场的交易来看，国际商品和劳务的贸易构成外汇交易的基础，因此它们也决定了汇率的基本走势。

例如自20世纪80年代中后期开始，美元在国际经济市场上长期处于下降的状况，而日元“恰恰”相反，一直不断升值，究其原因就是美国长期以来出现国际收支逆差，而日本持续出现巨额顺差。仅以国际收支经常项目的贸易部分来看，当一国进口增加而产生逆差时，该国对外国货币产生额外的需求，这时，在外汇市场就会引起外汇升值，本币贬值，反之，当一国的经常项目出现顺差时，就会引起外国对该国货币需求的增加与外汇供给的增长，本币汇率就会上升。

2. 通货膨胀率的差异。通货膨胀是影响汇率变动的一个长期主要而又有规律性的因素：在纸币流通条件下，两国货币之间的比率，从根本上说是根据其所代表的价值量的对比关系来决定的；因此，在一国发生通货膨胀的情况下，该国货币所代表的价值量就会减少，其实际购买力也就下降，于是其对外比价也会下跌：当然如果对方国家也发生了通货膨胀，并且幅度恰好一致，两者就会相互抵消，两国货币间的名义汇率可以不受影响，然而这种情况凤毛麟角，一般来说，两国通货膨胀率是不一样的，通货膨胀率高的国家货币汇率下跌，通货膨胀率低的国家货币汇率上升。

需要清楚的是通货膨胀对汇率的影响一般要经过一段时间才能显现出来，因为它的影响往往要通过一些经济机制体现出来：

（1）商品劳务贸易机制。一国发生通货膨胀，该国出口商品劳务的国内成本提高，必然提高其商品，劳务的国际价格，从而削弱了该国商品，劳务在国际上的竞争能力，影响出口和外汇收入。

相反，在进口方面，假设汇率不发生变化，通货膨胀会使进口商品的利润增加，刺激进口和外汇支出的增加，从而不利于该国经常项目状况：

（2）国际资本流动渠道。一国发生通货膨胀，必然使该国实际利息率（即名义利息率减去通货膨胀率）降低，这样，用该国货币所表示的各种金融资产的实际收益下降，导致各国投资者把资本转向国外，不利于该国的资本项目状况。

（3）心理预期渠道。一国持续发生通货膨胀，会影响市场上对汇率走势的预期心理，继而有可能产生外汇市场参加者有汇惜售，无汇抢购的现象，进而对外汇汇率产生影响。

据估计，通货膨胀对汇率的影响往往需要经历半年以上的时间才显现出来，然而其延续时间却较长，一般在几年以上。

3．经济增长率的差异。在其他条件不变的情况下，一国实际经济增长率相对别国来说上升较快，会使该国增加对外国商品和劳务的需求，结果会使该国对外汇的需求相对于其可得到的外汇供给来说趋于增加，导致该国货币汇率下跌。不过，在这里注意两种特殊情形：一是对于出口导向型国家来说，经济增长是由于出口增加而推动的，那么经济较快增长伴随着出口的高速增长，此时出口增加往往超过进口增加，其汇率不跌反而上升；二是如果国内外投资者把该国经济增长率较高看成是经济前景看好，资本收益率提高的反映，那么就可能扩大对该国的投资，以至抵消经常项目的赤字，这时，该国汇率亦可能不是下跌而是上升：我国就同时存在着这两种情况，近年来，尤其是2003年中国一直面临着人民币升值的巨大压力。

4．利率差异利率高低，会影响一国金融资产的吸引力。一国利率的上升，会使该国的金融资产对本国和外国的投资者来说更有吸引力，从而导致资本内流，汇率升值。当然不能不考虑一国利率与别国利率的相对差异，如果一国利率上升，但别国也同幅度上升，则汇率一般不会受到影响；如果一国利率虽有上升，但别国利率上升更快，则该国利率相对来说反而下降了，其汇率也会趋于下跌。

另外，利率的变化对资本在国际间流动的影响还要考虑到汇率预期变动的因素，只有当外国利率加汇率的预期变动率之和大于本国利率时，把资金移往外国才会有利可图，这便是在国际金融领域十分著名的国际资金套买活动的“利率平价理论”。

最后，一国利率变化对汇率的影响还可通过贸易项目发生作用：当该国利率提高时，意味着国内居民消费的机会成本提高，导致消费需求下降，同时也意味资金利用成本上升，国内投资需求也下降，这样，国内有效需求总水平下降会使出口扩大，进口缩减，从而增加该国的外汇供给，减少其外汇需求，使其货币汇率升值：不过在这里需要重点说明的是，利率因素对汇率的影响是短期的。

一国仅靠高利率来维持汇率强盛，其效果是有限的，因为这很容易引起汇率的高估，而汇率高估一旦被市场投资者（投机者）所认识，很可能产生更严重的本国货币贬值风潮：例如，20 世纪 80 年代初期，里根入主白宫以后，为了缓和通货膨胀，促进经济复苏，采取了紧缩性的货币政策，大幅度提高利率，其结果使美元在 20 世纪 80 年代上半期持续上扬，但是 1985 年，伴随美国经济的不景气，美元高估的现象已经相当严重，从而引发了 1985 年秋天美元开始大幅度贬值的浪潮。

5. 财政收支状况。政府的财政收支状况常常也被作为该国货币汇率预测的主要指标，当一国出现财政赤字，其货币汇率是升还是降主要取决于该国政府所选择的弥补财政赤字的措施。一般来说，为弥补财政赤字一国政府可采取四种措施：一是通过提高税率来增加财政收入，但这样，会降低个人的可支配收入水平，从而个人消费需求减少，同时税率提高会降低企业投资利润率而导致投资积极性下降，投资需求减少，导致消费品进口减少，出口增加，进而导致汇率升值；二是减少政府公共支出，这样会通过乘数效应使该国国民收入减少，减少进口需求，促使汇率升值；三是增发货币，这样将引发通货膨胀，由前所述，将导致该国货币汇率贬值；

四是发行国债，从长期看这将导致更大幅度的物价上涨，也会引起该国货币汇率下降。在这四种措施中，各国政府比较有可能选择的是后两种，尤其是最后一种，因为发行国债，相反由于国债素有“金边债券”之称，收益高，风险低，为投资者提供了一种较好的投资机会，深受各国人民的依赖，因此在各国财政出现赤字时，其货币汇率往往是看贬的。

6．外汇储备的高低。一国中央银行所持有外汇储备充足与否反映了该国干预外汇市场和维持汇价稳定的能力大小，因而外汇储备的高低对该国货币稳定起主要作用。外汇储备太少，往往会影响外汇市场对该国货币稳定的信心，从而引发贬值；相反，外汇储备充足，往往该国货币汇率也较坚挺。

例如：1995 年 3 月到 4 月中旬国际外汇市场爆发美元危机，一个重要的原因就是当时克林顿政府为缓和墨西哥金融危机动用了 200 亿美元的总统外汇平准基金，动摇了外汇市场对美国政府干预外汇市场能力的信心。

7．心理预期因素。在外汇市场上，人们买进还是卖出某种货币，同交易者对今后情况的判断有很大关系：如果交易者预期某种货币的汇率在今后可能下跌时，他们为了避免损失或获取额外的好处，便会大量地抛出这种货币，而当他们预料某种货币今后可能上涨时，则会大量地买进这种货币。国际间一些外汇专家甚至认为，外汇交易者对某种货币的预期心理现在已是决定这种货币市场汇率变动的最主要因素，因为在这种预期心理的支配下，转瞬之间就会诱发资金的大规模运动。由于外汇交易者预期心理的形成大体上取决于一国的经济增长率，货币供应量，利率，国际收支和外汇储备的状况，政府经济改革，国际政治形势及一些突发事件等很复杂的因素，因此，预期心理不但对汇率的变动有很大影响，而且还带有难以把握，十分易变的特点。

要特别注意的是在预期心理对汇率具有很大影响的情况下，外汇市场对政府所公布的“新闻”的反应，也不仅取决于这些“新闻”本身是“好消息”还是“坏消息”，更主要取决于它是否在预料之中，或者是“好于”还是“坏于”所预料的情况。总之，信息因素在外汇市场日趋发达的情况下，对汇率变动已具有相当微妙而强烈的影响。

8．政府干预因素。汇率波动对一国经济会产生重要影响，目前各国政府（央行）为稳定外汇市场，维护经济的健康发展，经常对外汇市场进行干预。干预的途径主要有四种：

①直接在外汇市场上买进或卖出外汇；

②调整国内货币政策和财政政策；

③在国际范围内发表表态性言论以影响市场心理；

④与其他国家联合，进行直接干预或通过政策协调进行间接干预等。这些干预有时规模和声势很大，往往几天内就有可能向市场投入数十亿美元的资金，当然相比较目前交易规模超过1.2万亿的外汇市场来说，这还仅仅是杯水车薪，但在某种程度上，政府干预尤其是国际联合干预可影响整个市场的心理预期，进而使汇率走势发生逆转。因此，它虽然不能从根本上改变汇率的长期趋势，但在不少情况下，它对汇率的短期波动有很大冲击。

金融学点睛

现代外汇市场由于通讯设施高度发达，各国金融市场的紧密联接和交易技术的日益完善，已逐渐发展成为一个高效率的市场。因此，市场上出现的任何微小的盈利机会，都会立刻引起资金大规模的国际移动，因而会迅速使这种盈利机会归于消失。在这种情况下，谁最先获得有关能影响外汇市场供求关系和预期心理的“新闻”或信息，谁就有可能趁其他市场参加者尚未了解实情之前立即做出反应从而获得盈利。

两种货币之间怎样进行交易
——外汇交易

外汇是国际贸易的产物，是国际贸易清偿的支付手段。如果从动态上讲，外汇就是把一国货币转换成另一国货币，并在国际间流通用以清算因国际经济往来而产生的债权债务。并非所有的外国货币都是外汇，只有可兑换的外国货币才能成为外汇。到目前为止，全世界已有50多个国家的货币可自由兑换。此外，凡是接受国际货币基金组织协定第十四条规定的国家，其货币被视作有限度自由兑换货币，这些货币的共同特征表现为对国际经常往来的付款和资金转移施加各种限制。如限制居民的自由兑换或限制资本项目外汇的兑换。我国的人民币属于有限度自由兑换货币。

我国对外汇的规定是指1．外国货币，包括钞票、铸币等；2．外币有价证券，包括政府公债、国库券、公司债券、股票、息票等；3．外币支付凭证，包括票据，银行存款凭证，邮电储蓄凭证；4．其他外汇资金。我国现有20余种外币可以在外汇市场上挂牌买卖，它们是：美元、德国马克、欧元、日元、英镑、瑞士法郎、法国法郎、意大利里拉、荷兰盾、比利时法郎、丹麦克朗、瑞典克朗、奥地利先令、港元、加拿大元、澳大利亚元、新西兰元、新加坡元、澳门元、马来西亚林吉特等。

外汇市场的功能。目前世界上的金融商品市场多种多样，但概括起来可分为：股票市场、利息市场、黄金市场、期货市场、期权市场和外汇市场等。

外汇市场。是指从事外汇买卖的交易场所，或者说是各种不同货币相互之间进行交换的场所。

贸易和投资。进出口商在进口商品时支付一种货币，而在出口商品时收取另一种货币。这标志着，它们在结清账目时，收付不同的货币。因此，他们需要将自己收到的部分货币兑换成可以用于购买商品的货币。与此相类似，一家买进外国资产的公司必须用当事国的货币支付，因此，它需要将本国货币兑换成当事国的货币。才能完成交易。

投机。两种货币之间的汇率会随着这两种货币之间的供需的变化而变化。交易员在一个汇率上买进一种货币，而在另一个更有利的汇率上抛出该货币，他就可以盈利。投机大约占了外汇市场交易的绝大部分。

对冲。由于两种相关货币之间汇率的波动，那些拥有国外资产的公司将这些资产折算成本国货币时，就可能遭受一些风险。当以外币计值的国外资产在一段时间内价值不变时，假如汇率发生变化，以国内货币折算这项资产的价值时，就会产生损益。公司可以通过对冲消除这种潜在的损益。这就是执行一项外汇交易，其交易结果刚好抵消由汇率变动而产生的外币资产的损益。

自从外汇市场诞生以来，外汇市场的汇率波幅越来越大。1985 年 9 月，1 美元兑换 220 日元，而 1986 年 5 月，1 美元只能兑换 160 日元，在 8 个月里，日元升值了 27%。近几年，外汇市场的波幅就更大了，1992 年 9 月 8 日，1 英镑兑换 2．0100 美元，11 月 10 日，1 英镑兑换 1．5080 美元，在短短的两个月里，英镑兑美元的汇价就下跌了 5000 多点，贬值 25%。不仅如此，目前，外汇市场上天天的汇率波幅也不断加大，一日涨跌 2% 至 3% 已是司空见惯。1992 年 9 月 16 日，英镑兑美元从 1．8755 下跌至 1．7850，英镑一日下挫 5%。正因为外汇市场波动频繁且波幅巨大，给投资者创造了更多的机会，吸引了越来越多的投资者加入这一行列。

金融学点睛

外汇市场作为一个国际性的资本投机市场的历史要比股票、黄金、期货、利息市场短得多，然而，它却以惊人的速度迅速发展。今天，外汇市场一天的交易额已达 1.5 万亿美元，其规模已远远超过股票、期货等其他金融商品市场，已成为当今全球最大的单一金融市场和投机市场。

从离岸美元看离岸人民币

——人民币离岸市场

中央政府对开展人民币离岸中心作为人民币市场化的其中一步，是抱开放态度的。

2009 年 8 月，中国人民银行宣布新设汇率司，其中一项职能是根据人民币国际化进程，去研究和发展人民币离岸市场。由此可见，中央政府对开展人民币离岸中心作为人民币市场化的其中一步，是抱开放态度的。研究离岸金融中心是怎么发展下来的，可以先回顾伦敦和新加坡的离岸金融发展。

英国离岸金融中心的发展，可追溯至上世纪50年代，二次大战后各国恢复经济建设的一段时期。布雷顿森林协定于1946年签订后，美元成为国际货币，用作国际贸易支付及清算，各国货币则与美元挂钩，以固定汇价兑换。把美元于是转为存巴黎及伦敦等欧洲地区，促使欧洲离岸金融的发展。

同期，美国政府为加强货币政策的控制，调整借贷市场的结构，对金融机构订立较为苛刻的监管方案，例如限制银行借贷的利息、以存款准备金控制银行的借贷能力，以及管制银行所提供的金融服务等。这些方法令美国银行的美元借贷业务受到限制，促使金融机构向海外发展，在欧洲各地开设分行，提供美元借贷服务，亦因此开创了欧洲美元市场。所谓欧洲美元市场，即是非在美国本土的美元借贷业务，而利率计算方面，在不同的欧洲美元市场会采用不同的利率指标，而最为常见的有伦敦银行同业拆息，美元借贷交易不受美国联储局监管之余，亦不受英伦银行对借贷的监管，由于美元的波动对英国本土经济不会构成重大影响。在伦敦欧洲美元市场，银行之间借贷美元的息率。

再者，英国更放宽对离岸金融的监管，例如对银行要求较低的存款准备金、提供优惠的税率等，以鼓励外资银行设立分行，加速伦敦离岸金融的发展。美国为减少美元外流，曾设立利息平衡税，向本地居民购买欧洲美元债券所得的利息抽税，但却弄巧成拙，反而推动美国银行将美元汇离美国，在外国发展欧洲美元借贷。

伦敦能在众多欧洲大城市中脱颖而出，成为全球最大的欧洲美元市场之一，是有其得天独厚条件的。除了伦敦本身有完善的金融制度外，跟其他欧洲城市不同，许多不同种类的金融服务都集中在伦敦这个区域，包括保险、商品交易、期货市场及债券市场等，令美元可用在不同的金融产品上。其次，伦敦的法定语言是英语，与美国及其他英语使用国家沟通更为有效方便。第三，伦敦位处的时区正在日本及美国之间，跟许多中东国家时间接近，除了可以延续24小时欧洲美元借贷外，也方便中东国家参与欧洲美元借贷活动。

1960 年代开始，西方企业转向东南亚地区投资，因此这些地区对外币金融服务的需求大幅上升，而美国限制资金外流的措施，亦令美国银行积极寻找更多合适的地区开设分行。新加坡政府抓住机遇，引入美国的银行，开拓亚洲的美元借贷市场。自 1968 年开始，新加坡政府批准美国的银行在新加坡分行经营亚洲货币，为非新加坡居民提供外国货币的存贷及外汇金融服务，建立了亚洲美元市场。

新加坡亚洲美元市场取得成功，得益于新加坡高标准的监管及适当的开放政策。最初，新加坡对离岸金融采取严格的管制，等到金融市场逐渐成熟，才渐渐放宽。新加坡政府在 1968 年批准外国银行开展离岸业务后，同时开放亚洲美元市场的外汇管制，令美元可以流入新加坡作为存贷货币。其后，新加坡在 1976 年开放对东盟的外汇管制，及在 1978 年全面开放所有外汇管制，正式开放其资本账，让资金自由流动。

在开放外汇管制的同时，新加坡政府其实逐渐改进了对金融市场的监管，目的是建设一个和谐的金融市场，同时能吸纳更多外资银行积极参与。在货币管制方面，新加坡政府对新元进行严格管制，金融机构必须分离新元及美元账户，金融机构亦不可进行新元金融衍生产品交易。在尚待完善的金融体制下，分隔在岸及离岸金融，的确有助金融体系平稳发展。

金融学点睛

对金融机构的监管，新加坡政府要求银行资本充足率须达 12%，远高于《巴塞尔协议》所订的标准，虽然金融机构需要预留更多资金去达到这个指标，但稳定的金融市场为新加坡的金融机构带来了更多的机遇。至于鼓励措施，新加坡政府不断为离岸金融提供税务优惠、增加离岸银行的新元借贷额、透过货币互换让离岸银行取得新元等，以吸引外资银行参与新加坡的离岸金融。

盯住美元

——人民币升值时机

人民币升值是一个长期的趋势，但在升值的路径和时点选择上主要应以中国自身情况为基准，其中一个最重要的因素就是人民币的国际化，并适当考虑外围经济体的反应。

由于金融危机的影响，2008 年中期至今，人民币汇率回到了事实上的盯住美元制。随着中国经济有可能率先走出衰退，人民币升值之声再次响起，在西方世界，由于美国的经济复苏不确定性很强，欧元区还依然在债务危机泥淖中难以自拔，急于转嫁风险，或让中国在复苏的道路上等一等，要求人民币新一轮升值的呼声日趋高涨。

人民币升值是一个长期的趋势，但在升值的路径和时点选择上主要应以中国自身情况为基准，其中一个最重要的因素就是人民币的国际化，并适当考虑外围经济体的反应。

首先，给全世界一个明确的答案，人民币在未来一个很长的时期内，将会处于一个逐渐的上升状态之中。长的时间范围来看，升值毋庸置疑，我们是世界上最大的发展中国家，在新兴经济体中，无疑起主要的“领头作用”，中国三十年的改革开放取得的巨大成果支撑我们的货币走高走强。经济发展给货币升值以强力支撑，这是给世人一个明确的预期，但这个道路是漫长的，甚至或曲折的。

其次，政策上的实施要合理，循序渐进的小步缓慢推进是一个合理的路径选择。另外一个极端的选择，就像《金融时报》载文说，如果人民币升值 40%，中国的经济规模将是日本经济规模的两倍，是美国经济规模的一半。我们要当心这骇人的泡沫。

另外，这次危机给世界各国带来了深重灾难，欧元区依然还在泥泞中痛苦前行，给中国带来的教训也是惨重的，中国虽然是贸易大国，但又是一个典型的货币小国，危机逼近，美欧借助其储备货币的霸主地位，竞相转移其危机损失。记得OPEC历次面临美元贬值，其石油美元储备大幅缩水时，都会动用原油价格的武器来保护自己，通过石油涨价强迫美国政府保持美元的稳定。

人民币国际化也许是免被征收美元铸币税的唯一选择。但一国主权货币要走向国际化是各种综合因素的结果：国家的综合实力、国际政治经济格局、本国的政治军事稳定等。单从货币职能上讲，必须使该币在国际范围内行使三种职能：计价单位、交易媒介、价值储备；对应的国际货币形式由低到高依次是：结算货币、投资货币、储备货币。

2008年底以来，中国内地与韩、港、白俄、印尼等国家和地区签订总值6500亿人民币互换协议，2009年7月6日，跨境贸易人民币结算试点，2009年9月28日，中央政府在港发行60亿人民币的国债。这一系列的举措实际都是在履行结算和投资货币的尝试，在结算和投资的同时，人民币短期履行了储备货币的职能。

要使人民币在将来成为储备货币，必须对持有者具有吸引力，不但要有稳定的预期，甚至还要有升值的预期，境外居民自愿主动持有就是最大成功。所以在各信用储备货币长期贬值趋势之下，人民币的缓慢升值或能形成强烈的对比。信用货币所代表的财富不被侵蚀也许是我们今天所面临的最大难题。中国要利用人民币升值的现实和预期推动人民币国际化的进程。

同时，尽快培育海外人民币回流的资本市场，要让海外持有者不但感到持有人民币稳定放心，还要让他们有投资增值的渠道，做到储备放心，投资顺心。

短期内要顶住升值的压力，要把人民币国际化放在国家战略的第一位，不要因小失大，无论美国的政府出面也好，还是国会施压也好，相关学者的说教也好，我们要保持理性、认清主线，让叫嚣者成为我们免费的宣传员。

现期内，要保持国家经济政策平稳和经济发展的平稳，审慎选择政策工具，同时保持高度警惕，耐心与相关经济体沟通，“广场协议”产生的前提是日美产品的高度雷同，而现阶段中美贸易是严格意义的互补贸易，是双赢的活动。一方面，这些低端产品，即使美国不从中国进口，也会从其他新兴经济体进口；另一方面，即使中国的净出口有所下降，中国的经济也会保持高增长，2009 年中国经济总量的构成来源就能说明问题。

金融学点睛

顶住压力的另外一个原因就是，人民币的升值要选择正确的时点和适度的量值，因为我们的经济发展也会面临一些不确定性因素，产业结构调整、经济转型磨合，以及劳动力和原材料成本的上升都会直接平稳走势，所以人民币走出国门也不可能是一帆风顺的，好钢用在刀刃上，让人民币升值成为人民币国际化的重要助推力之一。

中国经济会在世界经济中扮演越来越重要的角色

——人民币国际化

人民币国际化不仅是中国应对危机的需要，也是世界货币体系重塑、国际金融体系维稳的必然选择。

从人民币扩大货币互换规模、跨境贸易人民币结算试点，到在港发行人民币债券，2009 年，人民币国际化迈出了重要一步。

此次国际金融危机暴露出全球过于依赖美元的弊端，这使得国际货币体系改革这一议题备受关注。人民币国际化不仅是中国应对危机的需要，也是世界货币体系重塑、国际金融体系维稳的必然选择。

2009 年 7 月 6 日，中国银行上海市分行、交通银行上海市分行分别收到中银香港汇来的跨境贸易人民币结算试点业务项下款项，收款方分别为上海电气集团、上海丝绸集团。酝酿3年有余的跨境贸易人民币结算试点正式在上海启动。

人民币走向区域性结算货币，再走向国际贸易结算货币是大势所趋。

近年来，人民币国际贸易结算的呼声日趋高涨。2007年，东盟十国以及日本、中国和韩国的财长达成建设区域性外汇储备一揽子货币体系协议时，就明确了人民币是亚洲地区最重要货币之一的地位；自2008年12月起，我国先后同韩国、马来西亚等国家和地区签署了双边货币互换协议，表明人民币信用度日益提高；2008年12月，国务院正式确定对广东和长江三角洲地区与港澳地区、广西和云南与东盟的货物贸易进行人民币结算试点。

2009年3月底，中国人民银行发布的《加强区域金融合作积极开展货币互换》透露，中国央行已经与其他央行及货币当局签署了总计6500亿元人民币的六份双边本币互换协议，同时还在与其他有需求的央行进行相关协议；4月8日，国务院总理温家宝主持召开国务院常务会议，决定在上海和广东省内四城市开展跨境贸易人民币结算试点，人民币国际化正式"启航"。

跨境贸易人民币结算有利于帮助企业规避汇率风险，降低企业汇兑成本。作为国际化程度较高的装备制造企业，上海电气集团收汇金额从2006年的3.6亿美元上升至2008年的15亿美元，人民币结算能帮助集团扭转出口越多、汇兑损失越大的尴尬。

此次国际金融危机在某种程度上成为人民币国际化的催化剂。目前美元、欧元和日元在全球范围内占据主要货币地位，这些国家和经济体可以通过汇率政策获取世界财富，但其他国家和地区也会因这些货币的汇率波动而遭受打击。在全球金融动荡的大背景下，日趋升值的人民币正在迎来提升国际地位并逐步国际化的重大战略机遇。

2010年以来，各国纷纷采取措施，运用各种方法以求减少对美元的依赖：印度央行向国际货币基金组织购买200吨黄金，使得黄金在其外汇储备中所占比重从近4%提高至6%，俄罗斯、斯里兰卡、毛里求斯央行随之效仿买入黄金；继沙特阿拉伯和卡塔尔之后，巴林正式批准海湾货币联盟协议和海湾货币委员会基本准则，2010 年将启动货币联盟并计划发行类似欧元的统一货币；俄罗斯中央银行则准备把加拿大元补充进储备货币组合中，同时增加黄金持有量……

事实上，自国际金融危机爆发以来，美元独揽货币市场给整个世界带来的冲击已经让各国充分意识到现有国际货币体系的弊端，各国都有对国际货币体制改革的强烈要求，人民币国际化迎合了这一需要。

在首次以跨境贸易人民币结算方式出口货物近 2 个月之后，三林万业（上海）企业集团有限公司从上海浦东新区税务局获得了 1.71 万元的退税款。

“这说明跨境贸易人民币结算所有关键环节全部打通，跨境贸易人民币结算业务逐步转入常规性办理，其便利化流程也将进一步规范和细化。”三林万业公司财务总监张峻说。跨境人民币贸易结算无需外汇核销、退税手续简单，符合企业对贸易结算的便利化要求，整个流程较以往节约了一周左右的时间。

随着年底进出口高峰来临，在税务、海关等配套制度到位、企业对业务办理的逐渐了解熟悉等一系列因素共同推动下，近期人民币跨境贸易结算业务有了大幅度的提升。中国银行上海市分行国际结算部副总经理杨震宇说，仅上海市分行跨境贸易人民币结算业务量迄今已累计达到 4.35 亿元。近期开出的一笔金额为 2.14 亿元的人民币信用证，更刷新了国内跨境贸易人民币结算试点启动以来单笔最大金额纪录。

专家分析，人民币国际化包含三个层次：第一，人民币在全球有一定的流通度；第二，国际贸易中以人民币结算的交易达到一定比重；第三，以人民币计价的金融产品成为各主要金融机构的投资工具。与此对应，人民币国际化大致将经历三个步骤，即人民币贸易结算、人民币投资货币和人民币储备货币；在地域上则顺应人民币周边化、人民币区域化从而实现人民币国际化。

与此对照，当前人民币国际化程度显然尚处起步阶段。但 2010 年以来的一系列举措和改革，也描绘出了日渐清晰的人民币国际化路线图。

8月末，中国人民银行与国际货币基金组织达成协议，我国将以人民币购买不超过500亿美元特别提款权的国际货币基金组织债券。业内人士表示，用人民币而非美元购买IMF债券，意味着国际货币基金组织将使用人民币为成员国发放贷款。一些国外中央银行将持有人民币，促进人民币发挥国际货币甚至储备货币的作用。

9月28日，财政部在香港发行60亿元人民币国债，这是我国政府首次在大陆以外地区发行以人民币计价的主权外债。在香港发行人民币债券可以深化香港的人民币市场，推动人民币贸易结算，反映出市场对人民币的需求日益增大。

央行发布的2009年第三季度《中国货币政策执行报告》更首次提出，央行将“按照主动性、可控性和渐进性原则，结合国际资本流动和主要货币走势变化，完善人民币汇率形成机制”，这意味着央行将继续改革人民币汇率制度。而更具弹性、更为独立的汇率政策，显然也是人民币国际化的前提条件之一。

金融学点睛

专家指出，下一步，海外公司发行人民币股票或债券，建设人民币的离岸市场，加强人民币的投资增值功能等，均是人民币走向国际化的重要步伐。从未来的情况看，中国经济会在世界经济中扮演越来越重要的角色，人民币国际化是对中国的挑战也是中国经济对世界经济承担的责任。

第十章 世界金融危机何去何从

2009 年全球经济收缩 1.3%，发达经济体的国内生产总值将下降 3.6%。国际金融危机导致世界经济格局变动。美国的次贷危机的本质是虚拟经济过剩，而中国的情况是实体经济相对过剩。两会提出的七大财经热点话题为观察 2010 年经济形势提供了依据。

世界金融危机何去何从
——中国经济的挑战与机遇

一、世界金融危机的现状

进入2010年以来，美国次贷危机还没有结束（次贷合同一般在30年），正处在发酵期。从2004年到2007年的四年时间里，美国银行大约发放了1500万个不良抵押房贷，这些不良贷款中大约有2/3可能出现违规现象。金融行业的未偿还债务从2002年的10万亿美元增加到16万亿美元。1980－2008年，全球金融资产上升到140万亿美元，增长了1166%；金融资产占全球GDP的比重从1980年的100%上升到2008年的325%。

次贷危机使全球虚拟资本远远超过实体资本。全球金融衍生产品总值从2002年的100万亿美元猛增到2007年年末的516万亿美元，为全球GDP总额50多万亿美元的10多倍。其中，一半以上（近300万亿美元）在美国。

美国政府对付金融危机的措施有以下五种方式：①减息；②减税；③增加支出；④发行债券；⑤印刷钞票。在前四种措施无效的情况下，美联储终于开动印刷机，用1.2万亿美元的资金购买财政部的国债，因此，美联储资产负债达到3万亿美元。开动印刷机将导致美元贬值和全球通货膨胀，以美元为核心的国际金融体系和国际贸易体系的信誉和秩序受到前所未有的侵害和挑战。

危机使美联储的功能发生变化：从降低资金成本转化为信贷提供者。美联储取代私募市场购买大量债券、商业票据、资助私人借贷者。2008年年底，商业银行超额储备金超过7000亿美元，银行对放贷没有足够的准备，而对“去杠杆化操作”感兴趣。花旗银行资产负债2万亿美元，政府仅注资250亿美元，实在是难解实质问题。美国住房抵押贷款都是“无追索权”的贷款，在银行的资产负债表上，仅房产抵押和按揭就超过3万亿美元，其中，1万亿美元被莫名蒸发了。

美国政府救市的重点是挽救银行系统。美国政府持有的大量“无追索权”贷款会对投资者产生吸引力，投资者可以以80%的价格收购这些资产，所承担的风险只有20%。美联储使用TALF（定期资产支持证券贷款工具），为私人投资者提供股本支持，如投资50亿美元可以购得价值上千亿美元的资产。这些不良资产的价格要采用公开市场竞拍的方式来确定。私人投资者可以用2000亿美元从银行购买4万亿美元的不良资产，或者6000亿美元的美联储资产和3.2万亿美元的财政部资产。美国政府救市政策能否成功，还得看2010年形势。

与20世纪80年代以来的经济危机相比，在亚洲金融危机和墨西哥金融危机中，美国是债权人，而在本次危机中，美国是债务人；80年代以来的经济危机发生在国际经济的边缘地带，而本次危机发生在全球金融中心和经济的中心；在80年代以来的济危机中，国际金融的重大问题都是在国际金融组织的框架下解决，而这次危机中，国际金融组织工作瘫痪，金融危机的重大问题上升为主要国家的首脑层面讨论。主要靠危机发生国家的行政当局和货币当局联手救市。

如果仅仅依靠美国自己，摆脱危机的成本太大，因此，美国希望拉G7国家参与救市，希望拉G20国家参与救市。美国是危机的肇事者，G7其他6国、G20国家以及全球170多个国家是受害者。肇事者和受害者在救市中的权利和作用是不一样的，最终将促使国际金融体系（世界银行、国际货币基金组织等）进行改革。

二、国际金融危机对世界经济的影响

国际货币基金组织预测，危机造成全球“第二次世界大战以来最严重的衰退”。2009年全球经济将收缩1.3%。发达经济体的国内生产总值将下降3.6%，日本经济将下降6.2%，欧元经济区将下降4.2%。本来人们以为，亚洲经济会与美国经济危机“完全脱离”，但实际情况是，亚洲经济的衰退程度大大超过了美国，2008 年第四季度 GDP 增长：美国 -6%；欧元区 -6%；日本 -13%；新加坡 -16%；韩国 -20%。

1. 重创美国经济

美国经济危机无论从持续的时间上，还是从衰退程度上都超过美国第二次世界大战以来所发生两次最大的经济衰退。1973 - 1974 年和 1981 - 1982 年两次经济危机持续的时间都在 16 个月，目前的经济衰退将至少持续 19 个月以上；1973 - 1974 年经济衰退 4% 以上，1981 - 1982 年经济衰退 6% 以上，而目前的经济衰退预计在 8% 以上。更有悲观的观点认为，美国本次经济衰退的时间可能是 36 个月，而不是 19 个月，是前两次经济衰退时间的 3 ~4 倍。2009 年，美国实际 GDP 将下降到 -2. 2%，预计年实际 GDP 也仅达到 1. 5%。

美国家庭财富损失了 12 万亿美元，其中，2/3 是由于股市大跌，1/3 是由于自住房屋市值下降。这些蒸发的家庭财富将导致百姓消费每年下滑 5000 多亿美元。住房开工率只有几年前的 1/3，由此减少消费需求 2500 亿美元，蒸发的总需求达到 7500 亿美元，占整个 GDP 的 6%。

2. 重挫欧洲经济

冰岛国家财政面临破产，匈牙利、爱尔兰、卢森堡、西班牙、土耳其和英国经济（战后最大的经济衰退）受到的影响将最为严重。2009 年，东欧面临 4000 亿美元的贷款还款压力，占该地区 GDP 的 1/3，目前东欧面临外资抽逃、银行亏损、出口锐减、货币贬值，赤字走高，一旦东欧违约，债务就会传导到西欧。欧洲已经取消了对东欧 1900 亿欧元的“一次性救市资金”援助，使东欧经济形势雪上加霜。

3. 重压日本经济

日本经济 2008 年第四季度下降了 12%。日本经济在连续保持 13 年经常项目盈余后出现逆差。日本国际收支经常项目出现 1728 亿日元的赤字，为 13 年来首次逆差。

4. 重伤发展中国家经济

2008 年，全球资本损失占 GDP 的比重平均在 80% -85%；亚洲资本（不包括日本）损失 9. 625 万亿美元，相当于其 GDP 的 109%；拉丁美洲资本损失 2. 119 万亿美元，相当于其 GDP 的 57%。2009 年，新兴市场中有2.5万亿-3万亿美元的债务需要归还，给发展中国家造成巨大的经济压力。融资非常困难，国际金融机构无力填补这个缺口。

国际金融危机导致世界经济格局变动。20国集团峰会很难达成共识。能否取得阶段性实质结果，将取决于：①西方7国集团内部美国与其他6国之间的利益协调；②西方7国集团与非7国集团之间的利益协调；③非7国集团之间的利益协调；④20国集团与170多个国家之间的利益协调。

三、世界金融危机对中国的挑战

1．对宏观经济形势的挑战

2008年中国经济增长率下降为9.0%，连续十几年的两位数字增长降为个位数字增长。国外经济机构预测，2009年中国的经济增长率将下调至5.6%-7.5%。2010年中国经济需要保持10%的经济增长速度，才能实现工业化和城镇化的目标，如果经济增长速度达不到5%，就意味着“经济硬着陆”。因此，中国政府提出8%的经济增长任务艰巨。

2009年财政赤字9500亿元，绝对为新中国成立60年以来之最，财政赤字占GDP的比重上升到3%，负债率约20%。

作为基础产业的中国地产市场销售量急跌。根据现有的存量房与月销售速度推测，存量房需要2-3年以上时间才能消化。当房地产销量迅速下滑后，同国民经济发展关系密切的钢铁、水泥、建材和诸多家居产品等60多个产业必然市场萎缩。

20年来，中国企业的存货增长率曾经出现过三个高点。第一个高点是1996年的26%，第二个高点是2004年的25%，第三个高点是2008年的28.5%，这些情况表明本次经济下滑要比以前两次更严重。

美国次贷危机的本质是虚拟经济过剩，而中国的情况是实体经济相对过剩，与美国虚拟经济过剩有着本质的不同。国内纳入国家监控的650余种商品类别，产能长期过剩的就有620余种之多。

2．对经济增长方式的挑战

中国改革开放以来一直采取“两头在外”的经济发展模式受到挑战。

美国公司投资中国赚钱（投资收益率在10%-20%）——中国制造出口到美国——美国支付中国美元——中国买美国国债（投资收益率5%左

右）。美国获取高额利润和廉价的中国产品，而中国则以低廉的劳动力和消耗高价的世界资源（中国买什么，什么涨价；中国卖什么，什么跌价）换取日益贬值的美元纸币和不断缩水的美国国债。

中国能否不买或减少美元和美国国债的储备，以提高巨额外汇储备的效率呢？能买资源吗？美国否决了中国公司购买优尼科石油公司的议案；能买高技术吗？美国有高技术出口管制法案；能买美国大金融公司吗？美国法律限制不可以超过其10%股权；能采取主权基金投资吗？美国说中国政府干预经济违反自己市场经济原则；能在美国直接投资吗？美国联邦和地方的各种限制措施限制中国企业在美国投资使中资企业不知所措。

美国以几乎为零的低储蓄支撑70%以上的高消费；中国则以40%－50%（其中一半以上来自企业的储蓄）的高储蓄率维持30%左右的低消费；中国的高储蓄和低消费填补了美国国库空缺并养肥了美国消费者。

3. 对进出口的挑战

2009年中国实际出口增速将放慢。全球GDP变动1%，影响中国出口近5%。如果2009年世界经济增长比2008年下滑1.5个百分点，就会造成中国出口增速回落7.5个百分点。出口下降减缓了工业增加值的上涨。2009年1－2月，在推动工业增加值增长的投资、内需和出口这三大车轮中，出口和外需拖了后腿。

4. 对国外直接投资的挑战

大部分出问题的债券总金额是5200亿美元。其中美国自己占了3/4，1/4是海外投资者持有（很多欧洲大银行都买了）。在这1/4里面，中国占大部分，最高的时候，近4000亿美元。股票、其他债券的风险，大约在1000亿美元左右。中国企业销售给美国产品所形成的2000亿美元以上的应收账款信用风险。中国政府持有的超过7000亿美元美国国债资产面临贬值的风险。FDI每下降1%，中国外贸出口将下降15%。

5. 对建立和谐社会的挑战

金融危机使国内大量企业倒闭造成失业上升。中国有6000万－7000万人直接从事出口行业工作，有2000多万农民工面临失业问题。0780万毕业大学生中有25%是用助学贷款，不仅没工作挣不到钱，还不了钱，而且还要继续借钱留在城市务工，就业形势严峻，影响社会稳定。

四、中国如何应对危机，将挑战转化为机遇

危机使美国的综合经济实力减弱和全球金融霸主地位相对下降。应对危机的灾难已成为奥巴马政府处理内政的首要事务，优先解决国内经济问题的内部压力使其在国际舞台上的影响力急剧减弱，先前的单边主义难以推行，寻求多边和双边国际合作，将成为奥巴马政府的外交必然出路，也为中美合作共同应对全球金融危机创造了条件。

中国经济实力相对上升为中国发展提供了战略机遇，30 年改革开放积累了丰厚的财富：2008 年的 GDP 为 30 多万亿人民币，约 4.5 万亿美元，相当于美国的 1/3，居世界第三位；中国有 2 万亿美元以上的外汇储备，占全球外汇储备的 2/5，这也为中国制定新型经济发展战略提供了基础。

中国转变经济增长方式应该注意解决如下矛盾：在财税改革方面，存在保护地方政府积极性和调整经济结构的矛盾；在价格改革方面，存在国家长期根本利益与既得利益集团局部的利益之间的矛盾；在社保体制改革方面，存在沿海发达地区与欠发达地区既得利益分配的矛盾。当前要警惕以下三种现象：①银行从“惜贷”转向超量放贷现象；②财政“惜税”现象；③消费者“惜现、持币待购、持币待政”现象。

中国在扩大内需方面应该解决以下五大问题：①中央财政收入的增长大于 GDP 的增长；②地方政府开支增长大于中央财政收入的增长；③人均 GDP 的增长幅度小于全国 GDP 的增长；④投资率（30% -50%，其中一半以上来自企业的储蓄）高于世界平均水平（20% -22%）；⑤消费率（30% 左右）过低，不到美国的一半（70% 以上）。

中国将以实际行动帮助国际金融机构渡过世界金融危机，推进世界金融体制改革。在刚刚结束的 G20 伦敦峰会上，中国政府宣布同意援助国际货币基金组织 400 亿美元，这是迄今世界金融危机中发展中国家中对 IMF 最大的援助金额，仅次于美国、欧盟、日本对 IMF（国际货币基金组织）援助金额。中国的援助行动表明：

第一，中国作为世界上最大的发展中国家、同时又是一个经济发展不平衡的国家，以实际行动履行自己的国际义务和责任，落实 IMF 关于“支持经济以恢复信贷、增长和就业”的决议。作为新改组成立的金融稳定委

员会（Financial Stability Board，简称“FSB”）的成员，中国与其他FSB成员共同承担起更大的国际责任。中国竭尽全力，支持对IMF及世界银行等金融组织的增资计划，以增加全球金融资本的流动性，提高IMF在应对金融危机中的救援能力。

第二，中国援助国际货币基金组织400亿美元，与中国的外汇储备规模无关。尽管中国拥有2万亿美元外汇储备，但是，中国的人均GDP和人均外汇储备在世界排名100位之后。援助国际货币基金组织资源增加的规模应考虑国家之间的差异，这些差异包括发展的阶段，人均GDP，外汇储备的性质、构成和支撑，以及该国经济安全对外汇储备的依赖程度等。仅仅通过外汇储备的规模大小来确定贡献的规模是不现实的，也是不公平的。

第三，IMF的份额与投票权结构没有反映世界经济的发展现状。中国、巴西、印度等发展中国家发展迅速，但是IMF的份额与投票权结构基本没有作过大的调整，没有反映出这种变化。建议IMF的份额与投票权结构应该改革，以适应世界经济新格局的新变化。IMF的份额（出资额度）与投票权应该由各成员国的经济规模决定（如GDP、人均GDP等）。在增加IMF资金的过程中，第一要务是增加配额。如果短期内不能完成这一任务，那么应当按照当前的配额来决定出资。中国400亿美元的援助已经大大超过中国在IMF中的配额。同时，应该指出，中国在IMF的份额与投票权要与中国规模在世界经济中的地位相适应，如果中国在IMF中的份额和投票权从目前的不到4%提升到6%左右，那么其增资额就应该在50亿美元左右。与其他成员国一样，中国增加的份额不是对IMF的援助，而是对IMF所承担的义务。这些资金会得到利息收入，就像把钱存入银行一样获取利息收入。其利率等于特别提款权（ADR）的利率。

第四，中国400亿美元援助，可作为成员国直接融资向IMF提供2500亿美元可用资源的一部分，如果IMF配额出资不能达到当前需要，那么这400亿美元可作为中国将来购买IMF发行债券的储备资金，必要时可根据IMF的要求，在400亿美元的基础上增加购买额度，在保证资金安全和合理回报的前提下，中国将加大支持增加IMF财政资源的力度，帮助IMF完成向市场举债的举措。

第五，中国400亿美元援助中的一部分，将用于支持由各合作者开发银行（MDB）大幅增加至少1000亿美元的贷款，包括向低收入国家提供贷款，并确保所有多边开发银行的安全，包括拥有适当的资本。这部分款项主要用于对不发达国家的援助。因为中国仍然是一个发展中国家，有大量的不发达地区，因此，中国这一部分援助的比重不会太大，其担负的世界责任有一定的限度，这方面，中国与西方发达国家所承担的责任和义务是不一样的。

第六，为了反映新兴市场和发展中国家，包括非洲贫困国家的声音，使IMF具有更大的代表性，应该修改IMF关于重大决议需85%票数通过的“一票否决权”。目前美国在IMF的投票权为17%，欧盟在IMF的投票权为32%，如果美国和欧盟任何一方面行使否决权，任何涉及IMF的重大决议都可以被否决，这对广大发展中国家来说是不公平的。

第七，新兴市场和发展中国家争取在IMF和世界银行中获得更多发言权，国际金融机构的领导选举人要依据开放、透明和按功绩原则来选举，为发展中国家的代表进入IMF等国际组织的管理高层创造条件。这样，发展中国家才能在IMF的资金管理和用途上拥有更多的决策权。

第八，改革IMF的特别提款权结构，将目前基本上由欧元、日元、美元及英镑构成的特别提款权扩大。加快人民币国际化的发展，在条件成熟的情况下，将人民币列入特别提款权构成。同时，为特别提款权成为世界超主权国际储备货币创造条件。

第九，中国援助IMF应该与IMF成员国承认中国的市场经济地位挂钩，并作为中国援助IMF以缓解流动性短缺的必要条件。一方面否认中国的市场经济地位，另一方面却接受来自所谓“非市场经济国家”——中国的资金，既自相矛盾，也不利于建立新的国际金融体系。

两会七大财经热点话题

房价

有关房价的讨论无疑是2010年全国“两会”的财经热点之最。在两会期间，政府表示将采取措施抑制高房价。而围绕着如何解决高房价，委员代表也是各献其策：推出物业税、地方土地出让金收归中央财政等政策。普通老百姓更是从多个省市高官直接承诺将采取措施抑制高房价的讲话中，看到了未来房价下降的希望曙光。

人民币升值

从保持人民币汇率在合理、均衡水平上的基本稳定的阐述，到从非常规的政策退出回归到常规型的经济政策的表态，“人民币是否将要升值”的猜测在两会期间再次引发热点讨论。

不过，从出台的经济政策和目前的经济形势来看，稳定仍将是近期人民币汇率的主旋律。尤其是关于人民币升值由市场决定的言论，更是抹掉了想象的空间。

人民币升不升值，还是看市场和经济规律的运行。

信贷

是否会采取紧缩的货币政策？加息是否会来得很快？业内人士驳斥了货币政策“外松内紧”的说法，表示提高存款准备金率并不意味着货币政策收紧，2010年仍然将实施积极的财政政策和适度宽松的货币政策。

2010年被认为是宏观调控最复杂的一年，经济发展可能会出现一些新情况、新矛盾、新问题，这种情况下，货币政策的执行要增强针对性、灵活性，而信贷投放总量会逐步加大。毋庸置疑，信贷话题的热度不会就此终结，只会一热到底。

低碳

低碳概念，在2010年全国“两会”彻彻底底地火了一把，政府方面将其列为“一号提案”。在转变经济增长方式的大背景下，低碳经济大有可为值得期待，我们也完全有理由相信，未来围绕着低碳概念的一系列扶持政策将陆续出台。

作为一个全新的事物，低碳更是凭借着其被赋予的重大使命而成为2010年所有企业和投资者们关注和讨论的焦点。据粗略统计显示，2010年全国“两会”上，代表、委员们递交的与低碳有关的议案、提案占到总量的10%左右。

衷心希望低碳概念能真正深入人心，落到实处；低碳经济能真正长足发展，惠及万民。

收入分配

政策表明，要抓紧制定调整国民收入分配格局的政策措施，逐步提高居民收入在国民收入分配中的比重，提高劳动报酬在初次分配中的比重。

政策包括：即提高居民收入在国民收入分配中的比重、严格规范国有企业和金融机构经营管理人员特别是高管的收入，以及逐步形成公开透明公正合理的收入分配秩序。加大初次分配中工资比重、提高个税起征点或者建立工资稳定增长机制等等，实际操作难度尚不算大，真正触动既得利益集团神经的，还是剥夺垄断集团利益这一条。收入分配改革很有可能将在2010年进入硬碰硬的攻坚期。

新股发行改革

新股发行制度改革是中国资本市场每个参与者都不得不关心的大事。在这个背景下，全国政协委员、证监会主席助理朱从玖在新闻发布会上就引入存量发行、强化询价对象的责任机制、强化定价环节责任、核准制向注册制过度和缩短网下配售股份锁定期等改革思路与媒体进行交流。

越来越多的市场人士认识到，尽管具体措施仍需斟酌，不管怎样，强化询价对象的责任机制以及定价环节责任都势在必行，市场化约束机制将发挥越来越大的作用。

财政赤字

财政赤字首次超过1万亿，这是温家宝总理在2010年政府工作报告中所宣布的。

赤字规模的扩大，财政开支的增加，意味着2010年国家财政依然处在“过紧日子”的阶段，这就要求政府确保赤字收益最大化，将财政支出都花在关键之处。

在全球经济复苏仍面临一些不确定性因素的背景下，中国赤字规模首次突破万亿元关口，首先向外界传递出积极的财政政策力度不减的有力信号。

中国官方已经意识到财政预算“阳光化”的必要。财政部长谢旭人表示，会继续进一步加强政府性债务的管理，积极防范化解财政潜在风险，规范地方性债务及其融资平台公司的举债等行为，促进财政经济持续健康发展。